BEGEGNUNGEN

Peter Michael Lingens

Begegnungen

K&S

ISBN 3-218-00601-5

Schutzumschlaggestaltung: Kurt Rendl
Fotos auf dem Schutzumschlag: Horst Tappe (Sir Karl Popper), Nora Schuster (Bruno Kreisky, Helga Rabl-Stadler, Helmut Zilk), Franz Votava (Gerd Bacher, Harry Belafonte, Franz Jonas, Thomas Muster)
Satz: Zehetner Ges. m. b. H., A-2105 Oberrohrbach
Druck und Bindung: Wiener Verlag, Himberg bei Wien

Gedruckt auf chlorfrei gebleichtem Papier

Inhaltsverzeichnis

VORWORT

Dieses Buch verdankt seine Entstehung einer Anregung aus dem engsten Familienkreis: Nach und nach gestanden mir meine erwachsen gewordenen Kinder, daß sie ein gut Teil meiner politischen Analysen geschwänzt, hingegen stets mit Vergnügen meine Porträts gelesen hätten.

Zu Beginn meiner journalistischen Laufbahn, als Gerichtssaalberichterstatter des „Kurier“, war das Darstellen von Menschen mein tägliches Brot. Später, als Chefredakteur des „profil“ und der „Wirtschaftswoche“ bzw. als Kolumnist des „Standard“ habe ich nur sporadisch Gelegenheit gefunden, Porträts zu schreiben: meist dann, wenn eine „Persönlichkeit des öffentlichen Lebens“ (in neun von zehn Fällen ein Politiker) ihren Abschied nahm, verstarb oder gelegentlich auch ermordet wurde.

So hat die Mehrzahl der in diesem Buch gesammelten journalistischen Miniaturen den Charakter von „Würdigungen“ oder von „Nachrufen“. (Ausnahmen, wie ein Porträt des besten österreichischen Tennisspielers Thomas Muster, bestätigen die Regel.)

Manche der Beschriebenen, etwa Simon Wiesenthal oder Karl Popper, habe ich auch privat relativ gut gekannt. Bei den meisten anderen hatte ich Gelegenheit zu ausreichenden Recherchen. In einigen Fällen allerdings, etwa bei Alfred Dallinger, blieb die persönliche Begegnung überaus kurz, und der überraschende Tod schloß längere Recherchen aus: Ich habe daher weniger die Menschen als die Situation, in der sie sich befanden, darzustellen versucht.

In allen Fällen ist es mir lieber, meine Texte als „Skizzen“ statt als „Porträts“ zu bezeichnen.

Ich kann auch nicht den Anspruch erheben, daß die Männer und Frauen, die ich, eher dem Zufall folgend, beschrieben habe, von überragender Bedeutung für die Geschichte der Welt oder auch nur die Geschichte Österreichs gewesen seien. (Wiederum bestätigt Karl Popper als Ausnahme die Regel.) Aber für die politische Entwicklung der letzten fünfundzwanzig Jahre waren die meisten von ihnen mehr oder minder wichtig.

Und manche waren aus diesem oder jenem Grunde wichtig für mich.

Peter Michael Lingens

(Selbst-)Begegnungen

In diesem Abschnitt habe ich Begegnungen zusammengefaßt, die für mich über das übliche journalistische Interesse hinaus persönliche Bedeutung gehabt haben.

Zu Beginn die Begegnung mit meiner Mutter als ehemaligem Häftling des Konzentrationslagers Auschwitz. Dann die Begegnung mit einem Mann, den ich als „Übervater“ bezeichnet habe: Karl Popper. Schließlich die Begegnung mit dem Psychologen Karl Grohmann, den ich einen „Lehrer für Väter“ nenne.

Es folgt ein Porträt des „Eichmann-Jägers“ Simon Wiesenthal, der für mich freilich eine ganz andere Bedeutung hatte: In dem Jahr, in dem ich fester Mitarbeiter seines Büros gewesen bin, war er mir „ein Vater namens Wiesenthal“. Von allen Menschen, die ich in diesem Buch beschrieben habe, weiß ich (wenn man von meiner Mutter absieht) von ihm am meisten. Die hier gekürzt zusammengefaßte „profil“-Serie „Wer ist Simon Wiesenthal?“ versucht, die bewußten und unterbewußten Motive seines Handelns darzustellen. Wiesenthal hat dieses Porträt auch in sein jüngstes autobiographisches Buch „Recht, nicht Rache“ aufgenommen.

Den Abschluß dieses Abschnittes schließlich bildet die Anatomie zweier krimineller Karrieren, die ebenfalls in enger Beziehung zu Vaterkomplexen stehen: Heinz Sobota beging in volltrunkenem Zustand einen (rechtlich nicht als solcher gewerteten) Mordversuch an seinem Vater, um in der Folge zwei ähnlich neurotische Delikte zu setzen.

Aus der Haft entlassen, schrieb er für „profil“ eine Reihe ungemein spannender, auch literarisch außergewöhnlich eindrucksvoller Berichte über die Zustände in Strafanstalten und wurde auch privat von Mitgliedern der Redaktion betreut. Nach einigen Monaten verschwand er so plötzlich, wie er aufgetaucht war, um eine Autobiographie zu schreiben, die unter dem Titel „Der Minus-Mann“ in Österreich und Deutschland auf die Bestsellerlisten gelangte.

Den Abschluß schließlich bildet ein Porträt eines vaterlosen

Dreifach-Mörders, der sich einen Vater erfand, um seinen Klassenkameraden damit zu imponieren. Ich habe auch seinen Fall mit besonderer Akribie recherchiert. Es wird dem psychoanalytisch gebildeten Leser nicht schwerfallen, auch darin mein gesteigertes Interesse am Phänomen der Vaterlosigkeit zu diagnostizieren, das mir insoferne nicht fremd ist, als mein eigener Vater nach den Jahren des Krieges nicht mehr zu seiner Familie zurückgekehrt ist.

Insoferne sind alle Texte dieses Kapitels bis zu einem gewissen Grade auch Begegnungen mit mir selbst.

Ella Lingens

Eine verblassende Erinnerung

Ella Lingens *war Jahrzehnte hindurch Präsidentin der österreichischen Lagergemeinschaft Auschwitz. Meine erste bewußte Begegnung mit ihr war 1945 zugleich eine Begegnung mit Auschwitz. Und Auschwitz wird immer eine Begegnung mit meiner Mutter sein.*

Der folgende Text erschien im Standard.

Für die meisten Menschen ist Auschwitz ein „Symbol“ – für mich ist es ein Stück Familiengeschichte. Ich war dreieinhalb Jahre, als meine Eltern wegen Judenbegünstigung verhaftet wurden. Mein Vater wurde zu einer „Bewährungs-Kompanie“ versetzt – deren Tätigkeit hinter der russischen Front er meines Wissens als einziger überlebt hat; meine Mutter büßte ihre Hilfsbereitschaft gegenüber jüdischen Freunden mit fast zwei Jahren Auschwitz und dann noch ein paar Monaten Dachau – „aber das war nach Auschwitz wie ein Sanatorium“.

Mir sagte man, sie läge im Krankenhaus. Denn die Wirtin, in deren Gasthaus im hintersten Gailtal es mich mit meiner Gouvernante verschlagen hatte, war eine glühende Nationalsozialistin, mit Hitler-Bronze im Vorhaus und Hakenkreuzfahne am Dach. Dafür war der Krieg weit weg. Nur einmal kam eine Gruppe von Hitlerjungen und machte mit ihren Uniformen tiefen Eindruck auf mich. „Heil Hitler“, grüßte ich – und zum Lohn zeigte mir der Oberpimpf sein Bajonett.

Er wußte nicht, daß ich nachts gelegentlich feige weinte: „Glaubst du, daß meine Mutter je wieder heimkommt?“ fragte ich unsere Wirtin (weil meine Gouvernante seit Wochen mit Diphtherie im Spital lag). „Sicher“, sagte sie, denn sie war eine herzensgute Frau. Vielleicht wäre ich auch ein Nazi geworden, wenn ich länger in ihrer Obhut geblieben wäre.

Doch meine Mutter kam zurück. Mit schwarzen SS-Stiefeln und weißen Haaren, die ihr vom Fleckfieber geblieben waren.

Ich genierte mich ein wenig für sie.

Es brauchte Jahrzehnte, bis ich auf ihr Handeln stolz zu sein vermochte. Denn für mich waren die Zusammenhänge nicht heroisch, sondern praktisch: Weil sie Juden geholfen hatte, war sie so lange von mir fort.

Und vieles war an diesem Fortsein kaputtgegangen: meine Kindheit und ihre Ehe.

Ihre Entschädigung: 33.000 Schilling auf Raten (heute etwa das Zehnfache) plus einer Opferrente von derzeit 3500 Schilling wegen eines Herzschadens nach Fleckfieber. Beides erst, als die Alliierten drohten, andernfalls einer Amnestie der kleinen Nazis die Zustimmung zu verweigern.

Ich kann mich nicht erinnern, daß meine Mutter mir bewußt von Auschwitz erzählt hätte. Aber es ragte beständig in unser Leben: In Form der SS-Stiefel, deren Herkunft sie mir erklären mußte; oder wenn sie mir auseinandersetzte, warum sie (bis heute) außerstande ist, selbst schimmlige Nahrungsmittel wegzuwerfen: In Auschwitz hatte sie einer Toten die starren Finger auseinandergebogen, um ihr ein winziges Stück Wurst zu entreißen.

Sie hatte die Hungerödeme der Kranken gepflegt, bis sie platzten und Skelette zurückließen, die so leicht waren, daß zwei dürre Frauen mit dürren Armen sie einfach auf einen Lastwagen werfen konnten.

Manchmal war es auch nur eine – wenn ihre Kameradin mit dem Chauffeur aus dem Männerlager verschwand, um hinter der Wand aus Leichen Liebe zu machen.

Schon bald nach dem Krieg mußte ich ein paar Wochen auf die Gesellschaft meiner Mutter verzichten, weil sie ein Buch über diese ihre Erlebnisse schrieb. Aber es wurde kein sonderlicher Erfolg: Man wollte Häftlinge damals nur als Heilige und SS-Leute als Bestien sehen. Sie hingegen beschrieb ihre Aufseherinnen als Kleinbürgerinnen, denen gar nicht so wichtig war, daß die Juden starben, wenn sie nur aus ihren abgelegten Kleidern und Koffern ein paar Goldmünzen stehlen konnten, um das Häuschen im Grünen rascher auszubezahlen.

Das hielten die Kritiker für „verharmlosend“.

Später, als Hannah Arendt sie lehrte, daß Auschwitz nur so furchtbar werden konnte, weil so viele unauffällige Kleinbürger sein Funktionieren sicherstellten, war es ein „überholtes Buch“.

Ich habe es erst mit dreißig gelesen und war ganz glücklich, als es sich als ebenso präzise wie distanziert erwies: Man will die Erniedrigung der eigenen Mutter nicht hautnah nachempfinden.

Das mußte ich erst bei meinem ersten Auschwitzbesuch.

Meine Mutter zeigte mir eine der erhaltenen Baracken und sagte: „In so einer habe ich gewohnt.“ Und ich, dem sie den Boden aus gestampftem Lehm, die derben Strohsäcke und die Kaninchenställe, die sie Stockbetten nannten, ein dutzendmal präzise beschrieben hatte, vermochte es mit dem Herzen nicht zu glauben.

Manchmal verstehe ich die, die Auschwitz nicht glauben wollen: Es ist unglaublich.

Das zweite Bild, das mir bis heute vor Augen steht, ist mittlerweile zum Symbol geworden: die Brillenberge, die für Leichenberge stehen.

Brillen als Symbol einer winzigen Besonderheit ihrer Träger, die eigentlich des Schutzes bedürfte; ihre Anhäufung als Symbol für die Raffgier der Täter; die Unmöglichkeit, sie zu zählen und zu identifizieren, für die Unmöglichkeit, den Massenmord anders als in dieser seiner gläsernen Abstraktion zu ertragen.

Man sollte aus den Beträgen, die man in neue Auschwitz-Denkmäler stecken will, Fahrgeldzuschüsse gewähren, die einen einzigen Blick auf dieses Brillenlager möglich machen. Und danach sollte man jeden Besucher auf die blühenden Wiesen führen, die das Areal der Krematorien überwuchert haben – das Gras, das irgendwann über jedes Verbrechen wächst. Bis du mit dem Fingernagel ein ganz klein wenig in die Erde gräbst und nichts als feinste Knochensplitter in der Hand hast. Dann erst ahnst du – selbst als Sohn eines Auschwitz-Häftlings – was Auschwitz ungefähr gewesen ist.

Mittlerweile wissen es sowieso so viele andere Leute besser: Es gibt das Auschwitz-Buch eines Mannes, der genau einen Tag in Auschwitz gewesen ist. Nicht nur ich werde beständig in meiner antifaschistischen Einstellung überholt – entpuppe mich als geheimer Rassist – auch meiner Mutter geht es so: Wenn sie wieder einmal versucht, einen verwirrten Neonazi-Buben zu begreifen (weil sie weiß, wieviel Begreifen vaterlose Buben brauchen), setzt sie sich zunehmend dem alten Vorwurf des „Verharmlosens" aus. Und in der Waldheim-Affäre stand sie von vornherein „auf der falschen Seite": Sie hält für möglich, daß einer von der SA übernommen wurde, ohne es zu wissen, und in Saloniki wohnte, ohne etwas von den Judendeportationen mitzubekommen.

Denn sie hatte in Auschwitz monatelang neben den rauchenden Krematorien gelebt, ohne zu wissen, was dort geschah, weil selbst die Häftlinge das Furchtbare so selten wie möglich in den Mund nehmen wollten.

Waldheim erschien ihr ungeschickt und medioker – aber er tat ihr als Gehetzter leid.

Aus der Erinnerung, was Gehetztsein bedeutet.

Die wirklichen Opfer, von Simon Wiesenthal bis Ella Lingens, sind dort, wo sie Verstrickung und nicht Verbrechen sehen, milde: Unbarmherzig sind nur die Berufs-Antifaschisten und die Angehörigen der zweiten und dritten Generation, die glauben, den Tod der Eltern rächen zu müssen.

Meine Mutter hat sie immer verstanden – und mir immer abgeraten, so zu werden.

So wie sie die Aufseher von Auschwitz nie pauschal zu Bestien hochstilisiert hat, hat sie die Opfer nie pauschal zu Helden heroisiert. Auch sich selbst nicht: „Ich weiß nicht, ob ich das, was ich getan habe, getan hätte, wenn ich gewußt hätte, daß die Folge Auschwitz sein wird."

Dabei weiß auch sie nur, was Auschwitz für eine deutsche Ärztin gewesen ist. Judenlager und Zigeunerlager waren ein eigener Kosmos. Das ferne Bild von Menschen, die sich Tag für Tag in riesigen Schlangen anstellen mußten, um den Tod durch Gift zu empfangen. Weder weil sie etwas Bestimmtes getan (oder gar verbrochen) hatten, noch weil sie den Nazis Widerstand leisten wollten, sondern ausschließlich ihrer unentrinnbaren Zugehörigkeit zu einer bestimmten Gruppe wegen.

Das ist und bleibt das Einzigartige an „Auschwitz“: Ihre Feinde (und selbst Kleinkriminelle) haben auch andere Regime umgebracht – das ist fast schon menschlich –, nach Rassen umzubringen blieb den „Übermenschen“ vorbehalten.

Trotzdem beginnen die Konturen der Krematorien in den Köpfen der letzten Überlebenden zu verschwimmen.

Jahrelang hatten die Zeugenladungen zu den großen Auschwitz-Prozessen meine Mutter psychisch bis zum äußersten belastet, und sie war ihnen dennoch eisern gefolgt – jetzt fühlt sie sich auch physisch überfordert. Hat Angst, Menschen und Ereignisse nicht mehr präzise zuordnen zu können, und wäre zu redlich, das zu verschweigen. Eine Art Auschwitz-Müdigkeit hat sich über sie gesenkt: Sie sei froh, meinte sie, daß die Feierlichkeiten mit wenigen Interviews an ihr vorübergingen; daß die Erinnerung an Auschwitz langsam, ganz langsam in ihr verblasse.

Ich meine, daß ihr das zusteht.

Uns nicht.

Sir Karl Popper

Intellektueller Übervater

Sir Karl Popper *war Volksschullehrer in Wien und Professor für Philosophie an der Universität von London. „Die Zeit" nannte ihn den größten Philosophen des Jahrhunderts.*

Der folgende Text erschien kurz nach seinem 90. Geburtstag in der Wirtschaftswoche.

Das letzte Gespräch, das ich mit ihm führen durfte, hatte die Psychoanalyse zum Gegenstand. Seine Abneigung gegen diese „Pseudowissenschaft" war sozusagen amtsbekannt. Zwar respektierte er, daß Freud immerhin den Versuch unternommen hatte, psychische Vorgänge naturwissenschaftlich zu erforschen, aber er erachtete diesen Versuch als gescheitert: So wie Marx die Wirtschaft fälschlich zum einzigen Motiv menschlichen Handelns hochstilisiert habe, habe Freud der Sexualität diesen übertriebenen Stellenwert eingeräumt. Beide hätten geschlossene Systeme aufgebaut und sie gegen jede Kritik immunisiert.

Ich kann mein Verhältnis zu Karl Popper trotzdem nur unter Benutzung psychoanalytischer Erkenntnisse beschreiben: Vor 25 Jahren hat er mir ein Buch mit einer Widmung geschickt – ich habe es verloren. Als ich ein eigenes Buch veröffentlichte, nahm er dazu in einem viele Seiten langen Brief Stellung – ich habe ihn verschmissen. Und anläßlich seines 90. Geburtstags habe ich nicht nur versäumt, ihn in dieser Zeitschrift zu würdigen, sondern auch ihm Glückwünsche zu schicken – obwohl er mich damit ausgezeichnet hat, ein Referat zu seinem 80. Geburtstag zu halten.

Wenn ich mich frage, was mich zu dieser Orgie an „Fehlleistungen" veranlaßt hat, dann muß ich trotz Poppers Kritik Sigmund Freud bemühen: Karl Popper war für mich neben dem Physiker Victor Weisskopf die entscheidende intellektuelle Vaterfigur. Ich bewundere alles an ihm: seine intellektuelle Brillanz, seine sprachliche Präzision, seine Redlichkeit, selbst noch die Art und Weise, in der er sein Leben gestaltet: gleichermaßen fähig, eine wissenschaftliche Arbeit, eine Symphonie oder einen Sonnenuntergang zu genießen.

Obwohl er lehrt, daß die größte wissenschaftliche Tugend darin besteht, jede auch noch so etablierte „Wahrheit“ in Frage zu stellen und grundsätzlich nicht zuzulassen, daß irgendeine Theorie von der Autorität dessen zehrt, der sie begründet hat, strahlt er selbst eine so starke Autorität aus, daß man unwillkürlich zu stottern beginnt, sobald man ihm gegenübersteht.

Karl Popper ist durchaus der von Sigmund Freud beschriebene Übervater. Und ich bin jemand, der schon mit dem so viel kleineren eigenen Vater Probleme hatte.

Ich glaube, ich lernte ihn durch Robert Lammer kennen. Lammer, ein Jugendfreund meiner Eltern, war einer jener Menschen, für die man seinerzeit der sozialistischen Bewegung beigetreten ist. Anständig, gescheit, gebildet, mit einem herrlichen Kopf, der ihn im Alter Wilhelm Furtwängler immer ähnlicher sehen ließ.

Alle diese hervorragenden Eigenschaften hatte er in den Dienst einer Volksschule gestellt, in der er „den neuen Menschen heranbilden“ wollte.

Das wollte auch der junge Karl Popper, und auf der pädagogischen Akademie hatten die beiden einander kennen- und schätzengelernt. Durch Poppers Frau wurde diese Freundschaft noch vertieft. Auch sie war Pädagogikstudentin, und Robert Lammer war sozusagen der erste Zeuge der künftigen Ehe: „Der Karl ist zu mir gekommen und hat gesagt: ‚Siehst du dieses dunkelhaarige Mädchen dort drüben, die werde ich heiraten.‘

‚Aber du kennst sie doch gar nicht.‘

‚Ich werde sie kennenlernen.‘“

Als Popper sein erstes und entscheidendes Buch, die „Logik der Forschung“, vorbereitete, diskutierte er jeden seiner Texte mit Robert Lammer durch. „Von ihm habe ich gelernt, wie man sich wirklich klar und verständlich ausdrückt“, sagte Popper später. Und hat seine Abneigung gegenüber unverständlichen Darstellungen bis zur Unbarmherzigkeit gesteigert. Als ein Professor der

Philosophie, selbst ein würdiger Herr von mindestens siebzig Jahren, dem Meister in einer internen Vorbesprechung seine Geburtstags-Laudatio vortrug, unterbrach ihn Karl Popper nach einer Minute mit dem einschneidenden Satz: „Kannst du das nicht mit Worten sagen, die ich auch verstehe?“

Der Professor begann von neuem, versuchte ein paar Fremdworte wegzulassen, ein paar Erläuterungen anzufügen.

Aber Popper wurde nicht milder, sondern nur wütender: „Ich muß dich bitten, dieses Referat entweder klarer zu formulieren oder es nicht zu halten.“

Er selbst nahm die Verständlichkeit seiner Texte für den Laien so wichtig, daß er Robert Lammer bis zuletzt alle seine Manuskripte zur Korrektur schickte.

Wahrscheinlich nahm er auch die Freundschaften seiner Jugend so wichtig: Er wußte, daß die Briefe aus England für den Wiener Volksschullehrer das größte Glück seiner späten Jahre waren.

Kein Wunder, daß Lammer mir keine Ruhe ließ, bis ich die „Logik der Forschung“ gelesen hatte. Ich war so begeistert, daß ich zum ersten Mal in meinem Leben um ein signiertes Exemplar bat.

Popper reagierte auf eine Weise, die, wie ich später begreifen sollte, für ihn charakteristisch ist: Eine Widmung sei eine ernsthafte Angelegenheit. Da er mich nicht kenne, bitte er, ihm einige meiner Artikel zuzusenden, damit er sich ein Urteil bilden könne.

Ich war damals ein junger Gerichtssaalberichterstatter beim „Kurier“, und so schickte ich ihm eine Serie, die ich über die Problematik der Gerichtspsychiatrie geschrieben hatte. Die Texte waren gut ausgewählt, denn obwohl ich Poppers Kritik an der Psychiatrie damals noch nicht kannte, hatte ich sehr ähnliche Bedenken formuliert: Ich hegte und hege tiefes Mißtrauen gegen die Zuverlässigkeit psychiatrischer Diagnosen, und ich hielt und halte es für unverantwortlich, daran die schwerwiegendsten strafrechtlichen Folgen zu knüpfen.

Popper schickte mir das Buch samt Widmung und einer handschriftlichen Bemerkung: Der letzte Absatz meiner Arbeit enthalte einen logischen Fehler, der mir bei größerer Sorgfalt nicht unterlaufen wäre.

Immerhin war die Serie, die ich ihm geschickt hatte, rund fünf großformatige Druckseiten lang, und es bestand kein Zweifel, daß er jedes Wort gelesen hatte, ehe er „Karl Popper" unter seine Widmung setzte. Denn etwas zu unterschreiben, von dessen Inhalt man sich vorher nicht überzeugt hat, hält er für Unredlichkeit, und ist in dieser Auffassung so rigoros, daß er zwei brave Damen des ORF damit in völlige Verzweiflung stürzte: Die beiden hatten ihm anläßlich eines Interviews einen Zettel unterbreitet, auf dem er den Erhalt seines Honorars bestätigen sollte.

„Aber ich habe noch kein Honorar erhalten."

„Sie bekommen es sofort nach der Sendung. Das Kuvert ist schon vorbereitet."

„Dann werde ich unterschreiben, wenn Sie mir das Kuvert übergeben haben."

Nachsatz mit ernsthaft besorgtem Blick: „Das ist der Anfang der österreichischen Korruption. Leute beurkunden die Unwahrheit. Von dort bis zum AKH-Skandal ist es nur ein kleiner Schritt."

Popper spricht jeden Satz mit glühenden Augen. Trotzdem hat sich mir bei unserer ersten Begegnung ein anderer Teil seines Gesichtes am meisten eingeprägt: Ich habe nie einen Menschen mit größeren Ohren gesehen. Es wäre taktlos, auf diese körperliche Besonderheit hinzuweisen, wenn sie nicht soviel Symbolcharakter besäße: Ich habe auch niemals einen Menschen kennengelernt, der so zuzuhören vermochte. Aus irgendwelchen innenpolitischen Gründen – ich glaube, es ging um Kreiskys Auseinandersetzung mit Simon Wiesenthal – kamen wir bei jenem ersten Zusammentreffen auf den österreichischen Antisemitismus zu sprechen, und die versammelte Runde versuchte, dem Gast aus England ein einigermaßen differenziertes Bild zu vermitteln.

Popper sprach den ganzen Abend lang vielleicht drei Sätze. Kurz vor Mitternacht verabschiedete er sich mit einem vierten Satz: „Ich möchte mich vielmals bei Ihnen allen bedanken, ich habe heute abend sehr viel gelernt."

Ich dachte damals, diese Art der Bescheidenheit entspringe einer gewissen Koketterie. Aber Popper meinte das vollkommen ernst. Er kennt keinen intellektuellen Hochmut. Es ist ihm vollkommen gleichgültig, ob sein Gesprächspartner ein weltbekannter Nobelpreisträger aus Oxford oder ein unbekannter Gerichtssaalreporter aus Wien ist, ob er drei Stunden lang selbst einen Gedanken vorträgt (was er zu meinem Glück gelegentlich auch getan hat) oder ob er drei Stunden lang zuhört.

Wichtig ist ausschließlich die vorgetragene Argumentation.

Sie ist das einzige „Ding an sich", das er gelten läßt.

Genußvoll, so wie ein Anatom eine Arterie oder einen Nerv aus dem umgebenden Bindegewebe herauspräpariert, legte er etwa in „Die Offene Gesellschaft und ihre Feinde" Marx' grundlegende Schlußfolgerungen bloß, um sie dann mit ebenso penibler Gründlichkeit zu widerlegen. Der Text ist von großem Respekt vor Marx' intellektueller Leistung getragen und dennoch vollkommen gnadenlos: Kein Stein des Marxschen Denkgebäudes bleibt auf dem anderen. Auch diese intellektuelle Gnadenlosigkeit gehört zu den hervorstechenden Eigenschaften des „großen Humanisten" (Franz Kreuzer im ORF): „Der Mensch", lehrt Popper, „ist das einzige Lebewesen, das Ideen an seiner Statt sterben lassen kann. Deshalb sollten wir den Krieg der Ideen mit aller Schärfe führen, damit wir uns den wirklichen Krieg ersparen."

Wie jeder Mensch, der diese Bezeichnung verdient, haßt Popper nichts mehr als den Krieg. Die Angst, daß die riesigen atomaren Arsenale der Supermächte sozusagen aus Versehen zum Einsatz kommen könnten, war zuletzt unser wichtigstes Gesprächsthema. Mit der ihm eigenen Akribie bereitete er das Zusammentreffen vor, indem er mir schrieb, ich müßte unter allen Umständen ein Buch von Robert Kennedy lesen, in dem der Bruder des amerikanischen Präsidenten im Detail beschreibt, wie nahe wir dem Dritten Weltkrieg waren, als sowjetische Schiffe Kurs auf Kuba hielten, um dort Atomraketen zu installieren.

Dies alles wäre zu vermeiden gewesen, meinte Popper, wenn die Amerikaner anstelle von Atomraketen Mittelstreckenraketen mit konventionellen Sprengköpfen besessen hätten. Sie hätten dann glaubwürdig drohen können, die von den Sowjets auf Kuba installierten Raketenbasen aus der Luft zu zerstören.

Dagegen müsse jede Drohung mit Atomraketen grundsätzlich erfolglos bleiben, weil sie unglaubwürdig ist.

Wie die meisten Überlegungen Poppers war auch diese zukunftsweisend, und die strategische Diskussion ist wenige Jahre später zu ganz ähnlichen Erkenntnissen gelangt. Popper indessen wollte nicht warten: Von seinem Wiener Hotel aus setzten wir Briefe auf und schickten sie an alle möglichen Politiker (die ihn in ihren Reden wortreich zitiert hatten), ohne freilich mehr als Höflichkeitsantworten zurückzubekommen.

Auch dieser Aktionismus ist für Karl Popper charakteristisch. Er kennt nichts Gutes, außer man tut es.

Das geht soweit, daß er in politischen Diskussionen gelegentlich zu dem von ihm so verpönten Argument ad hominem greift: Als ein Student eine lange Rede verlas, in der er sich über die mangelnde westliche Entwicklungshilfe für die Dritte Welt beschwerte, unterbrach ihn Popper um so kürzer: „Und was haben Sie bisher für die Entwicklungshilfe geleistet? Haben Sie afrikanische Waren gekauft? Oder Geld gespendet?“

Als der Redner weder auf diese Fragen einging noch mit dem Verlesen seines Statements aufhörte, ließ ihn Popper aus dem Saal weisen.

In dem Maße, in dem er älter wurde, verstärkte sich diese scheinbare Intoleranz: „Ich habe zuwenig Zeit, mich mit dummen Argumenten auseinanderzusetzen. Es gibt zuviel Wichtiges, das man kritisieren müßte.“ Eine dieser kritischen Fragen, in der wir ausnahmsweise gegenteiliger Meinung waren, ist die Nutzung der Atomenergie. Popper hält sie für unzulässig: Man dürfe unter keinen Umständen, formuliert er auch hier sein Credo, eine Entwicklung in Gang setzen, die irreversibel ist und deren Risken man nicht abschätzen kann.

Das ist allerdings der einzige Punkt, in dem er mit der grünen Bewegung konform geht. Ansonsten macht sie ihm angst. Nicht, weil nicht auch er die Schonung der Umwelt für richtig und wichtig hielte, sondern, weil er in der Ökologie eine Ideologie sieht:

„Diese Leute meinen die Wahrheit gepachtet zu haben. Sie glauben, wie die Marxisten, genau zu wissen, wohin die Welt sich bewegt, und warten genauso sehnsüchtig auf die entscheidende Krise."

Wenn er Weltuntergänge diskutiert, ist Popper von derselben ernsthaften Aggressivität wie in der Diskussion mit dem studentischen Kritiker der westlichen Entwicklungspolitik: „Sie behaupten jetzt schon zum dritten Mal", empörte er sich anläßlich seines letzten Vortrages in Wien gegenüber einem grünen Referenten, „daß der Mensch dabei ist, die Natur endgültig zu vernichten. Ich stelle jetzt einmal die These auf, daß es auch genau umgekehrt sein kann: Wenn wir nicht innerhalb der nächsten zehn Jahre ein Serum gegen Aids finden, dann bringt ein Virus den Menschen um. Reden Sie nicht von wissenschaftlicher Erkenntnis, wo Sie Ihre persönliche Weltsicht an den Mann bringen wollen."

Noch schöner formulierte er dieser Tage seine Kritik an der Weltenangst des Philosophen Martin Heidegger: „Leute, die ständig Angst haben, sollten sich psychiatrisch behandeln lassen – nicht aber philosophische Bücher schreiben. Das Grundgefühl des Lebens ist doch die Freude – nicht aber die Angst."

Karl Grohmann

Ein Lehrer für Väter

Karl Grohmann *war Lehrer, klinischer Psychologe und Beamter des Unterrichtsministeriums, ehe er eine schulpsychologische Praxis eröffnete. Er ist heute – leider – in Pension.*

Der folgende Text erschien 1981 im profil.

Ich kenne wenige Menschen, die ich so sehr bewundere, und keinen, dem ich so dankbar bin.

Als ich ihn vor etwa anderthalb Jahren in seiner Praxis aufsuchte, war ich so verzweifelt, wie ein Vater nur sein kann; kaum eine Nacht, in der ich nicht schweißgebadet aufwachte, um immer die gleiche Angst in meinem Kopf zu finden: Was wird einmal aus meinem Sohn?

Mit damals elf Jahren konnte Raimund so gut wie nicht rechnen, nicht schreiben und nicht lesen. Seine bis zur Unkenntlichkeit entstellte Schrift vermittelte nur eine einzige Aussage: Ich habe versagt. Heute schreibt er erste kleine Aufsätze und rechnet Beispiele aus dem Mathematiklehrbuch der zweiten Klasse AHS.

Dazwischen liegen 15 Monate „Doktor Grohmann".

Ich glaube nicht, daß es noch einen Menschen gibt, der so viel von Kindern weiß. Er war Volksschullehrer, Hauptschullehrer, Sonderschullehrer, Berufsschullehrer, Lehrer an Handelsschulen, Gewerbeschulen und AHS. In seiner Freizeit ergänzte er sein Studium der Psychologie durch eine Ausbildung als klinischer Psychologe an der damaligen Klinik Hoff. Der Wiener Stadtschulrat gab ihm im pädagogisch-psychologischen Dienst das adäquate Aufgabenfeld. Aber je älter er wurde, desto mehr konzentrierte er sich auf seine kleine Praxis in der Wiener Hauslabgasse und verwirklichte dort seine ganz persönliche Vorstellung von therapeutischem Unterricht: Er lehrt schwierige Kinder, wieder Vertrauen zu sich selbst zu haben.

Man wäre geneigt, ihn sich wie einen jener jungen engagierten Lehrer vorzustellen: mit Jeans, Pullover und Bart. Aber er sieht viel eher wie ein Vorkriegsschuldirektor in Pension aus. Oder sogar wie ein pensionierter Oberst. Seine kerzengerade Haltung, der steife, kaputte Fuß, das schlohweiße Haar vermitteln die Art von Respekt, die man heute fast nur noch aus der Erzählung der Eltern kennt. Dem widerspricht der tiefe Ernst, mit dem er mit Kindern spricht. Ein Ernst, der seine Autorität gleich wieder relativiert: Das Kind fühlt sich von gleich zu gleich behandelt.

Als am Ende der ersten Stunde vereinbart wurde, was Raimund in den nächsten Wochen arbeiten sollte, goß Dr. Grohmann es in die Form eines Vertrages. Er unterschrieb rechts, links unterschrieb Raimund.

Dieses Ernstnehmen ist zwar Methode, aber es ist getragen von einem tiefen Respekt vor dem Kind, der wiederum nur die andere Seite noch tieferer Zuneigung ist. Man weiß auf einmal, spürt es körperlich, daß er jedes „seiner" Kinder liebt. Das Mädchen, das er aus der Sonderschule so weit gebracht hat, daß es ein Studium absolvierte, ist seine Tochter; und Raimund, in einem Maße, das mich manchmal eifersüchtig macht, sein Sohn.

Der elfjährige Bub eines Bekannten weinte, als er nicht mehr „zum Doktor Grohmann" gehen durfte, nachdem er innerhalb eines Jahres in seinen Angstgegenständen von „nicht genügend" auf „gut" gekommen war. Karl Grohmann machte ihm den Abschied auf seine unnachahmliche Art begreiflich: „Du bist jetzt so tüchtig, du kannst so viel, daß du mich einfach nicht mehr brauchst."

So müßte man seinen Sohn ins Leben entlassen.

Seit ich ihn kenne, weiß ich, daß Erziehen eine Kunst ist, die man lernen kann: Es gibt die hohe Schule der Schule.

Das Grundgesetz der Grohmannschen Pädagogik lautet: Ein Kind braucht Lob, Lob und noch einmal Lob.

Raimund brauchte es ganz besonders, denn ich hatte es ihm durch Jahre vorenthalten. Als Grohmann ihn mit der ersten Aufgabe konfrontierte – ich glaube, es ging darum, geometrische Figuren einzuordnen –, geriet ich in Panik. Ich wußte, wie er bei anderen Tests kaum einen Treffer in einer Zeile gelandet hatte.

Er landete auch diesmal nur einen.

Aber Doktor Grohmann war begeistert: „Großartig. Ganz toll. Eine Lösung vollkommen richtig. Das heben wir uns auf." Und mit dem gleichen roten Filzstift, mit dem Österreichs Lehrer den einzigen Fehler in einer Zeile anzuzeichnen pflegen, zeichnete er einen liebevollen roten Kreis um die einzige Stelle, die in einer ganzen Zeile richtig war.

Und Raimund strahlte. In diesen ersten zehn Minuten erhöhte sich seine Trefferquote von Zeile zu Zeile, bis ich meinen Augen nicht mehr traute: „Der Bub ist großartig", sagte Dr. Grohmann.

Und er meinte es so.

Zum erstenmal bemerkten Raimund und ich es auch.

Wahrscheinlich verhalten sich die meisten guten Pädagogen instinktiv so ähnlich: Wer je einen guten Tennislehrer hatte, weiß, daß eine von dessen wichtigsten Fähigkeiten darin besteht, seinem Schüler in den ersten Minuten des Einschlagens ideale Bälle zuzuspielen und jeden gelungenen Schlag in den höchsten Tönen zu loben. Sofort wird die Verkrampfung, die jedes morgendliche Tennisspiel begleitet, sich lösen, und das Spiel wird sich um eine Klasse verbessern.

Wenn Pete Sampras verliert, dann sagt er nicht: „Ich kann nicht mehr spielen." Er sagt: „Ich habe mein Selbstvertrauen verloren."

Grohmanns größte Kunst besteht darin, Kindern ihr Selbstvertrauen wiederzugeben.

Selbstvertrauen resultiert aus der wiederholten Erfahrung, eine gestellte Aufgabe erfolgreich bewältigt zu haben. Besser eine kleinere Aufgabe gut als eine größere schlecht.

Die Bewältigung einer eher mechanischen Aufgabe – etwa: die S-Schreibung oder das Einmaleins zu beherrschen – vermittelt kaum geringere Befriedigung als die Bewältigung eines intellektuellen Problems.

Daraus resultiert ein zweites Grohmannsches Grundgesetz: Trainierbares trainieren. Das perfekt dressierte Einmaleins vermittelt etwas von dem Selbstvertrauen, das man braucht, um eine Schlußrechnung zu lösen.

Karl Grohmann, den ich für den modernsten aller Lehrer halte, ist ein altmodischer Pauker: In einem riesigen Schrank bewahrt er Tausende verschiedener Formulare auf, die nichts anderes vermitteln als eine geistige Handfertigkeit. Blätter mit einfachsten Rechenaufgaben, die in einer bestimmten Zeit gelöst werden müssen. Lückentexte, in denen Beistriche, bestimmte Buchstaben oder ganze Worte eingesetzt werden müssen, oder Blätter, die die Konzentration trainieren.

Es gibt keine Lernschwäche, für die Doktor Grohmann nicht ein „Blatt“ hat. Und dieselben Kinder, die man nur unter Drohung bewegen kann, freiwillig eine Fertigkeit zu üben, üben begeistert, sobald ihnen ein vorgegebenes Blatt eine klar umrissene einfache Aufgabe stellt, an deren Ende das Erfolgserlebnis der Bewältigung steht: neun von zehn Aufgaben richtig.

Kinder brauchen die Forderung. Sie suchen die Leistung. Und sie wollen den Erfolg auf einfache und klare Weise messen.

An jenem ersten Nachmittag mit Raimund zog Doktor Grohmann plötzlich eine Stoppuhr aus der Tasche, legte sie neben ein Einmaleinsblatt und sprach die für einen „modernen Pädagogen“ unaussprechliche Forderung aus: „Jetzt schaust du einmal, in welcher Zeit du die erste Kolonne schaffst.“

Schulstreß, Leistungsdruck, Wettbewerbshysterie, hämmerte es in meinem Kopf, während Raimund mit heißen Fingern seine Zahlen kritzelte.

Er brauchte so lange wie nie zuvor und nie danach.

„Großartig“, sagte Dr. Grohmann. „15 von 20 richtig. Und unter 50 Sekunden. Das war super.“

Raimund strahlte.

„Also ich glaube, dabei lassen wir's. Nach so einer Superleistung ist man müde. Die zweite Kolonne ist zuviel . . .“

„Nein“, schrie Raimund, „ich will auch die zweite Kolonne rechnen.“

„Wirklich?“ fragte Dr. Grohmann. „No . . ., also gut. Aber kränk dich nicht, wenn's nicht mehr ganz so schnell geht.“

Da es so gut wie ausgeschlossen war, die zweite Kolonne langsamer und falscher zu rechnen als die erste, errangen wir in dieser ersten Stunde den wahrscheinlich entscheidendsten Erfolg in Raimunds Kindheit: 25 Sekunden. Nur noch die halbe Zeit. Bestzeit. Begeisterungsstürme bei Dr. Grohmann. Begeisterungstaumel bei Raimund.

Aus einer Mappe holt Grohmann eine Klebefolie in Form von gelben, blauen und roten Kreisen. Er klebt einen großen gelben Kreis auf das Einmaleinsblatt: „Das bedeutet: ein Musterblatt. Das heben wir uns auf."

Er hebt das Blatt zur Lampe, um es noch einmal bewundernd zu prüfen, wie ein Tischler das Gesellenstück seines besten Lehrlings. Dann weiß er, daß der gelbe Punkt ganz einfach zuwenig ist: Er setzt einen kleineren blauen Punkt drauf.

„Blau auf Gelb, das ist sozusagen das Höchste."

Es war für Monate das Höchste. Raimund, der weder durch Drohungen noch durch gutes Zureden, noch durch Versprechungen (mehr Taschengeld, eine Tonbandkassette) zum Lernen zu bewegen gewesen war, lernte für einen kleinen blauen Punkt auf gelbem Hintergrund. Es war der Punkt, von dem sein neues, glücklicheres Leben ausging.

SIMON WIESENTHAL
DER JÄGER

SIMON WIESENTHAL *ist der international bedeutendste lebende Österreicher.*

Das folgende Porträt erschien auf dem Höhepunkt seiner Auseinandersetzung mit Bruno Kreisky im PROFIL.

Seit damals ist die Ächtung auch in seiner Wahlheimat Österreich zunehmender Achtung gewichen. Eine neue Generation hat ein neues Verhältnis zum „Eichmann-Jäger" gefunden.

Als „Eichmann-Jäger" ist er schon zu Lebzeiten zum Illustriertenklischee geworden: kein Mensch, sondern ein Name, den andere Menschen mit ihren Emotionen füllen. Diese Emotionen sind in Österreich und Deutschland völlig andere als etwa in Frankreich oder in den USA: Gilt Simon Wiesenthal der freien Welt als einer der großen Gerechten, so sehen ihn die meisten seiner österreichischen Landsleute als unbarmherzigen Rächer. Im Ausland einer der geachtetsten Österreicher – Wiesenthal ist fünffacher Ehrendoktor, Kommandeur des Oranjeordens, Commendatore della Repubblica Italiana, Ritter der französischen Ehrenlegion und erhielt von der Bundesrepublik Deutschland das große Bundesverdienstkreuz am Bande und von der amerikanischen Regierung die Goldmedaille des Kongresses verliehen, um nur die wichtigsten zu erwähnen – war er in Österreich selbst jahrzehntelang geächtet. Das verdrängte (und eben deshalb heftig geleugnete) schlechte Gewissen verleiht einem alten Mann, der in einem winzigen Büro am Wiener Rudolfsplatz, später in der Salztorgasse arbeitet, die dämonischen Züge eines Nazi-Jägers ohne Gnade. Seine häufig wechselnden Mitarbeiter avancieren zum „Agentennetz". Aus seinem „Dokumentationszentrum" – das jahrelang bei reichen amerikanischen Juden betteln gehen mußte – wird seine „Organisation", die mit fremden Mächten konspiriert und unerschöpfliche Mittel hat. Wenn nicht gerade von einem seiner zahlreichen Gegner behauptet wird, er hätte mit der Verhaftung Eichmanns überhaupt nichts zu schaffen gehabt, dann werden dem „Eichmann-Jäger“ geradezu übernatürliche Fähigkeiten bei der Ergreifung von Kriegsverbrechern zugeschrieben: ein jüdischer James Bond mit einem Schrank voller geheimer Dossiers, der Zugang zu den geheimsten Tresoren hat und an jedem Punkt des Erdballs gnadenlos zuschlagen kann. Denn die Attribute der Dämonen (ob „Götter“ oder „Teufel“) sind Allgegenwart, Allwissen und Allmacht.

Wie Simon Wiesenthal wirklich ist, will eigentlich niemand wissen: Es könnte ihn von der rächenden Gottheit zum Menschen machen.

Der Mann, der sich Wien zur neuen Heimat gewählt hat, stammt aus Buczacz, einem kleinen Städtchen am östlichen Rand der österreichisch-ungarischen Monarchie (auch die Familie Sigmund Freuds kommt von dort – Wiesenthals Schwiegermutter war eine geborene Freud). Während die meisten Juden in einer vorwiegend nichtjüdischen Umwelt oder – umgekehrt – in einem Ghetto aufwachsen, dominierten in Buczacz die Juden: Sechstausend von ihnen standen nur zweitausend Polen und tausend Ukrainern gegenüber. Das schuf ein anderes Selbstbewußtsein: Man war als Jude nicht der Letzte (das war man als Ukrainer), man war stolz auf seine jüdische Herkunft.

Im Gegensatz zu anderen Juden, denen die Demütigung zur zweiten Natur wurde, war für einen Mann wie Wiesenthal die physische Qual des Dritten Reiches weniger schmerzhaft als die Erniedrigung. Jude sein konnte für ihn nie darin bestehen, es nicht sein zu wollen, wie das etwa seinen großen österreichischen Widersacher, Bruno Kreisky, charakterisiert. Es hat aber auch nie darin bestanden, sich für das Mitglied eines auserwählten Volkes zu halten: Wiesenthal ist Jude – und das selbstverständlich.

Wie in fast allen jüdischen Familien von Buczacz war man auch in der seinen religiös – mit einem Zug zu jenem seltsamen östlichen Mystizismus, der dort gerade damals eine Renaissance erlebte.

Galizien war das Land der Wunderrabbis. Der Rabbi – kein

Priester, sondern ein Weiser – war die letzte Instanz für Recht und Gerechtigkeit. Da die Juden fast immer von Stärkeren umgeben waren, mußten sie Konflikte untereinander so weit wie möglich ausschalten. So wie sie die strenge Sexualmoral ihrer Väter aufrechterhielten (die dann Sigmund Freuds Ausbruch provozierte), war auch ihre Vorstellung von Gerechtigkeit hart und präzise: Immer wieder erzählt Simon Wiesenthal, wie er als Bub an einem Haus vorbeigeführt wurde, hinter dessen Fenstern ein Mann saß, der seit Jahren nicht sprach und nur die notdürftigsten Speisen zu sich nahm: Der „Schweiger", wie man ihn nannte, hatte eines Tages einen Streit mit seiner Frau durch den Ausruf beendet: „Verbrennen sollst du!" In derselben Nacht brannte sein Haus – ohne sein Zutun – nieder, und seine Frau kam in den Flammen um. Der Mann ging mit der Last seines Gewissens zum Rabbi. Der entschied, er dürfe während seines ganzen Lebens kein Wort mehr sprechen und müsse unablässig um Vergebung seiner Schuld beten.

Diese mystische Vorstellung von Gerechtigkeit ist Wiesenthal bis heute geblieben. Er hat die nicht weiter begründbare Überzeugung, daß in jedem Leben ein Gleichgewicht zwischen Schuld und Sühne herrsche, und kleidet diese Überzeugung in den immer wiederkehrenden Satz: „Alles im Leben hat seinen Preis." Für ihn kann Schuld nicht erlassen, sondern nur durch Sühne abgetragen werden. Zug um Zug.

Sühne in dem Sinn, in dem Wiesenthal sie fordert, hat Hitlers Rüstungsminister Albert Speer geleistet: „Er hat nicht versucht, sich herauszureden, obwohl es ihm von allen Angeklagten in Nürnberg wahrscheinlich am leichtesten gefallen wäre. Er hat gesagt: „Ich hab' den Nutzen gehabt, ich will mich vom Schaden nicht drücken." Und er hat zwanzig Jahre bekommen, obwohl andere Leute, die viel mehr getan haben, nicht schwerer bestraft worden sind. Aber Speer hat gewußt: Diese Strafe entspricht seiner Schuld."

Wobei Simon Wiesenthal ein sehr feines Maß für „Schuld" wie für „Sühne" besitzt: Er mißt nicht nach Umfang, sondern nach Inhalt. Schlimmere Schuld als mancher Mörder hat für ihn ein Mann auf sich geladen, der keine einzige strafbare Handlung beging, sondern nur Postkarten schrieb: Dieser Mann, ein Bahnbeamter aus Linz, war mit einer Postbeamtin verheiratet. Sie war Vierteljüdin, und obwohl diese Ehe geschützt gewesen wäre, ließ er sich scheiden. Vom Tag der Scheidung an schrieb er ihr täglich bis zu zehn Postkarten, auf denen er sie beschimpfte, antisemitische Parolen aus Zeitungen aufklebte oder einfach Schmähungen niederschrieb. Diese Karten waren offen, so daß jede Kollegin seiner geschiedenen Frau sie lesen konnte.

Nach dem Krieg ließ Wiesenthal ihr einen Opferausweis ausstellen. Sie hatte als Begründung nur dieses mitgebracht: die von zwei Männern getragene Kiste mit Tausenden von Karten.

Wiesenthal: „Das war chinesische Folterung. Es muß dem Mann brennen, jeden Tag muß es ihm brennen in seinem Gewissen."

Im Gegensatz zu den Vorstellungen, die darüber in der deutschen und österreichischen Öffentlichkeit herrschen, setzt Wiesenthal jede Handlung penibel in Beziehung zu dem Umfeld, in dem sie begangen wurde: Ein Mann, der in einem Erschießungskommando, das spontan zusammengestellt wurde, zehn Juden erschossen hat, trägt in seinen Augen weniger Schuld als ein anderer, der ohne Befehl und ohne Druck einem Häftling beim Prügeln die Gliedmaßen gebrochen hat. Und keine Ohrfeige eines SS-Mannes hat Wiesenthal so sehr verletzt wie die, die ihm ein polnischer Lagerschreiber wenige Tage nach der Befreiung im Konzentrationslager Mauthausen versetzte – „denn das war die Fortsetzung des Antisemitismus in Kenntnis dessen, was die Juden unter Hitler erlitten hatten".

Als der Schläger – von den Amerikanern gezwungen, sich öffentlich bei Wiesenthal zu entschuldigen – dem Geschlagenen vor den versammelten Häftlingen die Hand geben sollte, blieb dieser unbeweglich stehen: „Ich nehme die Entschuldigung an, aber die Hand kann ich dir nicht reichen."

Simon Wiesenthal – darin entspricht er dem Klischee, das in der Öffentlichkeit von ihm besteht – verzeiht nicht leicht. Nicht so sehr im intellektuellen Bereich – dort ist er zu klug, hat eine viel zu differenzierte Vorstellung von Schuld, als daß er nicht irgendwann aufhörte, einem Menschen sein Verhalten nachzutragen. Aber im Bereich der Emotionen: Er verschenkt sein Verzeihen nicht, er tauscht es nur gegen adäquate Buße.

Wiesenthal hat sich immer wieder – er selber nennt es seine „unbewältigte Vergangenheit“ – mit dem Problem des Verzeihens auseinandergesetzt. In seinem besten Buch „Die Sonnenblume“ (in Frankreich zum Buch des Jahres gewählt) beschreibt er ein Erlebnis aus dem Krieg, das diese Frage mit ungeheurer selbstkritischer Schärfe aufwirft. Er war damals zu Arbeiten in einem Lazarett eingeteilt. Plötzlich rief ihn eine Schwester und führte ihn in ein Sterbezimmer. Der Mann, der mit dem Tod rang, war ein SS-Mann. Er ergriff Wiesenthals Hand und begann zu beichten. Er erzählte ihm, von Todesängsten getrieben, die furchtbarsten Verbrechen, deren er sich gegenüber Juden schuldig gemacht hatte. Nachdem er zu Ende gesprochen hatte, bat er den jüdischen Zwangsarbeiter, der schweigend an seinem Bett saß, ihm zu verzeihen. Wiesenthal stand auf und ging ohne ein Wort hinaus. Später hat er die Mutter des Toten aufgesucht und ihr, die alles verloren hatte, die Taten ihres Sohnes verschwiegen.

Man kann in der gleichen Situation auch anders handeln: In Polen wurden nach dem Krieg eine Reihe ehemaliger KZ-Häftlinge von den Kommunisten eingesperrt, weil sie auch unter der neuen Diktatur nicht schweigen wollten. Einige von ihnen wurden zum Tode verurteilt, darunter eine Frau. 1946 wartete sie im Todestrakt des Gefängnisses auf ihre Hinrichtung. Eines Tages wurde sie zum Duschen geführt. Die Aufseher brachten noch eine andere Frau herein: die berüchtigtste und brutalste Aufseherin des Auschwitzer Frauenlagers Birkenau, die Österreicherin Maria Mandl. Auch sie war zum Tode verurteilt. Die beiden Frauen standen nackt unter der Dusche und sahen einander nicht an.

Plötzlich kam die Mandl herüber und sagte nur diesen einen Satz: „Können Sie mir verzeihen?“

Die Polin – die später begnadigt wurde – schildert ihre Reaktion so: „Wir waren zwei nackte Frauen, die darauf gewartet haben zu sterben. Ich habe gewußt, daß alle, die die Mandl mißhandelt hat, es nicht hören werden. Da habe ich gesagt: ‚Ja.‘“

Wiesenthal weiß um diese beiden Möglichkeiten. Und er ist bis heute unsicher, ob die, die er gewählt hat, die richtige war. So unsicher, daß er seinem Buch „Die Sonnenblume“ eine Umfrage anschloß, in der Menschen, die er für moralische Autoritäten hält, beurteilen sollten, ob er richtig gehandelt hat. Die Diskussion, die daraufhin in Frankreich und zahlreichen anderen Ländern wochenlang die Seiten der bedeutendsten Blätter füllte, brachte keine Entscheidung. Wiesenthal selbst glaubt sie heute in der Zuschrift einer norwegischen Bäuerin gefunden zu haben: „Sie hätten ihm sagen sollen: Er soll zu seinem Gott beten, daß er ihm vergibt. Und Gott wird vergeben.“

Wiesenthal ist heute kein praktizierender, religiöser Jude mehr. Während viele andere Juden seiner Generation sich im Zuge ihrer Assimilation unmerklich aus dem Glauben ihres Volkes lösten, bewahrte sich Wiesenthal die ethischen Grundsätze der jüdischen Religion, auf die er als Jude stolz ist. Als er zusah, wie ein Rabbiner sein Gebetbuch jeweils für eine halbe Stunde gegen eine Tasse Suppe an die Häftlinge verlieh, schwor er, nie wieder eine Synagoge aufzusuchen. Freunde brachten ihn nach dem Krieg davon ab, indem sie das einzige Argument vorbrachten, das er zu akzeptieren bereit war: „Warum siehst du nur die, die genommen, und nicht die, die gegeben haben?“ Es war ein Argument gegen die Kollektivschuld.

Auch der Zionismus, dessen weltweiter „Verschwörung“ er von Fall zu Fall zugeordnet wird, ist für Wiesenthal mehr ein historisches Phänomen: eine Hoffnung der Juden auf Heimat, die mit der Gründung des Staates Israel in Erfüllung gegangen ist und für die man „heute wohl neue Formen finden muß“.

Aber im Gegensatz zu Bruno Kreisky, der gleichfalls ein nicht religiöser, nicht zionistischer, assimilierter Jude ist, begegnet Wiesenthal der Religiosität und dem Nationalismus seines Volkes mit Sympathie – als einem Teil dessen, was er das eigentlich Verbindende des Judentums nennt: das gemeinsame Schicksal, von der Vertreibung aus Ägypten über die Pogrome des Mittelalters bis Auschwitz: „Jude zu sein, heißt, Rest von Verfolgung zu sein. Die Summe der Reste ist das Ganze. Wenn es vor Auschwitz vielleicht noch möglich gewesen ist, sich von der Schicksalsgemeinschaft der Juden loszusagen, so ist das nach Auschwitz undenkbar."

Zur Illustration dessen, was er meint, zitiert Wiesenthal einen jungen amerikanischen Juden, der, agnostisch erzogen, nach dem Krieg bewußt versuchte, den Glauben seiner Väter in sich zu erneuern: „Denn nach dem, was ihnen geschehen ist, will ich alles tun, mich ihnen verbunden zu fühlen."

Nur vor diesem Hintergrund läßt sich der Konflikt mit Bruno Kreisky begreifen. „Kreisky", faßt Wiesenthal die entscheidenden Emotionen in einem einzigen Satz zusammen, „hat sich von der jüdischen Schicksalsgemeinschaft losgesagt. Und wer das tut, ist in meinen Augen ein Deserteur."

Das besondere Schicksal der galizischen Juden war durch den brutalen Antisemitismus Rußlands geprägt: Buczacz war voll von Menschen, die ihr Leben mit knapper Not vor russischen Pogromen gerettet hatten. Demgegenüber wurde die österreichisch-ungarische Monarchie – vor allem der Kaiser – aus verklärender Ferne her als Schutz- und Schirmherr der Juden betrachtet. Als 1915 im Zuge des Ersten Weltkrieges die Kosaken in Buczacz einfielen, floh Wiesenthals Mutter mit ihren beiden Söhnen dorthin, wo Juden sich sicher fühlen konnten: nach Wien. Simon Wiesenthal ging zwei Jahre lang in eine Volksschule in der Wiener Bäuerlgasse. Sein Vater, von Beruf Kaufmann, wurde eingezogen und fiel an der russischen Front.

1917 zogen sich die Russen aus Galizien zurück, und zahllose geflohene Juden – darunter die Wiesenthals – kehrten heim. Kurzfristig wurde Galizien zu einer „westukrainischen Republik", dann besetzten es die Polen. Bis zum Polnisch-Russischen Krieg.

Die kleine Stadt wurde fast wöchentlich von der einen oder der anderen Seite überrannt. Die Brutalität der bolschewistischen Truppen wurde dabei nur noch von jener der ukrainischen Kavallerie Petljuras übertroffen: Dem zwölfjährigen Wiesenthal spaltete ein betrunkener Ukrainer den Oberschenkel mit einem Säbelhieb bis zu den Knochen – eine riesige Narbe blieb bis heute zurück. Und eine für Wiesenthals heutiges Handeln entscheidende

Erkenntnis: Bestialität ist nicht das Vorrecht eines bestimmten Volkes.

Sosehr Wiesenthal durch seine Arbeit die Aufmerksamkeit der Weltöffentlichkeit immer wieder auf österreichische und deutsche Kriegsverbrecher gelenkt hat, sosehr hat er sich gleichzeitig dagegen gewehrt, diese beiden Völker zu auserwählten Nationen des Bösen zu stempeln. In Israel erntete er Aufruhr, als er in einem Kibbuz der Ghetto-Kämpfer erklärte, für ihn wären junge Österreicher oder junge Deutsche nicht besser oder schlechter als junge Israelis.

Ein Teil der Animosität, die Wiesenthal in der Wiener jüdischen Kultusgemeinde entgegengebracht wird, geht darauf zurück, daß er auch Juden, wenn sie sich in der Zeit des Dritten Reiches die Hände schmutzig gemacht hatten, mit derselben Akribie verfolgte wie SS-Leute. „Es gibt nicht zweierlei Maß, um Schuld zu messen.“ Als 1961 Friedrich Karl Kaul aus Ost-Berlin als Beobachter beim Eichmann-Prozeß gegen Westdeutschland Stimmung machte, sprach ihm Wiesenthal in einer tumultuösen Pressekonferenz jedes Recht ab, den Mund aufzumachen. „Wir kennen heute auch die Verbrechen Stalins. Ob uns alles bekannt ist, wissen wir nicht. Aber genauso wie bei Hitler wissen wir, daß es Tausende Helfershelfer gegeben hat, die als Angehörige der Geheimpolizei Geständnisse erpreßt haben, daß es Geheimgerichte gegeben hat, die langjährige Strafen ausgesprochen haben, ohne den Angeklagten überhaupt nur zu sehen. Daß es unmenschliche Lagerkommandanten gegeben hat, die Häftlinge kriminell behandelt haben. Solange ein Dr. Kaul oder ein anderer Vertreter der Ostblockstaaten nicht mitteilen kann, daß auch die Tausende von Helfershelfern aus den Reihen der NKWD, der Gerichte, der Lagerkommandanturen abgeurteilt wurden, haben die Vertreter des Ostblocks ihr Recht verwirkt, Deutsche anzuklagen.“

Im Gegensatz zu manchen Widerstandskämpfern, die stets den faschistischen Antisemitismus im Munde führen, um den kommunistischen nicht zu sehen, prangerte Wiesenthal seit Jahren den neuen (und alten) Antisemitismus in der Sowjetunion an.

Der Ostblock entfesselte daraufhin eine wilde Hetzkampagne gegen ihn. Vom polnischen Geheimdienst wurde eine Reihe von

Fälschungen produziert, in denen er beschuldigt wurde, ein Agent des Zionismus und des CIA, aber auch ein Kollaborateur der Nazis gewesen zu sein. Diese Unterlagen gelangten auch nach Österreich, wurden von der österreichischen Staatspolizei sorgfältig übersetzt und dann vom seinerzeitigen Innenminister Otto Rösch in einem eigenen Tresor aufbewahrt. Als Wiesenthal 1975 darauf hinwies, daß einer der engsten Vertrauten Bruno Kreiskys, der damalige Führer der Freiheitlichen Partei, Friedrich Peter, in der NS-Zeit Mitglied einer Mordkompanie gewesen ist, griff der österreichische Bundeskanzler ihn mit den gesammelten Argumenten des polnischen Geheimdienstes an: „Der Herr Wiesenthal hat zur Gestapo, behaupte ich, eine andere Beziehung gehabt als ich, nachweisbar. Meine Beziehung zur Gestapo ist eindeutig, ich war ihr Gefangener, ihr Häftling und war beim Verhör. Seine Beziehung ist eine andere, so glaube ich zu wissen." Kreisky diffamierte den Überlebenden eines halben Dutzends von Konzentrationslagern als Gestapospitzel.

Tatsächlich ist Wiesenthals Überleben während des Dritten Reiches eine Abfolge von Wundern. Nur wer sich die Zufälligkeit vor Augen hält, mit der er immer aufs neue dem sicheren Tod entrann, begreift die Schicksalhaftigkeit, mit der er sich dazu verpflichtet fühlt, den Toten zu dienen. Sein Leidensweg begann im Juni 1941 mit Hitlers Überfall auf die Sowjetunion. Acht Tage danach verließen die letzten Russen Lemberg, und die ersten deutschen Uniformen tauchten auf: Sie wurden von ukrainischen Hilfstruppen getragen, die ihre Rückkehr mit einem drei Tage und drei Nächte andauernden Pogrom feierten. Sechstausend Juden fanden dabei den Tod.

Am Nachmittag des 6. Juli 1941 wurde auch Simon Wiesenthal, der sich in einem Keller versteckt hielt, verhaftet und mit etwa hundert Rechtsanwälten, Ärzten und Lehrern ins Brigidki-Gefängnis getrieben. Den Juden wurde befohlen, sich in mehreren Reihen mit dem Gesicht zur Mauer aufzustellen und die Arme hinter dem Nacken zu verschränken. Neben jedem stand eine leere Holzkiste. Ein Ukrainer begann am linken Ende der ersten Reihe mit dem Erschießen, zwei seiner Helfer warfen die Leichen in die bereitstehenden Kisten und schleppten sie weg. Einen Nachmittag lang.

Plötzlich läuteten die Kirchenglocken, und jemand rief: „Genug jetzt, Vesperläuten!“

Das Schießen hörte auf. Zehn Meter vor Wiesenthal.

Das nächste, woran er sich erinnert, war ein greller Lichtkegel, hinter dem eine polnische Stimme laut wurde: „Herr Wiesenthal, was tun Sie denn hier?“ Wiesenthal erkannte einen ehemaligen Vorarbeiter namens Bodnar. Er trug Zivilkleidung und die Armbinde eines ukrainischen Hilfspolizisten. „Heute nacht noch muß ich Sie hier herausholen.“

Bodnar erzählte den Ukrainern, er habe unter den gefaßten Juden einen sowjetischen Spion entdeckt und würde ihn zum Gebietskommissar der Polizei bringen. Tatsächlich brachte er Wiesenthal in seine Wohnung zurück (aus der Überlegung, daß man diese vielleicht nicht so bald wieder durchkämmen würde). Wiesenthal hatte das erste Mal überlebt.

Kurz darauf – die eigentlichen deutschen Truppen waren inzwischen nachgerückt und erwiesen sich als weniger schießwütig – mußten alle Juden ihre Wohnungen abgeben und ins Ghetto ziehen. Von dort wurden Wiesenthal und seine Frau ins KZ Janowska gebracht. Seine Mutter blieb im Ghetto zurück. Gegen Mitte des Jahres 1942 wurden Wiesenthal und seine Frau aus dem KZ zur Zwangsarbeit bei den Ostbahn-Ausbesserungswerken abkommandiert.

In Österreich läuft bis heute ein Mann herum, der als große Sensation Material anbietet, wonach Simon Wiesenthal „für die Deutschen gearbeitet“ und sein Leben gerettet hat. Wiesenthal beschreibt das ausführlich in seinen Büchern: Seine Frau wurde einer Lokomotivfabrik zugeteilt, wo sie Messingteile polierte. Er selbst mußte Reichsadler mit Hakenkreuzen auf erbeutete Lokomotiven malen.

Im Mai wurde Gestapo-Chef Reinhard Heydrich bei einem Attentat in Prag getötet. Die Vergeltungsaktionen in den gesamten besetzten Gebieten führten zu Massendeportationen von Juden in die polnischen Vernichtungslager. Im August verlud die SS auf dem Bahnhof von Lemberg alte Jüdinnen in einen Güterwagen.

Eine davon war die damals dreiundsechzigjährige Mutter Simon Wiesenthals. Sie starb im Vernichtungslager Belzec. Die Mutter seiner Frau wurde kurz darauf von einem ukrainischen Hilfspolizisten auf dem Treppenaufgang ihres Hauses erschossen.

Wiesenthal, der sich in der Reparaturwerkstätte der Eisenbahn relativ frei bewegen konnte, versuchte, seine Frau zu retten: Er stellte eine Verbindung zu polnischen Widerstandskämpfern her und versprach ihnen Pläne vom Bahnhof (den sie sprengen wollten), wenn sie seiner Frau zur Flucht und zu falschen Papieren verhelfen würden. Das Geschäft kam zustande.

Erst mehrere Monate nach dem Krieg hat Wiesenthal seine Frau unter abenteuerlichen Umständen wiedergefunden. Heute lebt er mit ihr in einem Reihenhaus am Rande Wiens. 1946 wurde dem Ehepaar sein einziges Kind, die Tochter Paulinka, geboren: „So bewußt wie wir hat kein Mensch ein Kind gewollt."

Heute ist auch Paulinka schon verheiratet. Die Fotos seiner drei Enkelkinder – irgendwo am Meer auf einem Sandstrand in der Sonne Israels spielend – trägt Simon Wiesenthal immer bei sich. „Wenn mir einer damals gesagt hätte, daß ich das je erleben sollte, ich hätt' ihn für verrückt gehalten."

Während Cyla Wiesenthal dank ihrer damals blonden Haare als U-Boot zu überleben vermochte, malte Simon Wiesenthal, dank seines in der Architektur geschulten Zeichentalents, Hakenkreuze und Spruchbänder im Eisenbahnwerk.

Die „Kollaboration", die Bruno Kreisky ihm allen Ernstes zum Vorwurf gemacht hat, gab es tatsächlich. Allerdings nicht als Kollaboration Wiesenthals mit den Deutschen, sondern umgekehrt: als Hilfe zweier Nationalsozialisten für Wiesenthal.

Die Ostbahn-Ausbesserungswerke unterstanden einem deutschen Bahnbeamten namens Heinrich Guenthert. Wiesenthals unmittelbarer Vorgesetzter war ebenfalls ein Deutscher, Oberinspektor Adolf Kohlrautz. Beide waren Nationalsozialisten. Aber je länger sie sich in Polen aufhielten, desto kritischer wurden sie. Kohlrautz ging so weit, einmal vor Wiesenthal zu murmeln, daß sie sich noch einmal alle für das genieren müßten, was die SS hier täte. In ihrem eigenen Bereich – es unterstanden ihnen neben den Zwangsarbeitern fünfzig deutsche Bahnbeamte – sorgten sie eisern dafür, daß die Juden korrekt behandelt wurden. Denn es gab auch im Dritten Reich keinen offiziellen Befehl, Juden zu prügeln, anzuspucken oder verhungern zu lassen.

Doch am 20. April 1943 endete das Wunder inmitten des Infernos: Wiesenthal und drei weitere Männer wurden gegen den Einspruch von Guenthert und Kohlrautz am frühen Morgen abgeholt und ins KZ gebracht. Die SS wollte Führers Geburtstag mit einem Judenopfer feiern. Die zur Erschießung Auserwählten, etwa zwanzig Personen, hatten am sogenannten Schlauch – einem zwei Meter breiten Gang zwischen den Stacheldrahtzäunen – Aufstellung zu nehmen. Am Ende des Ganges lag eine Sandgrube. Dort hatten sie einer nach dem anderen hinzugehen. Zum zweitenmal in seinem Leben wartete Simon Wiesenthal wie andere beim Arzt – „Der nächste" – auf seinen Tod.

Daß er diesem Tod – als einziger – abermals entronnen ist, lastet tatsächlich bis heute als Schuldgefühl auf ihm. Wenn auch anders, als Kreisky es sieht: „Warum gerade ich?" ist eine Frage, die Wiesenthal in mehr als vierzig Jahren nicht abzuschütteln vermochte. „Wenn Hunderttausende ermordet wurden – warum durfte ich leben?" Es widerspricht seiner mystischen Vorstellung von Gerechtigkeit; denn er hatte ja nichts dafür geleistet, daß ausgerechnet er am Leben blieb. Dieses Schuldgefühl ist ein Schlüssel für Wiesenthals heutiges Handeln: Indem er die Mörder von damals der Gerechtigkeit zuführt, meint er, jene Leistung zu erbringen, die nachträglich rechtfertigt, daß er damals überlebt hat.

Wiesenthals Retter waren Deutsche und hatten Mitgliedsnummern bei der NSDAP: Im Auftrag von Guenthert fuhr Kohlrautz ins KZ und forderte bei der Lagerleitung seinen „Anstreicher" zurück. Begründung: Ein großes Spruchband mit einem Hakenkreuz auf weißem Grund müsse unbedingt noch bis zu den Feiern am Nachmittag fertig werden. Wiesenthal wurde aus dem Schlauch geholt und aufs Bahngelände zurückgebracht. Text des Spruchbandes, das er fertigmalte: „Wir danken unserem Führer."

Als Wiesenthals Tochter Paulinka 1965 heiratete, bat der „Nazi-Jäger" Heinrich Guenthert zur Hochzeitsfeier. Für Simon Wiesenthal war die Rettung durch zwei Nationalsozialisten ein

Erlebnis, das ihn mindestens so sehr geprägt hat wie seine Verfolgung durch andere: „Sie sind der Beweis dafür, daß man das Dritte Reich mit sauberen Händen überleben konnte. Sie sind der Beweis, daß es die Kollektivschuld nicht gibt."

Der Mann, der (wenn auch nur in Österreich) als Bannerträger des Vorwurfes der „Kollektivschuld" gilt, hat vom ersten Tag seiner Befreiung an in Wort und Schrift erbittert gegen diese These gekämpft. Es gibt kaum einen grundsätzlichen Wiesenthal-Artikel, kaum eine Rede, in der er sie nicht direkt oder indirekt verwirft. Als religiöse Israelis ihm immer wieder vortrugen, Deutsche und Österreicher wären für alle Zeiten besudelt, bemühte der sonst mit religiösen Vergleichen eher Sparsame sogar die Bibel: Der ganze Kampf Abrahams mit Gott und die Vernichtung von Sodom und Gomorrha sei ein großes Gleichnis gegen die Kollektivschuld: Schon eine Handvoll Gerechter hätte ausgereicht, um die Stadt vor der Vernichtung zu bewahren. Er, Wiesenthal, kenne zumindest zwei Gerechte – und wisse von zahllosen anderen.

Kurz nach dem Krieg – Wiesenthal arbeitete noch bei den Amerikanern – ging unter den Juden das Gerücht, ein SS-Untersturmführer namens Beck warte im amerikanischen Internierungslager in Dachau auf seinen Prozeß, obwohl er sich gegen die Häftlinge anständig verhalten habe. Wiesenthal ließ alles andere liegen und stehen und besorgte Zeugenaussagen, die Becks anständiges Verhalten bestätigten. Auf Grund dieser Aussagen wurde er entlassen.

Als die SS 1943 begann, die letzten noch überlebenden jüdischen Zwangsarbeiter von den Werksanlagen zu deportieren, animierte der Nazi Kohlrautz Simon Wiesenthal zur Flucht: „Worauf warten Sie noch?" Wortlos stellte der Deutsche seinem Anstreicher einen Passierschein aus, um in der Stadt Zeichenmaterial zu besorgen. Als Bewachung gab er ihm einen ortsunkundigen schwachsinnigen ukrainischen Hilfspolizisten mit. Wiesenthal betrat das Papiergeschäft beim Vordereingang und verließ es durch die Hintertür. Er war gerettet.

Kurze Zeit darauf, so erfuhr Wiesenthal später, meldete sich Kohlrautz an die Front, weil er – immer noch in einem Teil seines

Herzens Nationalsozialist – der Meinung war, er hätte dort seine Pflicht zu tun. Er fiel bei Kriegsende in Berlin.

Wiesenthal schlug sich mit einem anderen Juden in die Wohnung von Freunden durch. Unter den Dielen des Fußbodens im Erdgeschoß des alten Hauses lag Sand. Sie entfernten die Bretter, schaufelten den Sand heraus und schufen so ein Versteck. Wenn Unbekannte sich dem Haus näherten, hoben sie die Bretter ab und legten sich in die Grube. Die Freunde schoben einen schweren Eichentisch darüber. Man war am sichersten in einem Grab.

An einem Abend im April 1943 wurde in der Straße, in der sich das Haus befand, ein deutscher Soldat erschossen. Es gab Alarm: SS-Leute und polnische Kriminalbeamte in Zivil durchkämmten die umliegenden Häuser nach versteckten Waffen. Statt dessen fanden sie Simon Wiesenthal. Er wurde zum drittenmal zu seiner, wie er glaubte, sicheren Erschießung abgeführt.

Während die Erinnerung der meisten Opfer des Dritten Reiches geprägt ist vom passiven Erdulden eines Lagers, ist Wiesenthals Erinnerung geprägt durch das Erlebnis der Flucht: die Angst, in jedem Augenblick, an jedem Ort entdeckt zu werden. Das tägliche Horchen auf Schritte, die zwischen zwei Herzschlägen fielen.

Sosehr Wiesenthal – in vielem glaubhaft – heute behauptet, er handle nicht aus Rache, versetzt seine Tätigkeit seine ehemaligen Peiniger doch in ebendiese Situation. Die bloße Tatsache seiner Existenz hindert sie, an irgendeinem Punkt der Welt Ruhe zu finden. Einer von ihnen vermochte die Spannung nicht länger zu ertragen und brachte sich um.

Am 15. April 1943 vermochte Simon Wiesenthal die Spannung der ständigen Flucht nicht mehr länger zu ertragen: Auf dem Transport zur Gestapo schnitt er sich mit einer Rasierklinge, die er in seinen Kleidern verborgen hatte, die Pulsadern auf. Die Gestapo pflegte ihn bei Sonderrationen im Gefängnis gesund, um ihn ordnungsgemäß zu erschießen.

Aber zu jener Zeit reichte gelegentlich bereits das Chaos aus, um einen Menschen vor dem Tod zu bewahren. Über der Sapieha-Straße wurde ein Flugzeug abgeschossen; die nahe Detonation verwandelte das Gestapo-Quartier in ein raucherfülltes Durcheinander; Wiesenthal lief quer über den Hof und stellte sich zu einer Gruppe angetretener Juden, die sichtlich auf ihren Abtransport warteten; mit ihnen wurde er in einen Lastwagen verfrachtet und war wenig später wieder dort, von wo er seinerzeit entkommen war: im Konzentrationslager Janowska.

Der Lagerkommandant, SS-Hauptsturmführer Friedrich Warzog, begrüßte ihn voll warmer Herzlichkeit als „einen meiner Stammgäste". Er stellte ihn seinen Kollegen als den „verlorenen Sohn" vor, der „zurückgekehrt ist".

„Du dachtest doch sicher, ich lass' dich mit den andren zusammen erschießen", fragte er Wiesenthal. „Aber hier wird gestorben, wann ich will. Hau ab in deine Baracke. Du arbeitest nicht und bekommst doppelte Ration."

Es ist für den mit den Verhältnissen nicht Vertrauten nahezu unmöglich, an solche irrwitzige Bocksprünge des Schicksals zu glauben. Sie sind indessen Gegenstand der Erzählungen fast aller Juden, die die Vernichtungsmaschinerie des Dritten Reiches überlebten: Inmitten des Irrwitzes war auch die Rettung eine Ausgeburt des Irrwitzes. Die absolute Gewalt, die sich die SS über das Leben der Menschen anmaßte, bestätigte sich nach tausend Morden einmal auch darin, daß irgendeinem, ebenso grundlos, das Leben geschenkt wurde.

In Auschwitz tauchte eines Tages mitten im millionenfachen Sterben eine Kommission aus dem Reich auf, um die Besserung eines weiblichen Häftlings zu überprüfen, dessen Eltern darum ersucht hatten. Die Beamtin aus Berlin fragte die junge Frau, ob sie eingesehen hätte, daß der Führer die Dinge richtig macht. Sie sagte ja und wurde zwei Stunden später entlassen. Ein Nazi-Historiker könnte sie als Beleg dafür anführen, daß in Auschwitz die Haftdauer durch ordentliche deutsche Behörden überprüft wurde.

Wiesenthals absurder Errettung vom Tode folgte wenig später die Begnadigung. Wenn auch diesmal aus rationaleren Gründen: Die SS brauchte Leute, die sie zu bewachen hatte. Lemberg stand damals bereits unter schwerem Artilleriebeschuß. Die SS, die keine Aufgabe hatte, wurde an die Front abgeordert. Damit wurden die vierunddreißig Juden, die mit Wiesenthal überlebt hatten, zur Lebensversicherung für zweihundert SS-Leute. Warzog, der wohl auch bereits gelegentlich darüber nachdachte, was man sagen sollte, wenn man in russische Gefangenschaft geriet, lud die Juden ein, mit den SS-Leuten „eine große Familie“ zu bilden. Man wollte versuchen, die Wälder der Slowakei zu erreichen und das Ende des Krieges abzuwarten. Während die deutschen Truppen ihre verlustreichen Rückzugsgefechte kämpften, bewachte Warzogs SS ein Häuflein Halbverhungerter und suchte den schnellsten Weg zurück. Teils zu Fuß, teils auf Fahrzeugen, die der kämpfenden Truppe abgenommen wurden, bewegte sich der seltsame Treck westwärts.

Anfang 1945 stand die Rote Armee dicht vor Groß-Rosen. Die Häftlinge mußten bis Chemnitz marschieren, von dort wurden sie mit dem Zug ins Konzentrationslager Buchenwald gebracht. Am 3. Februar 1945 wurde die Flucht nach rückwärts zum letztenmal fortgesetzt. Dreitausend Häftlinge wurden verladen und auf ungedeckten Lastwagen nach Mauthausen in Österreich transportiert. Die Erfrorenen konnten nicht fallen, weil es zu eng war. Als der Konvoi am 7. Februar Mauthausen erreichte, lebten von den dreitausend Menschen, die Buchenwald verlassen hatten, noch eintausendzweihundert. Darunter Simon Wiesenthal.

Er wog noch etwa fünfzig Kilo und lag in der Baracke B des sogenannten Todesblockes – in dem man die Arbeitsunfähigen aufs Sterben warten ließ. Am Morgen des 5. Mai 1945 taumelte er von dort – „Ich weiß nicht, wie ich aufstehen und gehen konnte“ – dem ersten amerikanischen Panzer entgegen.

Ehemalige Häftlinge übernahmen das Kommando. Einer von ihnen war der spätere polnische Minister Kazimierz Rusinek. Wiesenthal wollte zu ihm in die Schreibstube, um einen Passierschein zu bekommen. Der Pole, der schon zusperren wollte, schlug ihn – wie manche Lagerfunktionäre das Juden gegenüber gewohnt waren – ins Gesicht. Wiesenthal litt mehr darunter als unter SS-Schlägen dreier Jahre: „Jetzt ist der Krieg zu Ende, und man schlägt die Juden immer noch.“

In „Recht, nicht Rache" beschreibt er, wie er die amerikanische Lagerleitung aufsuchte, um sich zu beschweren. Er trat durch eine Tür, an der ein Zettel mit der Aufschrift „Kriegsverbrechen" hing: So wurde Simon Wiesenthal Mitarbeiter des „war crime office".

Es war an einem der ersten Tage, die er dort Dienst tat, als sich die Tür öffnete und ein SS-Mann hereingeführt wurde. Wiesenthal legte die Hände an die Hosennaht und blickte zur Seite, wie es sich für einen Untermenschen gehört. Erst langsam, mit der ständigen Rückzugsbereitschaft des Häftlings, wendet er den Kopf, um etwas zu sehen, das sein Verstand noch immer nicht begreift: Der andere zittert; er ist ein einziges Bündel Angst.

Das Bild des germanischen Übermenschen, der, mit der Macht über Leben und Tod ausgestattet, das Schicksal befiehlt, anstatt ihm zu gehorchen, war auch in Wiesenthal noch so verankert, daß er Mühe hatte, den anderen zu erkennen: „Das war, wie wenn ein Hase verstehen soll, daß sich der Jäger vor ihm fürchtet. Es hat lange gebraucht, bis ich begriffen habe, wie gleich die Menschen in gewissen Situationen sind. Der hatte die gleiche Angst wie einer von uns Juden, wenn sie ihn in seinem Versteck gefunden hatten."

Dieser frappante Unterschied zwischen dem Bild der SS-Männer, die die Häftlinge in den Lagern erlebten, und denselben SS-Männern, wenn sie später verhaftet, vernommen und vor Gericht gestellt wurden, hat einen Teil der Fehlurteile bewirkt: Es war selbst für die Opfer nur schwer zu begreifen, daß das die Männer gewesen sein sollten, die mit Maschinengewehren auf Wehrlose gefeuert hatten.

Die Vorstellung vom SS-Mann mit teuflischem Blick, zynischem Lächeln, schwarzen Stiefeln und dräuendem Schäferhund war schon an sich ein Klischee: Sie gab ein Extrem, nicht den Durchschnitt wieder. Es waren das manchmal sogar die ungefährlicheren Leute: Sadisten, die sich wie in einem Rausch ausprügelten, leerschossen, satt hängten – und dann nicht selten aufhörten. Gefährlicher – weil nur sie das System aufrechterhielen – waren die scheinbar Durchschnittlichen. Die aussahen wie jedermann. Deren Gefühlswelt scheinbar in Ordnung war. Die aus Auschwitz Weihnachtsgrüße an ihre Kinder schrieben, während sie die Kinder anderer ins Gas führten. Nicht gern, sondern ganz einfach dienstlich.

Es gab in Auschwitz eine Aufseherin, ein nettes, einfaches Mädel aus dem Schwarzwald, die ihre Tätigkeit so umschrieb: „Ein halbes Jahr muß ich das noch machen. Dann haben wir unser Häusl eingerichtet.“ Jeden Monat schickte sie einige Körnchen Gold, das man den ermordeten Juden aus den Zähnen brach, nach Hause.

Niemand, der eine solche Aufseherin, einen solchen SS-Mann heute zu beurteilen hätte, würde ihnen auch nur eine Sekunde lang zutrauen, daß sie dabei mitwirkten, Menschen auf die bestialischste Weise zu töten. Nur daß kurz nach dem Krieg die Beweise prüfbarer waren: Als Simon Wiesenthal damals einen jener zitternden SS-Leute nach Dokumenten absuchte, stieß er in dessen Brieftasche auf ein Bild: Es zeigte einen jungen Mann, den man an seinen Hoden aufgehängt hatte.

Es ist das einzige Mal, daß Wiesenthal den Wunsch hatte, sich physisch – ohne zu fragen, ohne die Schuld zu klären – auf einen Menschen zu stürzen. Die amerikanischen Offiziere hielten ihn davon ab.

Wiesenthals direkter Vorgesetzter war ein Hauptmann Taracusio, im Zivilberuf Professor für internationales Recht in Cambridge in Massachusetts. Das ließ Wiesenthal eine Form der Verfolgung von NS-Verbrechern erleben, die nicht überall die Regel war: von Anfang an differenziert; nie sich zu primitiven Racheakten oder Verallgemeinerungen hinreißen lassend. „Nur das Gesetz“, so Taracusio, „kann unsere Antwort auf eine Zeit der Gesetzlosigkeit sein.“

Es gab kaum einen Menschen, der das so nachdrücklich empfand wie Simon Wiesenthal: war doch sein ganzes Leben die fortgesetzte Erfahrung, was geschieht, wenn die Gesetze, die den einzelnen vor willkürlicher Verfolgung schützen, ihre Geltung verlieren.

Wiesenthal suchte nicht Rache, er suchte Recht.

In jenen ersten Nachkriegsjahren tauchten immer wieder Kommandos junger Juden oder ehemaliger Partisanen bei ihm auf, die ihn zur Feme bewegen wollten: „Gib uns die Namen, gib uns die

Adressen. Und wir machen das selbst." Doch Wiesenthal verbrachte Stunden damit, sie umzustimmen. Denn die entscheidende Überwindung des alten Prinzips – „Auge um Auge, Zahn um Zahn" – bestand für ihn in der Bereitschaft des Opfers, sein Rachebedürfnis der Gesellschaft zu übertragen, es bestimmten Regeln – eben jenen der Wahrheitsfindung durch die Gerichte – zu unterwerfen und ausschließlich deren Urteil zu respektieren.

„Man wird euch fragen: Was ist der Unterschied zwischen euch und den Nazis? Sie haben Menschen umgebracht, weil sie geglaubt haben, sie hätten ein Recht dazu. Und ihr glaubt auch, ein Recht dazu zu haben."

„Aber sie haben Millionen Unschuldige umgebracht. Wir bringen hundert Schuldige um."

„Das ist ein Unterschied. Aber ich wünsche mir eine Gesellschaft, der dieser Unterschied zu klein ist."

Die Intensität, mit der Wiesenthal seine Argumente vortrug, vermochte selbst Menschen zu bekehren, deren Verlangen nach Feme vermutlich von jedermann begriffen worden wäre. Er schildert einen solchen Fall in seinem Buch „Doch die Mörder leben": Einer der Mörder lebt durch Wiesenthal.

Es war 1947, eine Woche vor Jom Kippur, dem Versöhnungstag. Die frommen Juden im Lager Admont wollten zum erstenmal ihr höchstes Fest wieder so feiern, wie sie es gewohnt waren: Die Männer sollten einen Hahn, die Frauen eine Henne opfern. Sie zogen aus, Konserven und Schokolade, die sie von den britischen Befreiern erhalten hatten, in der Nachbarschaft gegen Geflügel zu tauschen. Aus diesem Grund waren auch zwei junge Juden in der Umgebung von Admont unterwegs: Mair Blitz und Moses Kussowsky versuchten sich – mit mangelhaftem Deutsch – im Schleichhandel.

Aber die Bauern waren arm. Die meisten zogen sich aus der Affäre, indem sie rieten, es bei einem anderen zu versuchen. Und einer dieser Ratschläge krallte sich den beiden jungen Juden ins Ohr: „Versuchen Sie's doch einmal bei dem dort oben. Er hat einen großen Hof und mindestens zweitausend Hühner. Aber es kann sein, daß er euch hinauswirft. Er haßt die Juden. Er soll ein großer Nazi gewesen sein."

Die beiden Männer ließen Jom Kippur Jom Kippur sein, kehrten um und fuhren nach Linz, wo Wiesenthal damals sein Büro hatte: „Wir müssen Eichmann fangen."

„Warum glaubt ihr, daß es Eichmann ist?" fragte Wiesenthal.

„Dieser Kerl hat zweitausend Hühner, er haßt die Juden, er war ein großer Nazi. Warum also soll es nicht Eichmann sein?" fragten sie ihn mit eigener Logik zurück.

Wiesenthal hat sich in seinem Buch über diese seltsame Überzeugung von der Richtigkeit einer kriminalistischen Vermutung lustig gemacht. In Wirklichkeit ähnelt sie in hohem Maße seiner eigenen Vorgehensweise: einer Art mystischer Gewißheit, daß er die Menschen, die er sucht, auch finden würde. Gewachsen aus der ebenso mystischen Überzeugung, daß nichts im Leben ein Zufall ist: Für Wiesenthal ist es ein Wink des Schicksals, wenn er an einem bestimmten Abend eine bestimmte Akte durchliest. Ja, es ist sogar ein Wink des Schicksals, wenn ihm etwas mißlingt. Dann sollte das dazu dienen, ihn für eine wichtigere Aufgabe freizuhalten.

Wiesenthal, der einen Mann namens Schulz in Frankfurt sucht, macht das Telefonbuch auf, findet einen Schulz, dessen Gattin Heidrun heißt, und ist überzeugt: „Das ist er." Und meistens ist er es wirklich.

Es bedarf dieses mystischen Beziehungswahns bei allen guten Kriminalisten (und Journalisten): Man muß von seiner Spur überzeugt sein, damit man ihr folgen kann. Der Vorgang kriminalistischen Forschens besteht nur ganz selten darin, daß man penibel Material zusammenträgt und daraus seinen Verdacht schöpft, sondern er läuft fast immer umgekehrt ab: Man hat einen Verdacht und konfrontiert ihn penibel mit dem sich sammelnden Material. Die Seriosität besteht nicht darin, die Intuition zu verwerfen, sondern darin, sie zu überprüfen: den Verdacht erst auszusprechen, wenn er nach bestem Wissen und Gewissen stimmt. Wiesenthal war dazu in einem fast unglaublichen Maße fähig. In mehr als vierzig Jahren, die er nach NS-Belasteten sucht, hat es nur einen einzigen Fall gegeben, in dem ein solcher „Klient" ihm vor Gericht einen Fehler nachzuweisen vermochte: Der SS-Mann Erich Rajakowitsch, der Wiesenthal in vier Punkten unrichtiger

Behauptungen geziehen hatte, blieb in einem erfolgreich. (Ein von Wiesenthal wiedergegebenes Zitat einer italienischen Zeitung, Rajakowitsch hätte auch als Ostspion gearbeitet, ließ sich nicht beweisen.)

In den ersten Nachkriegsjahren hatte Wiesenthals Intuition freilich eine handfeste Grundlage: Wann immer die Polizei auf Verdacht zugriff, bestand eine meßbare Wahrscheinlichkeit, daß sie einen Belasteten in Händen hielt. Als Wiesenthal in jenen Tagen vor Jom Kippur mit seinen Begleitern nach Gaishorn (zwölf Kilometer entfernt vom Lager Admont) fuhr, fand er auf dem Hof mit den zweitausend Hühnern zwar nicht Adolf Eichmann, wohl aber Franz Murer. Murer trug als stellvertretender Gebietskommissar von Wilna entscheidende Verantwortung für die Ausrottung von etwa achtzigtausend litauischen Juden.

Unter den Zeugenaussagen, die Wiesenthal im Laufe der Zeit zusammentrug, um den Prozeß gegen Murer vorzubereiten, befand sich auch die eines Mannes namens Jakob Brodi: Eines Tages hätte die SS vor dem Tor des Ghettos von Wilna zwei Gruppen gebildet. In die eine wären die Arbeitsfähigen, darunter er, gekommen. In die anderen, die erschossen werden sollte, kam sein siebenjähriger Sohn Daniel. Während die beiden Züge noch wartend dastanden, versuchte der kleine Bub, zu seinem Vater hinüberzuschleichen. Ein Deutscher entdeckt und erschießt ihn. Aus einer Reihe von Bildern erkennt Jakob Brodi im Schützen Franz Murer.

Murer lebt bis an sein Ende ungeschoren auf seinem Hof in Admont.

Damals freilich gingen die Uhren noch anders: Murer wurde verhaftet, von den Briten an die Russen ausgeliefert (in deren Gebiet Wilna nunmehr lag) und dort 1949 wegen Mordes „an sowjetischen Bürgern“ zu fünfundzwanzig Jahren Kerker verurteilt. 1955 verpflichtete sich die Sowjetunion im Zuge des Staatsvertrages, alle Kriegsgefangenen nach Hause zu schicken. Darunter auch Strafgefangene wie Murer (allerdings sagte Österreich zu, diesen Personenkreis durch seine eigenen Gerichte aburteilen zu lassen). Der Heimgekehrte zog zurück auf seinen immer noch großen Hof und wurde ein angesehenes Mitglied der ÖVP (im Beisein der Regierung ausgezeichneter Vorstand der Bezirkslandwirtschaftskammer).

Wiesenthal lief Amok: Er war der – in der Bevölkerung in anderen Zusammenhängen durchaus verbreiteten – Meinung, es wäre unerträglich, einen Mörder nach nur sieben Jahren wieder in die Freiheit zu entlassen. Aber die Behörden, damals auf dem Höhepunkt des allgemeinen Werbens um die Ehemaligen, sahen Grund zur Milde: Russische Gefängnisse, erklärte man Wiesenthal, seien dreimal so hart wie österreichische, mithin habe Murer schon einundzwanzig Jahre abgebüßt. Selbst wenn ein österreichisches Gericht ihn zu lebenslanger Strafe verurteilt hätte, wäre er nach zwanzig Jahren frei.

Als Wiesenthal diesen erstaunlichen Rechtsstandpunkt nicht ganz begreifen wollte, wurde der zuständige Referent amtlich: Murer sei ein freier Mann, verhandelt würde gegen ihn nur, wenn neue Tatbestände zutage kämen.

Das Glück der Verfolger von NS-Verbrechen ist es, daß solche Tatbestände sich fast immer finden; nicht etwa, wie gelegentlich behauptet wird, weil Zeugenaussagen „gemanagt" werden, sondern weil ein Mann wie Murer so zahllose Bluttaten begangen hat, daß die Schwierigkeit eher darin liegt, den Umfang der Tatbestände einzudämmen. Wiesenthal bot siebzehn Zeugen für persönliche Morde Murers auf.

Das Justizministerium reagierte nicht. Jahre hindurch, auch nicht auf zahllose in- und ausländische Eingaben hin.

Erst nach dem Eichmann-Prozeß tat Wiesenthal das, was ihm von Fall zu Fall als Nestbeschmutzung ausgelegt wird: Er ging an die Öffentlichkeit. 1963, fast zehn Jahre nach Murers Rückkehr aus der Sowjetunion, geruhte die Justiz, den Prozeß gegen ihn vor einem Grazer Geschworenengericht anzusetzen. Einer der Zeugen war Jakob Brodi.

Es war der vierte Tag des Prozesses, und Brodi und Wiesenthal saßen zusammen im Grazer Hotel Sonne.

„Ich hörte, daß Murers beide Söhne und seine Frau im Gerichtssaal in der vordersten Reihe sitzen und sich über die Zeugen lustig machen", sagte Brodi.

Wiesenthal nickte.

„Sie werden aufhören zu spotten, wenn ich in den Zeugenstand trete. Ich bin nicht hierhergekommen, um auszusagen, sondern um zu handeln." Er öffnet langsam seine Weste und faßt den Griff eines riesigen, im Hosenbund versteckten Messers. „Murer hat vor meinen Augen mein Kind getötet. Und jetzt werde ich ihn vor den Augen seiner Frau und seiner Kinder töten."

Wiesenthal dachte an die Zeugenaussage, und als er sprach, mußte er erstmals seit Jahren auch sich selbst überzeugen: „Wir können unser Ziel nicht erreichen, wenn wir ihre Methoden anwenden. Wenn Sie Murer zu töten versuchen, sind Sie selbst ein Mörder."

Aber Brodi begriff nicht. Er war, wie man in Österreich sagen würde, „noch immer voll Rache". Er sah das Bild seines Sohnes und das Bild des Mannes, der auf ihn schoß, und meinte, ihm könne nur eine Gerechtigkeit widerfahren: Murer zu töten.

Wiesenthal dachte an seine eigene kleine Tochter, und die Sätze überwanden nur mühsam die Schwelle seines Mundes: „Ich habe auch geweint, Herr Brodi, als ich von Ihrem Jungen gelesen habe . . ."

Jakob Brodi legte das Messer auf einen Sessel und weinte.

Am nächsten Tag trug er mit tonloser Stimme seine Aussage vor.

Noch ein paar Tage später fällten die Geschworenen ihr Urteil: „Nicht schuldig." Unter Hochrufen, von einem Blumenmeer empfangen, verließ Franz Murer das Gericht.

Der Oberste Gerichtshof hat den Freispruch später (1963) aufgehoben. Seit damals drängte Wiesenthal mündlich und schriftlich auf die Durchführung einer neuerlichen Verhandlung. Mittlerweile hat die Staatsanwaltschaft das Verfahren endgültig eingestellt.

Was sich beinahe wie absurdes Theater liest – Simon Wiesenthal als Garant der körperlichen Sicherheit eines Angeklagten in einem NS-Prozeß – ereignete sich noch ein zweites Mal in Wien. Der Mann, den Wiesenthal schützte, hieß Franz Nowak. Der „Fahrdienstleiter des Todes", wie die Presse ihn nannte, hatte, während es der kämpfenden Truppe längst an den primitivsten Beförderungsmitteln fehlte, Woche für Woche die Züge aufgetrieben, die die Juden quer durch das Dritte Reich nach Auschwitz brachten. Wiener Geschworene saßen dreimal über ihn zu Gericht: Einmal verurteilten sie ihn zu acht Jahren, das zweite Mal sprachen sie ihn frei, das dritte Mal verurteilten sie ihn zu neun Jahren Haft, von denen er aber wegen „guter Führung" nur sechs absitzen mußte.

Darauf erschien in Wiesenthals Büro ein fünfundfünfzigjähriger jüdischer Schriftsteller aus England. Ledig. Ohne Anverwandte: Die waren auf Nowaks Züge nach Auschwitz verladen worden. Der Mann war bewaffnet. „Es muß einer eine Tat setzen. Die Österreicher können Nowak nicht einfach nach sechs Jahren entlassen. Die Welt muß aufmerksam gemacht werden, daß das nicht so geht."

Doch Simon Wiesenthal, der „Nazi-Jäger", kämpfte für das Recht des Nazitäters Franz Nowak, als einer, der seine Strafe abgesessen hat, am Leben zu bleiben: „Feme kann und darf kein Weg sein, Justiz zu üben. Sich von den Nazis zu unterscheiden, besteht genau darin, Entscheidungen der Gerichte zu akzeptieren, auch wenn man sie für ungeheuerlich und ungerecht hält. Wenn sie überzeugt sind, daß Nowak ein Mörder ist, dann sollten Sie nicht der Mörder Nowaks sein."

Diese Grundeinstellung mag erklären, warum Wiesenthal in einem fast schon bürokratischen Ausmaß Wert darauf legt, jeden seiner Schritte in penibler Übereinstimmung mit den vom Gesetz berufenen Behörden zu setzen. Seine jeweils erste, fast schon automatisierte Handlung, wenn ihm ein neuer Tatbestand, ein neuer Hinweis bekannt wird, ist die Verständigung der zuständigen Abteilung des Innenministeriums in Wien und der „Zentralen Stelle zur Ermittlung von NS-Verbrechen" in Ludwigsburg in der Bundesrepublik.

Boshaft könnte man sogar behaupten, darin bestünde seine eigentliche Arbeit: den Behörden jene kriminalistische Arbeit zuzuschieben, die in der Öffentlichkeit als seine Leistung gilt.

Ein typischer Wiesenthal-Briefverkehr hat etwa folgendes Aussehen: Yad Vashem, das in Israel mit dem Gedenken an den

Holocaust befaßte Archiv, teilt mit, daß es der Zentralstelle für Ermittlung von NS-Verbrechen in Ludwigsburg (BRD) eine Zeugenaussage über Erschießungen in einer russischen Ortschaft übersendet hat, in der auch Österreicher erwähnt werden. Wiesenthal adressiert einen Durchschlag des Yad-Vashem-Schreibens an das österreichische Innenministerium und regt an, eine Kopie der betreffenden Akte aus Ludwigsburg anzufordern; Ludwigsburg teilt auf Anfrage Wiesenthals mit, daß es einen solchen Antrag aus Österreich bisher nicht erhalten hat; Wiesenthal schickt eine Kopie des Schreibens aus Ludwigsburg an Yad Vashem und fragt bei den österreichischen Behörden nach, warum dem deutschen Verfahren kein Interesse entgegengebracht wird. Und so fort. Die sogenannte „Agententätigkeit“ Wiesenthals ist ein ständiger Papierkrieg mit zögernden Referenten, kompetenzlosen Archiven oder widerstrebenden Dienststellen, die Rückfragen stellen oder „nähere Erläuterungen“ verlangen.

In Wahrheit ist es Wiesenthals geringeres Verdienst, daß er immer wieder NS-Verbrecher ausforscht – seine wichtigere Funktion besteht seit mindestens dreißig Jahren darin, daß er österreichische und deutsche Behörden durch ständiges Briefeschreiben daran hindert, die Verfolgung von NS-Tätern sang- und klanglos einschlafen zu lassen.

Bestenfalls unmittelbar nach dem Krieg war das anders. Damals war Simon Wiesenthal selbst so etwas wie eine Behörde: Er agierte durch Vollmacht der Alliierten mit einer Art von Polizeigewalt, die ihn sogar berechtigte, selbst Verhaftungen vorzunehmen beziehungsweise sie der Militärpolizei aufzutragen. Aber selbst diese früheste Suche nach Kriegsverbrechern wurde schon sehr bald von anderen Tätigkeiten überwuchert: der Ausgabe von Opferausweisen, vor allem aber der Zusammenführung ungezählter Familien, die die Verfolgung quer durch ganz Europa versprengt hatte.

Je mehr die ersten alliierten Soldaten, die die Lager noch in ihrem Urzustand gesehen hatten, durch neue abgelöst wurden, desto weniger waren sie imstande, sich mit den Verfolgten zu identifizieren. Die Amerikaner litten dabei an ihrer totalen Fehlvorstellung vom Wesen des Dritten Reiches: Sie erwarteten zähnefletschende Barbaren – und fanden Leute, die aussahen wie Amerikaner, arbeiteten wie Amerikaner und mit Badewannen und Wasserspülung Zivilisation demonstrierten. Das konnten nicht dieselben Leute sein, die die Haare ermordeter Juden zu Matten verspannen.

Simon Wiesenthal war ihnen fremder als die zahllosen ehemaligen deutschen Offiziere, die ihnen zunehmend ihre Dienste im CIC anboten. Der Bruch zwischen Amerikanern, die die Zukunft suchten, und Wiesenthal, der mit der Vergangenheit noch nicht fertig war, kam fast zwangsläufig. Der Anlaß war eines jener freundlichen Gespräche, die „wohlmeinende Menschen, die wirklich keine Antisemiten sind" (so die übliche Selbstdarstellung), mit Juden führen.

„Du bist doch ein tüchtiger Kerl", lobte Wiesenthals neuer Vorgesetzter, ein gewisser Mister Essex, der Taracusio abgelöst hatte, seinen jüdischen Mitarbeiter. „Leute wie du können drüben bei uns Karriere machen. Denn das kann ich dir sagen: Rote und grüne Lichter regeln bei uns den Verkehr, alles andere regeln die Juden."

Wiesenthal stand auf und ging. Wenige Wochen später – es war Anfang 1947 – meldete er der Vereinsbehörde die Gründung eines „Jüdischen Dokumentationszentrums" an.

Es folgt die einzige kurze Zeitspanne, in der Simon Wiesenthal tatsächlich ein „Netz" besitzt: etwa dreißig junge Juden aus diversen Lagern, die sich ihm anschlossen, um Material gegen NS-Verbrecher zu sammeln. Die Kosten waren minimal: Als ehemalige Häftlinge lebten sämtliche Mitarbeiter noch in den Lagern (wo sie auf ihre Auswanderung warteten) und wurden dort auch verköstigt. Die monatlichen Porto- und Telefonspesen, fünfzig Dollar, spendete ein jüdischer Rechtsanwalt namens Israel Silberschein aus Genf. Die Organisation war bereits vorhanden. Es gab in jedem Lager einen Mann, der eine Schreibmaschine und Papier hatte und die Häftlinge bat, ihre Erlebnisse protokollieren zu lassen. Auf diese Weise entstand eine Sammlung von Schauplätzen, Ereignissen und Namen, die bis heute den Kern des Wiesenthal-Archivs bildet.

Während die staatlichen Behörden im allgemeinen Chaos nicht wußten, wo anzusetzen war, ließ Wiesenthal seine Unterlagen vervielfältigen und verschickte sie an alle Dienststellen, die ihm zuständig erschienen. Es gab damals nichts anderes, und so wurde das „Jüdische Dokumentationszentrum“ durch eine einzige Publikation über Nacht in ganz Europa bekannt.

Die dreißig Mitarbeiter sollten sich in der Folge sehr bald verlaufen. Sie erhielten ihre Auswanderungspapiere. Aber der Ruf blieb erhalten: das in aller Welt verbreitete Wissen, daß da in Österreich ein Mann namens Wiesenthal saß, der nach Naziverbrechern forschte. Daß man ihm schreiben konnte. Und daß er Antwort gab. So besehen besteht ein weltweites Netz – viel größer als jenes, das seine Gegner ihm vorwerfen – noch immer: Alle Opfer und Gegner des NS-Regimes, die irgendwo auf der Welt leben – von Israel bis Südamerika, von Polen bis in die Türkei –, sind potentielle Mitarbeiter Simon Wiesenthals, indem sie ihm Briefe schreiben. Die Anschrift ist oft nicht viel mehr als „Wiesenthal, Österreich“.

Wiesenthals wichtigste originäre Tätigkeit besteht im Auswerten solcher Briefe: Er destilliert daraus jene Anzeigen oder Hinweise, die er im Zuge des riesigen Papierkrieges mit den Ämtern an die zuständigen Behörden weiterleitet. Was ihm dabei zu Hilfe kommt, ist sein phänomenales Gedächtnis: Wiesenthal ist imstande, Telefonnummern auswendig herzusagen, die er zwei Jahre früher zufällig auf einer Visitenkarte gesehen hat. Er kann die Teilnehmer riesiger Veranstaltungen einzeln aufzählen und hinzufügen, welchen Anzug sie getragen haben. Obwohl er täglich an die zwanzig Briefe schreibt und noch mehr erhält, kann er noch nach Jahren entscheidende Passagen daraus hersagen und angeben, wo sich das Schreiben in einem Ordner ungefähr befindet. Dabei ist er scheinbar schlampig: Es herrscht auf seinem Schreibtisch so wie in seinem ganzen Büro ein Chaos übereinanderliegender Zeitungsausschnitte, Bücher, Fotokopien, Briefe, das keine Sekretärin je bändigen konnte. Trotzdem pflegt er von seinen Mitarbeitern zu verlangen, daß sie jede Unterlage in der Sekunde zur Hand haben, und beginnt zu toben, wenn sie ratlos vor den Papierbergen stehen. Er selbst greift zweimal hinein und hält das gesuchte Schriftstück in Händen.

Wenn es irgend etwas an ihm gibt, das ins Klischee des dämonischen „Jägers“ paßt, dann ist es diese Fähigkeit – zugleich das einzige Geheimnis seines kriminalistischen Erfolges. Denn „Dossiers“ wie jene Wiesenthals gibt es – ausführlicher und umfangreicher – bei allen befaßten Behörden. Und während sie dort immerhin von geschulten Kriminalbeamten bearbeitet werden, sind Wiesenthals „Agenten“ Laien: Er pflegt sie unter Bekannten anzuheuern. Wenn ihm ein Freund erzählt, ein Student wolle im Sommer etwas dazuverdienen, nimmt Wiesenthals „Büro“ ihn auf. Seine Sekretärin hat er auch per Inserat gesucht.

Die Vorstellung von der „Nachrichtenzentrale“ mit angeschlossenem „Agentennetz“ verhält sich zur Wirklichkeit so wie das Morddezernat von Scotland Yard zu einer Polizeiwachstube. Aber während Akten in behördlichen Archiven tot sind, sind sie in Wiesenthals Büro lebendig: „Archive sind wie Tiefgefrorenes – man kann sie nur benützen, wenn sie aufgetaut sind.“

In Wiesenthals Kopf stehen die gespeicherten Daten zueinander in ständiger aktiver Beziehung. Wenn irgendein pensionierter Lehrer aus New York einen Brief schreibt, in dem er erzählt, wie ein Mann, den seine Kameraden „Günther“ riefen, in einen Häftlingszug gefeuert hat, dann fällt Wiesenthal ein, daß es nach dem Krieg ein Zeltlager von Neonazis gegeben hat, bei dem ein Günther sich seiner Osterfahrung rühmte. Wenn Wiesenthal den Namen eines SS-Mannes der Wachmannschaft von Buchenwald liest, dann erinnert er sich, daß er denselben Namen zehn Jahre früher in einem Prozeß über Erschießungen in Lemberg gehört hat. Der zivile Beruf eines Mannes, seine Herkunft aus einer bestimmten Gegend, sein Akzent, den irgend jemand erwähnte, bleiben durch Jahre in seinem Gedächtnis haften. Er kann das alles, wie ein Computer, ständig abrufen.

Diese beständige Abrufbereitschaft bedeutet, daß das Grauen nicht wie bei den meisten Menschen (zunehmend auch den Opfern) in die entferntesten Winkel des Gehirns verdrängt wird, sondern ganz vorne, ständig an der schmerzhaften Grenze zum Bewußtsein steht. Wiesenthal besitzt, was man ein fotografisches Gedächtnis zu nennen pflegt: Er ist ein Mann, der nicht vergessen kann. Und so wie bei elektronischen Geräten manchmal durch eine kleine Störung im elektrischen Gleichgewicht ein ganzes Programm von selber abläuft, geschieht es auch bei Wiesenthal bisweilen, daß sich alle grauenhaften Bilder in seinem Hirn zu einem Film verbinden, dessen automatisches Ablaufen in seinem Bewußtsein er kaum erträgt. Er schreit dann, heute noch, im Schlaf auf.

Wiesenthal besitzt weder die Fähigkeit noch den Willen, Erlebtes oder Gewußtes abzubauen. Sein Gedächtnis reproduziert es bis heute mit der gleichen Schärfe wie damals die Gesichter derer, die den Tod erwarteten, die Gesichter derer, die vor seinen Augen in die Gräber fielen.

Leute, die zu Wiesenthal ins Büro kommen, um ihm von ihren Schrecken zu erzählen, machen die immer wieder erstaunliche Entdeckung, daß er nach all den vielen Jahren noch immer nicht abgestumpft ist: Er kann von Leiden jener Zeit nicht erzählen hören, ohne zu weinen. Sein Mitleid kommt von Mit-Leiden. Auch das ist eines der Geheimnisse seines Erfolges: Er bearbeitet nicht „Fälle“ oder „Akten“, sondern durchlebt, indem er sie bearbeitet, Schicksale. Augenzeugen, die sich nach dem Krieg an Behörden gewendet haben, „gaben zu Protokoll“ – in Wiesenthals Büro legen sie Zeugnis ab, reden sich – nicht selten auch frühere Nazis – in Jahrzehnten gewachsene und verdrängte Last von der Seele. Es kann vorkommen, daß er einen ganzen Tag mit einem Mann zubringt, der ihm Dinge erzählt, die für jegliche Nachforschungen völlig unerheblich sind. Und daß er mit ihm – zur Erlösung beider – weint.

Es bereitet Wiesenthal nicht Lust, in der Vergangenheit zu wühlen, sondern Leid. Auch nach mehr als vierzig Jahren kann er die Todesbilder nicht wie andere zur Seite schieben, wie böse Träume vergessen, sondern er muß sie – als ein selbst errichtetes KZ – ständig gegenwärtig haben. Wo andere die Erinnerung verdrängen, beschwört er sie wieder herauf. Er besitzt ein Kuvert voll der furchtbarsten Fotos, die er aus jener Zeit erhalten konnte, und sieht diese Fotos immer wieder an: „Weil ich dann wieder weiß, wofür ich lebe.“

Psychoanalytiker würden sagen, daß er ein Mensch ist, der das leidvolle Erleben sucht. Aber so waren wohl alle beschaffen, die je in der Geschichte das Leid von anderen zu ihrer Sache machten.

Heinz Sobota

Der Minus-Mann

Heinz Sobota *war der Wiener Unterwelt als kleiner neurotischer Zuhälter bekannt. Nachdem er mehrere ungemein eindrucksvolle Texte über das Leben in der Strafanstalt Stein veröffentlicht hatte, beschrieb er im Bestseller „Der Minus-Mann" sein Zuhälterleben. In dieser Eigenschaft wurde er auch zu einer Sendung des „Club 2" eingeladen, jedoch kurz vor dem Betreten des ORF-Centers verhaftet.*

Mit dieser Verhaftung beginnt der nachfolgende für dieses Buch gekürzte Bericht, der 1978 im profil *erschien.*

Als er am Mittwoch abend wieder frei war, war er auch wieder obenauf: „A bessere Reklam hätt ich mir selbst net ausdenkn können. Das is das erste Mal, daß mir die Polizei was Gutes tut."

Tatsächlich verschafften die drei Kriminalbeamten, die Heinz Sobota Dienstag voriger Woche im ORF-Zentrum Küniglberg verhafteten, dem Bestsellerautor auch hierzulande eine Publizität, wie sie ihm bisher nur in Deutschland zuteil geworden war.

Beinhart hatte das „Stern"-Team – das zwei Tage lang mit Sobota sprach – recherchiert, daß der Wiener „wegen Raubes, versuchtem Mord an seinem Vater, Zuhälterei und Totschlag in drei Fällen . . . zehn Jahre seines Lebens in verschiedenen Gefängnissen zugebracht" hat.

Davon stimmen Raub und Zuhälterei. Der „Mordversuch am Vater" wurde schon in der Anklage als schwere Körperverletzung ohne Mordabsicht gewertet und noch weniger spektakulär als „selbstverschuldete Berauschung" abgeurteilt, den „Totschlag in drei Fällen" gibt es überhaupt nicht.

Aber die Medien brauchen „große Verbrecher". Nicht die impotenten, schwachsinnigen, dem Alkohol verfallenen Kretins, die den Alltag der Gerichte füllen, sondern Teufel in Menschengestalt mit allen Attributen des Auserwähltseins: eiskalt, knallhart, emotionslos zuschlagend und ohne Reue. Antigötter, die sich nur in ihren Zielen, nicht in ihren Möglichkeiten von den Göttern unterscheiden: „eiskalte Engel“, die stürzen mußten, weil sie alles genossen haben, was Gott verboten hat. (Und er verbietet bekanntlich viel: Wer außer den Spitzen der Gesellschaft – zu denen sich gelegentlich auch prominente Journalisten zählen – darf schon ungestraft in Exklusivklubs willfährige Damen auspeitschen oder am erhobenen Zeigefinger genießen?)

Heinz Sobota kann sich alle jene Sehnsüchte erfüllen, die sich die Bürger verbieten: kann der Arbeit entfliehen und in Saus und Braus leben; kann zuschlagen, wenn er jemanden unsympathisch findet; kann schlafen, mit wem er will. Und sieht genau wie in den Bürgerträumen aus: 1,90 Meter groß, mit schmalen Hüften und breiten Schultern, die Brust behaart, die Arme tätowiert, die Augen etwas schräg über breiten Backenknochen und einem markanten Kinn – der fleischgewordene Antiheld sämtlicher Dreigroschenromane (die aus dem gleichen Grunde so weite Verbreitung finden).

Dazu intelligent – man kann sich vorstellen, wie er die Polizei übertölpelt, Tresore knackt oder Spuren vertuscht. Und vor allem potent: Die enge Hose auf Pappbildern und Bucheinbänden spannt so deutlich über den Leisten, daß kein Zweifel offenbleibt, welches das gewalttätigste seiner verbrecherischen Werkzeuge ist.

Früher waren diese Zufälle der Natur gemindert durch die Abnutzungserscheinungen seiner Existenz. Der Eindruck von Kraft und Vitalität, vermindert um ein ständiges Schwitzen und schweres Atmen vom vielen Alkohol- und Nikotingenuß. Der Eindruck von glasklarer Intelligenz, vermindert um plötzliche Geistesabwesenheit und Verwirrung. Der Eindruck von Kälte, vermindert durch den Ausdruck von Verzweiflung. Heinz Sobota vor ein, zwei Jahren war ein „Minus-Mann“, den die kleinen Hürchen in Espressos und Nachtlokalen belustigt auslachten, wenn er sich ihnen mit dem Klischeevokabular des unwiderstehlichen Herzensbrechers zu nähern suchte.

Damals hatte das Werbeplakat von heute allenfalls eine gewisse optische Ähnlichkeit mit ihm, heute sieht Sobota so aus wie sein Plakat: Er ist der einzige Gewalttäter und Zuhälter, der genauso wirkt und sich genauso gibt, wie sich der Leser einen Gewalttäter und Zuhälter vorstellt.

Wie er wirklich ist, beschreibt er in seinem Roman, den seine Kritiker nur in den seltensten Fällen gelesen haben (sonst wüßten sie von dort, daß er wegen selbstverschuldeter Berauschung, nicht wegen Mordversuchs verurteilt wurde): der klinische Bericht von der Entwicklung eines Kindes zum Sadomasochisten.

Am Anfang steht ein Schlüsselerlebnis: Der Fünfjährige beobachtet durch einen Zufall, wie sich sein Vater im Schlafzimmer über die Frau eines gemeinsamen Bekannten wirft, während die Mutter im selben Haus in der Küche sitzt.

Es ist ein Bild, das ihn nie mehr verlassen sollte: Frauen sind Huren. Man schläft mit ihnen, um andere Frauen zu demütigen. Die Beziehung bleibt animalisch, wie das Schauspiel im Zimmer.

Vor dem „Mordversuch" an seinem Vater schläft Sobota mit einer deutschen Urlauberin, der sich der Vater einmal betrunken zu nähern versucht hat. „Ich habe mir vorgestellt, die beiden könnten miteinander geschlafen haben, da hab' ich mit ihr geschlafen, um ihn in ihr zu hassen."

Später ist ihm das schmerzhafte brutale Eindringen zuwenig: Er prügelt den Vater aus seinen Geliebten heraus.

Indessen ist auch der Vater nur die extreme Personifizierung eines gesellschaftlichen Zustandes, dessen weite Verbreitung gerade in deutschen Landen die ungeheuren Emotionen erklärt, die Sobotas Buch entgegenschlagen.

Gewalt ist der weltanschauliche Hintergrund einer Generation, die wie Sobotas Vater ihre größte Zeit im Dritten Reich erlebt hat. Als Ortsgruppenleiter schikanierte er (ein wenig, nicht ärger als viele) Juden und Zwangsarbeiter. Und saß dafür nach dem Krieg in Glasbach. Um es so unverändert zu verlassen wie der Sohn die zahllosen Gefängnisse und Erziehungsanstalten. „Neger, Juden und Warme", gab er ihm als Lebensweisheit mit, „sind das letzte."

Gleich danach kommen die Frauen.

In den Lehrbüchern der Soziologie sind dies die klassischen

Stereotype des „faschistoiden Charakters“. Massive Ablehnung des Andersartigen, insbesondere des Homosexuellen, aus jener latenten eigenen Homosexualität heraus, die in den männerbündischen, blutsbrüderlichen Strukturen der NS-Organisationen ihren Ausdruck fand. Dazu korrespondierend die demonstrative Geringschätzung des Weiblichen und Weichen.

All dies eingebettet in ein charakteristisches Kleinbürgermilieu: Örtliche Honoratioren – der Vater ist Filialleiter einer Bank in Oberpullendorf. Selbstverständliches Sich-bedienen-Lassen der Männer. Die Frau am Herd und zum Gespräch nicht zugelassen. Kinder als Erfolgsausweis. Und Moral als Fassade: Wichtig ist vor allem, was die Nachbarn reden. Abends Radio, Wein, das Schwelgen in Kriegserinnerungen. Wie Tausende österreichische Väter erzählt auch Filialleiter Sobota seinem Sohn begeistert, wie er im Krieg einem Russen Leuchtkugeln in den Leib gejagt hat. Und ist erschüttert, als der Sohn mit der Pistole einem alten Ehepaar auflauert.

Er prügelt ihn fast tot.

Denn auch die Erziehung begleitet lehrbuchmäßig die Gewalt: Rohrstaberl, Knien, Hausarrest im Keller, Prügel: „Der entscheidende Augenblick war erreicht“, erinnert sich Sobota, „als er nicht mehr mit der flachen Hand, sondern mit den Fäusten zugeschlagen hat.“ Fast so wie Heinz Sobota 20 Jahre später auf seine Gegner.

Selbst das Trinken des Sohnes ist beim Vater vorgezeichnet: Wenn er sich ärgert, wenn er beruflichen Mißerfolg hat, wenn ihm die Frau auf die Nerven geht (es ist schon die zweite Ehe, die erste wurde geschieden), zieht er sich auf sein Zimmer zurück und trinkt. Still, unauffällig, beim Radiohören, wie Hunderttausende Österreicher, nur etwas mehr. Selbst das Recht, sich zu betrinken, wird als Vorrecht arrogiert: „Ich kann Rum trinken, weil ich ein Mann bin“, schreit er seine Frau an. Als Heinz Sobota ein Mann wird, trinkt er Rum.

Es gibt Menschen, die aus einem solchen Milieu heraus Antialkoholiker wurden, ihre Kinder niemals schlugen, ihre Frauen auf Händen trugen und Gewalt in jeder Form haßten. Sobota war zu dieser Antithese nicht fähig. Und er anerkennt, daß dies – innerhalb seines vorgegebenen Spielraums – seine freie Entscheidung zwischen Gut und Böse war. Nur war dieser Spielraum von Anfang an unendlich klein.

In der zweiten Volksschulklasse ist er schon der, „aus dem einmal nichts werden wird“: Er trotzt, lügt, ist unpünktlich, aggressiv, begeht die ersten kleinen Diebstähle.

Daran soll sich nichts mehr ändern – nur die Beträge werden größer. Und später, an der Mittelschule, kommen die Mädchengeschichten hinzu: Er ist frühreif, hält nichts vom Onanieren. Will Mädchen auf ein Bett werfen und ihnen Schmerz zufügen. Es sind die Probleme vieler zu früh Gereifter, die in der zwiespältigen Atmosphäre von Sexualtabus bei gleichzeitiger Koedukation aufwachsen. Sie sind bei ihm nur extremer und durch das Kindheitserlebnis neurotisch verschärft.

Als ihn die Schule hinauszuwerfen droht, flieht er in epileptische Anfälle. Er kommt auf die Kinderklinik, wird wochenlang beobachtet und gibt seinen Eltern eine Ausrede zur Hand: Nicht sie haben ihn zu dem erzogen, was er ist, sondern er ist krank. Das ist etwas, was man den Nachbarn eingestehen kann.

Er hat die erste Freundin, von der es heißt, sie gehe in Wien auf den Strich, er organisiert Diebstähle in Geschäften, er rennt davon und wird wieder aufgegriffen. Der Vater prügelt ihn, daß die Haut auf seinem Rücken platzt.

Er ist noch nicht 14, als er zu Hause Geld stiehlt und aus Angst vor der Strafe vier Wochen durch Österreich trampt. Zurückgekehrt, begeht er einen Einbruch bei seinem Onkel, einem pensionierten Gendarmeriebeamten, stiehlt ihm eine Pistole und lauert damit zwei Urlaubsgästen auf. Als er sieht, daß es alte Leute sind (alt wie sein Großvater, zu dem er als einzigem in der Familie ein Nahverhältnis hat), läßt er sie stehen und läuft davon. Er wird ausgeforscht und, weil strafunmündig, in die Erziehungsanstalt Allentsteig gegeben.

Der Vater, der ihn für jede Kleinigkeit geprügelt hatte, reagiert diesmal vollkommen ruhig. Seine neue Beziehung zum Sohn formuliert er später nicht viel anders als die „Frankfurter Zeitung“: „Du bist nichts als ein Haufen Scheiße im Körper eines Menschen.“

Die Erziehungsanstalt – Broda hat dergleichen mittlerweile abgeschafft – vertieft das Erlebnis der Gewalt: Schläge mit dem Eisenlineal auf die abwechselnd nach oben und unten gedrehten Hände. Der Wettbewerb, wie lange einer unter den Ohrfeigen der Erzieher aufrecht stehenbleiben kann (wie früh er sich, aus Angst, das Trommelfell könnte ihm platzen, duckt). Einer derer, die am längsten stehen, ist Walter Fidi, später als Tankstellenmörder und Geiselnehmer in die Zeitungsspalten geraten. „Fast alle“, so Sobota, „mit denen ich damals zusammen war, hab’ ich später in Stein oder in der Karlau wieder getroffen.“

Auch Sobota hat die Ohrfeigen in sich aufgenommen: Eine seiner Freundinnen schlug er so heftig mit der flachen Hand, daß ihr das Trommelfell platzte.

Er verläßt die Erziehungsanstalt wie alle, die dort erzogen wurden: kälter, verschlagener, fähiger, sich zu ducken.

Die Verarbeitung von Problemen wird durch gespielte Anpassung, Trotz durch Hinterfotzigkeit ersetzt. Als er nach seiner Entlassung (denn man wird dort wie vom Gefängnis entlassen) die Aufbaumittelschule in Horn besucht, ist er imstande, zu Hause den strebsamen Schüler auf dem Wege zur Besserung zu spielen. In Horn verübt er Einbrüche, prügelt, trinkt.

Was ihn indessen schon damals zum echten Berufsverbrecher unfähig macht, ist sein extremer Hang zur Selbstvernichtung. Sobota braucht Alkohol nicht mehr zum Aufputschen, sondern zum Betäuben. Braucht Alkohol, um sein Gewissen außer Kraft zu setzen. Und selbst in diesem Dämmerzustand findet er mit der Sicherheit des Nachtwandlers den Weg in die Strafe: Wegen Einbruchs gesucht, läßt er sich total vollaufen und legt sich mit einer Prostituierten zwei Tage in ein polizeibekanntes Stundenhotel. Er wird ausgeforscht und – diesmal strafmündig – verhaftet. Nach heutigem Strafrecht könnte er nur bedingt verurteilt werden. Damals ordnet ihn das Urteil ein für allemal unter die Kriminellen: sechs Monate unbedingt werden später auf neun Monate hinaufgesetzt.

Vor der Strafe flieht er nach Marseille, will zur Fremdenlegion, wird als zu jung abgelehnt, trampt nach Paris und endet in der „Santé“, einem der damals düstersten Gefängnisse Europas.

Nach fünf Monaten Einzelhaft erscheint ihm das Wiener Jugendgefängnis in der Hardtmuthgasse wie ein Erholungsheim.

Nach der Entlassung, von seinen Eltern zur Arbeit in die Schweiz geschickt, zwingt er zum ersten Mal ein Mädchen auf den Strich: Er hat sich in sie verliebt.

Der Vater verlangt die Auflösung der Beziehung, der Sohn weigert sich. Der Vater sagt: „Ich schlag dich nieder, ich schlag dich tot, ich erschlag dich."

Er meint es als Redensart unter seinesgleichen. Der Sohn hört es als Redensart unter seinesgleichen. Und im Gefängnis heißt „ich erschlag dich": „Ich erschlag dich!"

Man muß sich ducken und zuerst zuschlagen.

Es ist Kirtag, Sobota trinkt, streunt herum, schläft mit einer jungen Frau, von der er weiß, daß der Vater ihr nachstellt. „Man müßte ihn erschlagen", sagt er zu ihr.

Sie hält das für eine Redensart.

Als er heimkommt, ist der Vater noch wach.

„Du bist betrunken."

„Nicht mehr als du."

„Wie stellst du dir deine Zukunft vor?"

„Das geht dich einen Dreck an."

Der Vater wird immer ruhiger: „Du bist das letzte", sagt er, „du bist nichts als ein Haufen Scheiße im Körper eines Menschen."

Das letzte, was dem Sohn vom Vater in Erinnerung ist, ist die höhnische Öffnung seines Mundes (auch Sobota beherrscht diesen Gesichtsausdruck), dann schlägt er zu. Erst mit dem Fleischhammer, der zufällig auf dem Tisch gelegen ist, dann mit den Fäusten. Minutenlang.

Während der Vater mit mehreren Schädelbrüchen auf den Boden sackt, stürzt der Sohn eine Flasche Schnaps hinunter und gießt eine zweite mit Brennspiritus hinterdrein.

Das macht es später unklärbar, wie hoch sein Alkoholspiegel schon während der Tat war. Das Gericht entscheidet im Zweifel auf selbstverschuldete pathologische Berauschung.

Sobotas Buch desavouiert das damalige Urteil zum Fehlurteil. „Ich wollt' ihn umbringen, nicht einmal, tausendmal. Fünfhundertmal hab' ich es in Gedanken getan."

Von da ab läßt der Alkohol ihn nicht mehr los. Wann immer er später durchdreht, ist es nicht die „eiskalte Tat eines knallharten Schlägers“, sondern der aggressive Ausbruch eines schweren Neurotikers, dem der Alkohol die Hemmungen genommen hat.

Der Raubüberfall, den er schon bald nach seiner Freilassung verübt, ist ein Musterbeispiel jener wirklichen Kriminalität, für die die Zeitungen keine Schlagzeilen haben: Man hat ihn zum Bundesheer gesteckt, und er haßt die Disziplin der Armee nach der Disziplin des Gefängnisses doppelt. Die meisten der Männer, die ihn kommandieren, erscheinen ihm als Varianten seines Vaters. Abends entspannen sie, wie er, mit Alkohol.

Es werden Nächte durchgetrunken.

Einziges Gesprächsthema sind Frauen: Jeder erzählt, wann er wen wie ins Bett werfen wird.

An irgendeinem dieser Abende ist der Druck stärker als sonst. Sobota will nach Wien, er will in ein Nachtlokal. Er heuert einen Freund zur gemeinsamen Desertion. Beide haben kein Geld. Also beschließen sie, ein Taxi zu mieten. „Und wenn der Taxler net mitmacht?“ – „Dann werf man irgendwo auf die Straßn.“

Sie wissen nicht, was sie vorhaben. Aber sie ahnen, daß sie es tun werden.

Es genügt, daß der Gedanke aus dem Nebel auftaucht und der Alkohol ihn nicht hemmt: Sobota schließt seine Hände um den Hals des Fahrers, der Wagen stellt sich quer, wird von anderen Fahrzeugen gerammt, die beiden Deserteure springen heraus und rennen davon, verkriechen sich in der Dunkelheit. Der eine stellt sich selbst. Sobota wird wenig später verhaftet, als ihm sein Vater den Wagen zur Flucht borgen will.

Es ist der erste Ansatz eines Waffenstillstands zwischen Vater und Sohn. Bei der Verhandlung sagt der Vater: „Ich bitte um ein mildes Urteil.“ Und Sobota hat ihm dafür in seinem Buch ein Denkmal gesetzt.

Das war der „Raubüberfall“, der Sobota in den Medien zum „Unterweltler“ macht. Für die tatsächliche „Unterwelt“ (die ihrerseits nur die Karikatur jener „Unterwelt“ ist, die die Zeitungen beschreiben) ist der Paradeverbrecher des Kiepenheuer & Witsch-Verlags inexistent. Soweit sich überhaupt einer seines Namens erinnert, tut er es immer noch mit mehr Einfühlungsvermögen als die meisten Feuilletonredakteure: „Der Sobota? Na ja, den ham ja mir net so kennt. Der ist manchmal in die Lokale gegangen. Aber des war doch mehr a Psycherl.“

Nicht einmal seine sowieso schon vorsichtige literarische Selbsteinschätzung: „Ich war ein Zuhälter der unteren Mittelklasse“ wird von der Branche bestätigt. „Kann sein, daß der irgendwo a Pferdl renna ghabt hat, aber kennt hat den kana.“

Sobota lebte mit Prostituierten, weil er zu anderen Frauen kein Verhältnis fand. Und wenn er andere Frauen zu lieben begann, versuchte er, sie zu Prostituierten zu machen. Der sadomasochistische Zug, der das Verhältnis aller Zuhälter zu ihren Prostituierten prägt, ist bei ihm ins Pathologische gesteigert: Die Frauen, die sich mit ihm einlassen, sind selbst noch innerhalb der Kategorie der Straßenmädchen Außenseiterinnen: Die Prostituierte Cha-Cha, mit der er in seinem Roman nach Deutschland trampt, ist ein Mädchen aus bürgerlichem Hause, das in der Prostitution nicht das Geld, sondern das Ausgeliefertsein an Männer sucht. Sie glaubt an Sobota nicht als ihren Zuhälter, sondern als ihren Retter („Du mußt mich ganz, ganz fest halten“). Auf seltsamen Umwegen ist er es auch: Aus dem qualvollen Verhältnis zu ihm hinausspringend, kehrt sie zurück in die Bürgerlichkeit, der auch er niemals völlig entkommen ist: Sie macht die Matura bei der Maturaschule Roland, absolviert ein Studium und lebt heute in einer glücklichen Lebensgemeinschaft.

Es gibt in Sobotas Buch eine zweite Schlüsselszene: Als er nach den vier Jahren Kerker wegen des Taxiraubes entlassen wird, holen ihn von links seine Mutter, von rechts zwei Ganoven ab. Sie bieten ihm Geld an und schlagen ihm vor, mit ihnen in eine Gang zu gehen.

Sobota geht mit der Mutter: „Ihr müßts das verstehen.“

Sie verstehen es nicht. Als er wenig später von zu Hause ausbricht und prompt bei ihnen landet, nehmen sie ihn zwar auf, aber ihr Mißtrauen verhindert jede wirkliche Integration.

Aber nicht nur die Ganoven mißtrauen Sobota, auch Sobota verachtet die Ganoven: „Man muß einmal gesehen haben, wie die sich in den Gefängnissen ducken. Wie sie den größten Schweinehunden in den Arsch kriechen. Wie sie dreimal soviel arbeiten wie jeder andere, nur um irgendeine kleine Vergünstigung zu bekommen. In Wahrheit sind sie dumm, primitiv und unterwürfig."

Heinz Sobota ist von beiden Seiten her gesehen ein totaler Außenseiter des Milieus, das er beschreibt.

Nur deshalb ist er imstande, für Leser und Medien als Inkarnation dieses Milieus zu erscheinen: Er spielt den Romanverbrecher, für den sie ihn halten wollen, weil auch er sich ganz gern für einen solchen Romanverbrecher hielte.

Und die Huren und Zuhälter, die auf ihre Weise gleichfalls Bestandteil dieser von Illustrierten und Romanen informierten und formierten Gesellschaft sind, beginnen erstmals, ihn ernst zu nehmen: Sie schenken einander sein Buch und erkennen sich dort wieder wie Lieschen Müller in Soraya. In den Stundenhotels von Hamburg prangt seine überlebensgroße Pappfigur. Die Zuhältercreme der Hafenstadt erbittet seine Autogramme. Die „kleinen Hürchen", von denen er so gern redet – und die ihm nie zugingen, weil sie ihn viel zu gut durchschauten –, laufen ihm erstmals nach: Sie fühlen sich geehrt, ihm den großen weißen amerikanischen Sportwagen zu borgen, mit dem er durch Wien kutschiert, und drängen ihm Geld auf, ohne daß er sie zu schlagen brauchte.

„Wenn ich jetzt ins Geschäft einstiege, wäre wirklich was drin."

Aber darüber ist er hinaus. Er ist jetzt zum Zuhälter einer anderen Kategorie von Frauen geworden: Sie schreiben ihm Briefe aus Aachen oder Bremen, wo sie Geschäfte oder reiche Ehemänner haben, und wollen nichts anderes, als sein Buch mit ihm erleben. Sie sind bereit, schreiben sie, ihn finanziell völlig unabhängig zu machen. Er könnte in ihren Villen, Landhäusern, Bungalows sitzen und ohne Sorge neue Bücher schreiben.

Es läge alles nur an ihm.

Er weiß das.

Und das ist seine relative Chance.

Günter Vinzenz

Anatomie einer unbegreiflichen Bluttat

Günter Vinzenz *(der Name wurde mit Rücksicht auf den Täter geändert) beging im Jahre 1983 einen aufsehenerregenden dreifachen Mord.*

Der folgende Text erschien in Fortsetzungen im profil.

Nach einer Woche ständigen Verhörens ist die Polizei noch immer ohne Motiv: Er hätte sich geärgert, daß ihm Peter Daubinger sein Gewehr nicht gleich zurückgegeben hätte – da hätte er ihn erschossen. Er sei verletzt gewesen, daß Ursula Eckert ihn einen „Nichtsnutz“ genannt hätte – da hätte er sie erschossen. Ihre Mutter hätte er erschossen, weil sie nach dem Mord an der Tochter ins Zimmer getreten sei.

„Die ganze Wahrheit hat uns Vinzenz noch nicht gesagt“, schlagzeilt die „Kronen-Zeitung“ und setzt voraus, daß Vinzenz diese Wahrheit wüßte. Es gebe eben „das absolut Böse“, meint Thomas Chorherr in der „Presse“. Hans Rauscher nennt es im „Kurier“ beim Namen: „Mordlust.“

„Mordlust? Mordlust?“ Clemens* wendet das Wort im Mund hin und her wie einen Bissen, den man zu schlucken aufgefordert, aber nicht gewillt ist. „Es stimmt, er hat drei Leute umgebracht. Auf entsetzliche Weise. Aber ich kann einfach nicht glauben, daß das wirklich er gewesen ist – so war er doch nicht, obwohl . . .“

Der 20jährige, dem ich in einem Café der Wiener Innenstadt gegenübersitze, war Günter Vinzenz’ bester Freund. Ein ausnehmend hübscher Bursche mit feinen Zügen, die ein wenig an die Gesichter der jungen Männer (oder auch Madonnen) El Grecos erinnern.

---

* Alle Namen von der Redaktion geändert.

Vielleicht ist es auch nur der modisch aufgestellte Kragen seines Hemdes.

Er hat sich für das Gespräch einen peniblen chronologischen Raster zurechtgelegt, auf daß es ihm nicht entgleiten möge. „Der Paul ist in der fünften Klasse zu uns gekommen“ (sie nannten ihn meistens „Paul“, manchmal auch „Vinzi“ in Anlehnung an Vinzenz, und hin und wieder unterschrieb er auch mit „Max“. Alle diese Namen zog er dem eigenen vor), „er war damals eigentlich unheimlich lieb, so freundlich, lustig, natürlich . . .“

Alle Schilderungen der Klassenkameraden des Günter Vinzenz beginnen so. Allen verbindet sich sein Wesen ebenso automatisch mit seinem Aussehen: Wuschelhaare, etwas Naturburschenhaftes, Jeans und großkarierte Holzhackerhemden. Ein Kind, das in der neuen Klassengemeinschaft sofort Anschluß findet. Obwohl er damals keineswegs ein guter Schüler ist, versucht er, dort, wo er es kann, den anderen bei den Aufgaben zu helfen. Bei den Schularbeiten läßt er beinahe demonstrativ abschreiben. Beides Eigenschaften, die sich später auf charakteristische Weise verändern sollten: Da hilft er ausschließlich denen, die zu seinem kleinen erlesenen Kreis gehören, alle anderen stoßen auf eisige Ablehnung.

Aber damals, in der Fünften und auch noch der Sechsten, gehört er, obwohl er neu gekommen ist, zu den besonders beliebten Klassenkameraden. Alles eher als der Außenseiter, als der er heute beschrieben wird, höchstens „a bißl a Kasperl“.

Macht Witze auch auf eigene Kosten. Karikiert Lehrer. Zeichnet besonders viel und besonders gut: über und über voll bekritzelte Zettel, die er dann seinen Mitschülern, am liebsten Mädchen, zuschiebt.

Sie sind es, die dem Neuen das meiste Interesse entgegenbringen. Ihn, auf eine damals noch ganz unschuldige Art, als „lustigen Kerl“ mögen. Eine von ihnen erinnert sich noch, wie sie sich freute, als er ihr ein witziges kleines Lied vorsang, das er offenbar für sie gedichtet hatte.

Später kam sie drauf, daß es ein Lied von Otto Waalkes war. Auch die Zeichnungen waren Waalkes' Elefantenzeichnungen nachempfunden; viele der Witze waren von ihm entlehnt. „Als ich da draufgekommen bin“, meint das Mädchen, „hat es mich irgendwie gestört, obwohl es natürlich trotzdem nett war . . .“

Clemens sieht klarer: Vinzenz hätte schon damals auf eine freilich sehr sympathische Art und Weise alles mögliche unternommen, um Eindruck zu machen. „Er war vielleicht ein bißchen zu sehr bemüht, sich Freunde zu schaffen.“

Clemens versteht dieses Bemühen. Er ahnt dunkel – obwohl er damals noch nichts von den Familienverhältnissen des anderen weiß –, daß dessen geschäftiges Bemühen, in Gruppen aufgenommen zu werden, mit tiefer Einsamkeit einhergeht. Vielleicht erkennt er im anderen auch die gemeinsame Sehnsucht nach einem Vater wieder: Clemens' Vater war von zu Hause ausgezogen, und er leidet darunter.

Günter leidet auch. Aber er ist bis zuletzt nicht bereit, sich preiszugeben. Erst als er wegen einer Absenz eine Unterschrift braucht, stellt sich heraus, daß die Entschuldigung den Namenszug einer Frau, Edeltraud Paflik, trägt.

Das sei seine Großmutter, läßt Günter wissen.

Die meisten Klassenkameraden glaubten es bis zuletzt.

Angeblich wohnte er mit ihr in einer herrlichen Wohnung in der Gonzagagasse, in die er seine Freunde demnächst zu einer großen Party einladen würde.

Es kam allerdings nie dazu.

„Mein Eindruck“, sagt Clemens, „war eher der, daß er in ziemlich einfachen Verhältnissen lebt. Mit einer älteren, gebrechlichen Frau, die er pflegen und für die er einkaufen muß.“

Er hätte sie gemocht, sei aber offenbar nicht allzu gut mit ihr ausgekommen: „Man hatte das Gefühl, daß sie ziemlich streng ist.“ Wenn er sich nur um ein paar Minuten verspätet hätte, hätte Günter immer bereits anrufen müssen. Bei Partys wäre er stets früher heimgegangen. Als er einmal gemeinsam mit Clemens auf der Alten Donau Boot fuhr und ihm der Schlüssel ins Wasser fiel, mußte der Freund für ihn zu Hause anrufen, um einen Teil der Schuld auf sich zu nehmen. Ein anderes Mal konnte er Ursula Eckert – jene, die er später erschießen sollte – nicht von einer Tanzveranstaltung nach Hause begleiten, weil er nicht so lang ausbleiben durfte.

Diese Strenge sei aufgefallen, denn die anderen Eltern in der Klasse seien da ungeheuer liberal gewesen.

Günters wirkliche Eltern, so sagte er, wären das auch. Wenn sein Vater nach Wien käme, dann dürfe er immer die Schule schwänzen, um mit ihm auszugehen. Erst neulich hätten sie einen Burberry bei der „Englischen Flotte“ erstanden. Oder nein, da wären sie golfen gewesen. Denn sein Vater sei ein leidenschaftlicher Golfspieler. Sein Bruder übrigens auch. Der fahre einen MG. Sein Onkel Paul sogar einen Bentley. Sein Vater hätte in Salzburg ein Motorboot, auf dem sie alle mitfahren dürften, wenn sie einmal hinkämen.

„Wundere Dich nicht“, schrieb er an einen Mitschüler, „daß ich auf so einem komischen Papier schreibe, aber ich schreibe Dir aus dem Büro meines Vaters.“

„Meinen leiblichen Vater“, gab Günter Vinzenz bei der Einvernahme zu Protokoll, „kenne ich nicht und weiß auch nicht seinen Namen.“

Die Polizei erhob einen Anton R., von Beruf Kranführer, der am 28. September 1965 bei einem Arbeitsunfall ums Leben gekommen ist.

Als Mutter wurde eine Gertrude K., wohnhaft in Wien-Leopoldstadt, eruiert. Zwanzigmal wegen Diebstahls vorbestraft. Am 19. Dezember 1980 bei einem Autounfall tödlich verletzt.

Vinzenz kam an diesem Tag mit dunklen Brillen in die Klasse, unter denen er weinte.

Nach Angaben seiner Ziehmutter hat er auch seine Mutter nur einmal gesehen. Sie sei damals auf Besuch gekommen und habe sich dabei eines Diebstahls schuldig gemacht.

In der Klasse erwählte sich Vinzenz eine „Mutter“, auf deren Schoß er saß. Eine „Schwester“, der er die Schultasche trug. Und einen bewunderten „Bruder“: Clemens.

Diese Kinder, die ihn am besten kannten, entdeckten als erste die Widersprüche in den diversen Darstellungen seines Familienlebens. „Er hat im Grunde gar nicht so gut gelogen“, sagt Clemens, „aber er hat sich durch nichts von seinen Lügen abbringen lassen. Ich habe ihm immer wieder zu verstehen gegeben, daß ich ihn mag, wie er ist, auch wenn er keinen so reichen Vater und keinen Onkel mit einem Bentley hat. Wir selbst hatten einen alten VW. Er hätte solche Lügen doch nicht nötig, um gerngehabt zu werden. Aber er hat auch mir nie etwas zugegeben – er ist ausgewichen."

Mit nahezu den gleichen Worten beschreibt auch Günters letzte Freundin, Maria, ihre vergeblichen Versuche, den Menschen, der ihr der Nächste in der Welt war, von seinen Phantastereien abzubringen. „Am Ende habe ich es aufgegeben. Ich habe mir gedacht, wenn es ihm derart wichtig ist, dann will ich es akzeptieren."

Ihr Vater prägte für Vinzenz' Verhalten den treffenden Satz: „Das ist nicht lügen, das ist möchten."

So ergab sich das seltsame Phänomen, daß nicht Günter Vinzenz gezwungen wurde, seine Traumwelt aufzugeben, sondern daß seine Umgebung es aufgab, ihm diese Traumwelt auszureden.

Mit kleinen Kindern oder mit Geisteskranken verfährt man so.

„Manche haben mir vorgeworfen", erzählt Clemens, „daß ich ihn so sehr bemuttere, aber er hatte einfach niemanden. In Wirklichkeit muß ich mir vorwerfen, daß ich mich letztlich nicht genug um ihn gekümmert habe." Pause: „Ich hätte ihn nie fallenlassen dürfen."

Die beiden Burschen verband, was man eine schwärmerische Busenfreundschaft nennen würde, wie sie auch zwischen Mädchen in diesem Alter öfter vorkommt. Der jüngere Günter himmelte den Älteren, der in der Klasse eine führende Stellung innehatte, auf kindliche Weise an. Clemens gab ihm Bücher zu lesen – „denn er selber hat überhaupt nichts gelesen" –, borgte ihm Platten, lud ihn zu Filmen ein. Wenn Vinzenz mit einem Mädchen ausgehen wollte, borgte er ihm Anzüge. Vinzenz, der früher mit immer denselben großkarierten Hemden in die Schule gekommen war, trug plötzlich Lacoste-Leibchen. Er legte plötzlich, wie Clemens, Wert darauf, jeden Tag ein anderes Kleidungsstück zu tragen. Der Wuschelkopf verschwand, und statt der Aura der Natürlichkeit, die ihn so lange ausgezeichnet hatte, verströmte er nun Parfum. So ähnlich sieht er Clemens, daß ihn dessen Mutter einmal von weiter weg mit ihrem Sohn verwechselt – „Jetzt habe ich wirklich geglaubt, daß er es ist."

Anfang der siebenten Klasse fährt Clemens als Austauschstudent für ein paar Monate nach Amerika. Er sagt es dem Freund erst am letzten Tag. Dann ist er schuldbewußt. Pläne werden geschmiedet, wie sie einander besuchen würden. Außerdem würde er ja bald zurückkommen. Gleichsam zum Unterpfand läßt er ihm seine Jugendfreundin Maria da, mit der ihn von klein auf ein kumpelhaft-geschwisterliches Verhältnis verband, in das sich erst ganz zuletzt leise erotische Untertöne gemischt hatten. Günter sollte sich um sie kümmern, sie brauche immer jemanden, an den sie sich anlehnen kann.

Vinzenz versprach es. Als Clemens nach ein paar Monaten, viel früher als erwartet, zuückkam – er hielt es in Amerika nicht aus –, waren Günter und Maria ein Paar.

Von da an sprachen sie nicht mehr miteinander.

„Die beiden", beschreibt es eine Mitschülerin, „haben so etwas wie die ‚ideale Freundschaft' zelebriert – aber das konnte nicht gutgehen." – „Clemens", sagt sein Lehrer von ihm, „war emotional, sozial, herzlich. Vinzenz war das Gegenteil: schroff und asozial." Die Mitschüler sehen es milder: Vinzenz sei von den beiden der noch viel mehr auf sich selbst Bezogene gewesen.

Die Beschäftigung mit dem eigenen Körper, die bei Clemens etwas Spielerisches hat, steigert sich bei Günter zum Kult: Er betreibt Bodybuilding und trainiert seinem eher zarten Körper eine eindrucksvolle Muskulatur an, die in seltsamem Kontrast zu seiner hauchzarten mädchenhaften Haut steht. Die Hände, die ihm noch immer zu rauh erscheinen, badet er in Öllotionen, legt Schönheitspackungen auf Arme und Gesicht.

Unter den Achseln entfernt er das Haar.

Auf einem Fest erscheint er als Mädchen verkleidet und sieht „sagenhaft" aus.

Auch in der Schule schminkt er sich. Die Schminkutensilien, so behauptet er, hätte er von einem stadtbekannten Transvestiten namens René bekommen, der ihn auf der Kärntner Straße angeredet hätte. Gemeinsam wären sie in Wiens bekanntestes Homosexuellen-Treff „Why Not" gegangen, wo er seither aus und ein ginge. „Er hat Clemens erzählt, daß er homosexuell ist", erinnert sich ein Mädchen, „auch Ursula Eckert hat er das gesagt – sie hat sich davor geekelt."

In mir taucht die Erinnerung an einen der gespenstischsten Kriminalfälle der Nachkriegszeit auf: Ernst Karl, ein homosexueller Polizist, erschoß in der Nacht zum 16. April 1968 in einer Wiener Garage zwei Ganoven, mit denen er gemeinsame Sache gemacht hatte. Er war, wie Vinzenz, ein Pflegekind auf der Suche nach einem Vater. Als Bub ging er daheim in Niederösterreich in Mädchenkleidern ins Kino. Einige wenige heterosexuelle Versuche erwiesen sich als Fiasko, denen er endgültig in die Homosexualität entfloh. Mit allerdings heftigen Schuld- und Haßgefühlen: Gemeinsam mit seinen ebenfalls homosexuellen Komplizen erpreßte er andere Homosexuelle.

Und während dies alles geschah, galt er der Polizei als Vorzugsschüler. Führte er ein nahezu perfektes Doppelleben, das erst in jener nächtlichen Schießerei in seine scheinbar unvereinbaren Hälften zerbrach.

Die Tat war letztlich ungeschickt geplant, und Karl wurde innerhalb weniger Tage verhaftet.

In der Haft erwürgte er einen ehemaligen Unterweltler, weil es ihm angeblich „Stimmen so befohlen haben".

Ich führte später mit dem besonders netten Arzt seiner Heimatgemeinde ein längeres Gespräch, in dem er seiner Überzeugung Ausdruck gab, Karl sei von Jugend an schizophren gewesen.

Ich ging noch am selben Abend ins „Why Not", um mir über Vinzenz Gewißheit zu verschaffen. Der Geschäftsführer bestreitet energisch, ihn jemals gesehen zu haben. „Was hat das außerdem mit den Morden zu tun. Glauben Sie, weil einer homosexuell ist, bringt er drei Leute um? Er war ja angeblich auch hochintelligent. Sind hochintelligente Leute Mörder?"

„So meine ich das nicht", versuche ich ihn zu beschwichtigen: Aber homosexuelle Neigungen zu verspüren und trotzdem eine heterosexuelle Beziehung zu suchen, könnte doch wohl die Basis eines schweren psychischen Konflikts sein. Es wäre doch immerhin denkbar, daß ein solcher von seinen Gefühlen Hinundhergerissener einen jungen Mann erschießt, weil der sich gegen ein homosexuelles Ansinnen wehrt. Daß er vielleicht sogar ein junges Mädchen erschießt, von dem er meint, daß mit ihr sein Versagen begonnen habe.

„Wissen S', was so an ghört?" mengt sich ein Gast ins Gespräch. „Aufghängt ghört der, weil der is eine Bestie, sonst gar nix."

Kellner und Geschäftsführer bekräftigen noch einmal glaubhaft, daß Vinzenz bestenfalls ein-, zweimal hier gewesen sein könnte. Ein solcher Zufallsbesucher könnte ihnen entgehen, aber ihr ständiges Publikum behielten sie im Kopf. Den Transvestiten René, der Vinzenz hier angeblich eingeführt hätte, gäbe es zwar, aber gerade der verkehre nicht in Homo-Lokalen: Er ließe sich im Prater oder in normalen Diskotheken von Burschen ansprechen.

Bei der Polizei gibt Vinzenz zu Protokoll, seine homosexuellen Erlebnisse wären pure Erfindung gewesen. Er hätte nie welche gehabt.

Von einer Mitschülerin will ich wissen, wie weit man Vinzenz in der Klasse für bisexuell gehalten habe.

„Manche haben's ihm geglaubt, manche nicht. Homosexualität war ziemlich ‚in' damals. Viele haben damit angegeben. Warum sollte er's nicht wirklich getan haben, wenn ihm danach war. Wir stehen auf dem Standpunkt, daß man seinen Gefühlen nachgeben soll."

Vinzenz, so sagen seine Mitschüler, war immer einer, der vor allen anderen wußte, was „in" war. Er machte sozusagen den Trend. Obwohl es ihn auch nicht störte, gelegentlich hintennach zu sein. „So trugen zum Beispiel damals schon die meisten von uns einen blaßgelben Pullover. Er war einer der letzten."

Warum sie alle, wenn sie die großen gesellschaftlichen Konventionen sosehr ablehnten (obwohl die doch vielleicht einen gewissen Sinn hätten), sich so sinnlosen Zwängen, wie denen des gelben Pullovers, unterwürfen, will ich von ihnen wissen.

Sie wissen es auch nicht.

Vinzenz, darin sind alle einig, war einer, der die Konventionen sprengte: „Er hat sich nicht an äußeren Zusammenhängen orientiert. Alles kam aus ihm selbst heraus. Er hatte überhaupt keine Hemmungen in dem, was er tat. Keine gefühlsmäßigen Beziehungen zu seiner Umwelt. Es fehlte ihm sozusagen die Beschränktheit eines normalen Verstandes“, beschreibt ihn klarsichtig eine Mitschülerin. Vinzenz habe sich für einen Übermenschen gehalten, „nicht weil er Nietzsche und ähnliche Bücher gelesen hat – sondern er hat diese Bücher gelesen, weil er ein solcher Mensch war“.

Worin seine Übermenschlichkeit, worin das ihm taxfrei zuerkannte „Genie“ im Detail bestanden habe, weiß niemand genau zu beschreiben.

Er war intelligent, „aber auch wieder nicht so überragend intelligent“, weiß sein Klassenvorstand. Er hat auch nie mit Auszeichnung maturiert, sondern nur mit „gutem Erfolg“. Das bedeutet in der heutigen Schulsituation: Er war etwas über dem Durchschnitt.

Als er in die Fünfte kam, war er sogar ein eher schwacher Schüler. Er tat sich schwer in Mathematik und Deutsch. „Er hat sich eigentlich nie recht ausdrücken können“, erzählt auch seine Freundin Maria.

Mit den Lehrern hat er es anfangs eher schwer. Er ist ihnen gegenüber ungeschickt und linkisch. Weil er schwätzt, wird er immer wieder zusammengestaucht. Aber dieselben Lehrer, die ihn damals wegen irgendeiner Kleinigkeit angebrüllt haben – „Ich hau’ dir eine rein, so wichtig ist mir dieser Job hier nicht“ –, lassen zwei Jahre später zu, daß Vinzenz weder Hausübungs- noch Schulübungshefte führt, weil ihm „etwas anderes im Augenblick wichtiger“ sei.

Es ist auch hier die Beständigkeit seines Verhaltens, das sich letztlich gegen alle Versuche pädagogischer Einflußnahme durchsetzt. Vinzenz ist nicht bereit, sich irgendeinem Druck seiner Lehrer zu beugen. Er hat, wenn sie ihn anschreien, eine Art dazustehen und sie von oben herab eisig zu mustern, die sie der Konfrontation zunehmend ausweichen läßt.

Gerade in einem Schulsystem, in dem sich erwachsene Lehrer

gegenüber ihren eigenen Vorgesetzten wie Schüler wohlverhalten müssen, beginnt dieses Selbstbewußtsein zu imponieren.

Selbst der gefürchtete Physiklehrer behandelt ihn sozusagen von gleich zu gleich – obwohl Vinzenz keineswegs überragende Leistungen in diesem Gegenstand erbringt.

In der Lateinstunde pflegt er ungestraft französische Bücher zu lesen, obwohl dieselbe Lehrkraft gegen andere Kinder mit Disziplinarverfahren vorgeht.

Wahrscheinlich bestand Vinzenz' Außergewöhnlichkeit vor allem darin, sich als einer darzustellen, der aus der Masse ragt: Durch seine Sprache, die immer gezierter und manierierter wurde: „Ich hatte eine Verabredung mit meinem Herrn Papa, der hat meine Apanage erhöht", entschuldigte er sich für einen versäumten Unterrichtstag. Durch seine Kleidung: Lange Zeit war es sein Ehrgeiz, täglich ein anderes Kleidungsstück zu tragen. Im letzten Jahr dagegen ging er immer nur in Jeans und Pullovern – aber dazu Maßschuhe. Durch die angeblich außergewöhnliche Sensibilität seines Innenlebens.

„Das ist eben der Vinzenz", hatte es in der Schule geheißen, wenn er irgend etwas Unerwartetes, Freches oder Absonderliches tat.

„Im Grunde", analysiert Clemens, „haben auch die Lehrer ihn zum Außenseiter gemacht, indem sie akzeptiert haben, daß er anders als alle anderen war." Ähnlich wie er die Wahnidee von seiner reichen Familie gegen das bessere Wissen aller anderen durchzusetzen vermag, vermag er auch den eigenen Größenwahn als unbestrittenes Genie zu verkaufen. Schülern, Lehrern – und nicht zuletzt Journalisten.

Die Brillen, mit denen ihn die Titelbilder der Zeitungen zeigen, bestehen aus einem Brillengestell mit Fensterglas.

Ich habe versucht, von einem seiner Lehrer zu erfahren, warum die Schule die Außenseiterposition des Günter Vinzenz akzeptiert hat. Er könne sich das, sagt er, selbst nicht ganz erklären. Bei manchen sei es vielleicht auch Bequemlichkeit gewesen – es sei sehr schwer, in der heutigen Schule einen Schüler unter Kontrolle zu halten, der sich dem mit Energie und Intelligenz widersetzt.

Aber bei den meisten sei es das gar nicht gewesen: Vinzenz wurde ganz einfach als ebenbürtig anerkannt. Man hätte mit ihm sowenig umspringen mögen wie mit einem Kollegen.

Wie es möglich gewesen wäre, daß er in manchen Gegenständen einfach nicht mitgearbeitet hätte?

„Die meisten von uns waren der Meinung, daß Zwang allein kein sinnvolles Mittel ist. Vor allem bei einem Schüler, der sowieso eine ausreichende Leistung erbringt." Die Schulgesetze deckten das nicht nur, sondern sie ließen im Grunde gar keine andere Wahl: Es ginge nicht darum, dem Schüler ein bestimmtes Verhalten, eine bestimmte Kleidung, bestimmte Formen vorzuschreiben, sondern ein Lernziel zu erreichen. Das sei bei Vinzenz in den letzten Jahren nie gefährdet gewesen.

Und die seltsame Kleidung, die Schminke im Gesicht, die ständigen Lügen über das Elternhaus – ob dies nicht irgendwann ein Grund gewesen sei, sich näher mit Günter Vinzenz zu befassen? Vielleicht mit seiner Ziehmutter, mit der Fürsorge Kontakt aufzunehmen? Vielleicht hätte man da erfahren, in welch tragischen Familienumständen der Schüler Vinzenz aufgewachsen ist. Vielleicht hätte man den Panzer, den er um sich aufgebaut hat, durchdringen und bis zu seinem Inneren vorstoßen können?

„Ich fürchte, daß das nicht möglich gewesen wäre", sagt der Lehrer. „Im Grunde war er ein fertiger Mensch. Wir können, wir wollen die Kinder nicht nach unseren Vorstellungen formen. Zumindest können wir ihnen uns nicht aufdrängen. Wenn einer zu mir kommt, dann spreche ich mit ihm. Vinzenz ist nicht gekommen."

Der Lehrer, der so spricht, ist ein besonders sympathischer Mann. Ich wäre froh gewesen, hätte ich in meiner Schulzeit einen wie ihn gehabt. Es ist nicht Gleichgültigkeit gegenüber den Schülern, die ihn so sprechen läßt – viele von ihnen besuchen ihn zu Hause, nach der Bluttat ist er das Zentrum ihrer Kommunikation –, sondern eine Art übergroßen, selbstkritischen Respekts vor der Persönlichkeit des anderen: Er behandelt seine Schüler wie seinesgleichen.

Mir fällt ein Manuskript ein, das mir ein österreichischer Lehrer aus Schweden geschickt hat. Es handelt von seinen Erlebnissen an einer schwedischen Schule. Dort, so schreibt er, ist die Gleichberechtigung zwischen Lehrer und Schüler auch gesetzlich bis zur letzten Konsequenz durchgezogen. Der Lehrer kann seinen Stoff anbieten. Der Schüler kann das Angebot annehmen oder nicht. Irgendein Disziplinierungsmittel gibt es nicht. Das Buch beschreibt eine Szene, in der sich ein Schüler und eine Schülerin auf einem Sofa vergnügen, das zum Ausruhen in die Klasse gestellt ist. Der Lehrer will den Unterricht beginnen, aber er weiß nicht, wie er die beiden in ihre Bank zurückbringen soll. Zum Direktor führen geht nicht. Der würde sagen, der Lehrer hätte das selbst zu bewältigen. Ihm eine Ohrfeige androhen geht auch nicht, damit würde er sich strafbar machen. Es endet damit, daß der Lehrer versucht, den Schüler fest am Arm zu nehmen und ihn ganz langsam und vorsichtig hochzuziehen. Die ganze Klasse sieht bei diesem Balanceakt grinsend zu. Das Gros der Lehrer hat einfach aufgegeben: Man engagiert sich einen Lehramtskandidaten, der in einer hinteren Bankreihe sitzt und aufpaßt, daß nichts direkt Kriminelles passiert – daß zum Beispiel kein Stein geworfen wird –; vorne trägt man so lange unbeirrt vor, als der Lärmpegel es zuläßt.

Der Lehrer, der das beschreibt, ist kein Konservativer. Im Gegenteil. Er ist der Prototyp eines aufgeschlossenen jungen Pädagogen, der diesen Beruf als Berufung begreift. Bis zu einem gewissen Grade bewundert er eine Gesellschaft, die ein solches Maß an Freiheit und Gleichberechtigung duldet. Aber je länger er unter diesen Voraussetzungen arbeitet, desto häufiger stellt er sich die Frage, ob denn die behauptete Gleichheit zwischen Lehrern und Kindern auch wirklich gegeben ist. Ob man den Kindern nicht jede Chance nehme, an einem Vorbild Form zu gewinnen.

Wenn es so wäre, daß die Kinder aus ihren Elternhäusern als fertige, reife Menschen entlassen werden, dann stünde es einer Schule wohl an, sich neutral zu verhalten und jeden Versuch zu unterlassen, sich einzumengen.

Aber die Kinder kommen aus kaputten Ehen, aus desolaten Elternhäusern. Werden, selbst wo die Familie intakt ist, von Eltern erzogen, die ähnlich verunsichert sind wie die Lehrer: Genauso wenig imstande, dem Kind einen klaren Verhaltenskodex ins Leben mitzugeben.

Der Lehrer des Günter Vinzenz hört meiner Schilderung aufmerksam zu: „So kraß ist es sicher nicht, aber ich fürchte auch manchmal, daß wir uns in diese Richtung bewegen könnten."

Die letzte Version der Tat, mit der die Sicherheitsbehörden ihn dem Wiener Landesgericht überstellen, ist so unsinnig wie die erste: Er habe die Wohnung der Familie Eckert betreten, um Bücher oder Platten zurückzubringen (die er dann nicht mithatte). Dabei sei es zwischen ihm und Ursula Eckert zu einem Streit gekommen; sie habe ihm vorgeworfen, er sei ein „Abezahrer" und „Nichtsnutz", der glaube, er könne jederzeit ungebeten auftauchen. Aus Ärger über diese Vorwürfe habe er sie, die ihm den Rücken zuwandte, erschossen. Der erste Schuß sei nicht tödlich gewesen, deshalb habe er das Gewehr mit Tüchern umwickelt, um mit geringerer Lautstärke einen zweiten Schuß abzugeben, der ihr das Gesicht zerfetzte. Dann hätte er auf ihre Mutter gewartet, die im Milchgeschäft einkaufen gewesen sei, und sie erschossen, als sie das Zimmer betrat. Ob die Mutter ihre tote Tochter noch gesehen habe, wisse er nicht.

Er habe Bargeld, einige Schallplatten und Parfums an sich genommen – teils um einen Raub vorzutäuschen, teils weil er diese Dinge habe gebrauchen können –, dann habe er das Haus verlassen.

Platten und Parfums schenkte er seiner Freundin Maria, der er erzählte, sein Vater sei plötzlich nach Wien gekommen und habe ihm Geld gegeben.

Ebendiese Platten und ebendiese Parfums hatte er seinerzeit – mit der gleichen Lüge, daß er das Geld von seinem Vater hätte – Ursula Eckert zum Geschenk gemacht.

Die Beziehung, die auf so grauenhafte Weise endete, begann als kindliche Liebesgeschichte. Schon in der fünften Klasse läßt Günter Vinzenz seinen Freund Clemens raten, in welches Mädchen er „verknallt" sei, und ist unzufrieden mit der Antwort: „Alle hast du aufgezählt, nur die, die mir am besten gefällt, ist nicht darunter."

Tatsächlich meinen alle, daß er und Ursula Eckert nicht recht zusammenpassen. Während Vinzenz in jener Zeit von seinen Klassenkameraden als besonders „lieb, lustig und natürlich" beschrieben wird, sind die Beschreibungen „Uschis" ambivalent: „Ein entzückendes Mädchen, begabt, interessiert, sportlich, eine Tochter, wie sie sich jeder Vater erträumen würde", schildert sie ihr Klassenvorstand, während die Klassenkameraden andere Charakterzüge hervorheben: „Verschlossen, gehemmt, jemand, der es eigentlich schwer hatte, zu anderen Kontakt zu finden."

Bis zu einem gewissen Grade dennoch ein Star: eine sehr gute Schülerin, viel besser als Vinzenz, besonders in Mathematik. Dazu bildhübsch und aus überaus wohlhabendem Hause.

Reichtum spielte für Vinzenz immer eine wesentliche Rolle. Nicht weil er habgierig war, sondern als Teil seines Traumes von einer hohen Herkunft: Auch er, der in einer Hausbesorgerwohnung bei seiner Ziehmutter aufwuchs, stamme ja, so log er Ursula Eckert vor, aus einer steinreichen Familie: Vater mit Motorboot, Onkel mit Bentley und Bruder mit MG.

„Dabei", so behaupten Lehrer und Schüler der Stubenbastei unisono, „ist der soziale Hindergrund bei uns ohne jede Bedeutung, wir finden, daß das keine Rolle spielen soll."

Sollte. Aber die Schule, die früher einmal die Bildungsstätte des reichen jüdischen Bürgertums und des Adels war, liegt auch heute noch im Stadtzentrum: Ein Teil der Kinder kommt aus den großen teuren Wohnungen des ersten Bezirkes, viele kommen aus dem Botschaftsviertel des dritten. Dazu gemischt, über die neuen Schnellstraßen, Kinder aus den Sozialbauten jenseits der Donau, aber auch aus Meidling oder Simmering. Zwar empfinden sich die Oberschichtkinder subjektiv ehrlich „in keiner Weise als etwas Besseres", aber das mindert nicht die unterbewußte Angst der weniger Wohlhabenden, als etwas Schlechteres zu gelten. Ohne daß es eingestanden würde, herrscht in den Klassen ein enormer sozialer Wettbewerb: Autos, Ferienhäuser und Skiurlaube werden ebenso abschätzend verglichen wie die tägliche Kleidung.

Um Ursula Eckert zu imponieren, borgt sich Günter Vinzenz Anzüge seines Freundes Clemens aus.

Später, um seiner letzten Freundin, Maria, zu imponieren,

stiehlt er seiner Ziehmutter Geld und ersteht davon Schuhe und eine Vespa.

Er, der als „Naturbursch“ in die Klasse gekommen war und, wie so viele Unterschichtkinder, Probleme hatte, sich richtig auszudrücken, gewöhnte sich jenes ausgeprägte, beinahe schon manierierte Hochdeutsch an, das den Kriminalbeamten bei den Vernehmungen so auffällt: „Der hat in keinem Augenblick, auch wenn er noch so erregt war, einen Dialektausdruck gebraucht.“

Ähnlich penibel kultiviert er sein Benehmen. Er ist von erlesener Höflichkeit und weiß, wie man Müttern schmeichelt und Töchtern den Hof macht.

Um Ursula Eckert bemüht er sich mit einer für ihn charakteristischen Intensität: versäumt keine Sekunde, in ihrer Nähe zu sitzen. Widmet ihr unzählige seiner kleinen lustigen Zeichnungen, die er ihr während der Stunde mit an den Rand geschriebenen Liebeserklärungen zuschiebt. Beginnt schließlich, sie jeden Morgen von zu Hause abzuholen und mittags wieder heimzubegleiten.

Er ist der schwärmerische junge Liebende par excellence.

Ursula Eckerts Sprödigkeit gibt ihm die Möglichkeit, die ganze Kraft dessen zu erproben, was er für seine Herzenswärme hält. „Man ist“, schildert es ein Mitschüler, „unglaublich schwer an sie herangekommen. Irgendwie war sie sehr verschlossen. Man könnte fast sagen gehemmt. Jemand, der seine Gefühle nicht zeigen konnte.“

Sie gleicht darin, meinen die, die die Familie näher kennen, ein wenig ihrer Mutter, einer zierlichen, nervösen Frau, die dem Fünfkinderhaushalt nicht ganz gewachsen ist und sich, wenn sie sich überfordert fühlt, in sich zurückzieht. Ursula versorgt dann ihre jüngeren Geschwister und manchmal auch durch Wochen den ganzen Haushalt. Vor allem den Vater, der die Familie nach außen und nach innen dominiert: jemand, der seine Kinder ähnlich kommandiert wie seine Firmen. Am Morgen mit einem „ersten Aufruf zum Wecken“, dem ein „zweiter“ und schließlich ein „dritter und letzter Aufruf“ folgt. Keineswegs böse, sondern eher nach Art gewisser durchaus beliebter Turnlehrer. Die Familie ist ungemein sportlich – besonders Uschi: Man geht jeden Sonntag an die Luft, und nachher gibt's Biokost. Die Kleidungsstücke der Kinder tragen wohlorganisierte Namensschilder: „Eckert I, Ekkert II, Eckert III" und so weiter. Uschi ist Eckert I, und der Vater verkehrt mit ihr mit einer gewissen handgreiflichen Strenge, die ihn, wegen der Liebe, mit der sie gepaart ist, zum alles überragenden Zentrum ihres Lebens macht.

Bis er auf einer Geschäftsreise plötzlich erkrankt und einen elenden Tod stirbt.

Das ist der Augenblick, in dem Ursula Eckert den intensiven, tatkräftigen und zugleich unendlich zartfühlenden Beistand des Günter Vinzenz erstmals mit Liebe erwidert. Sie, die ihre zahllosen Verehrer immer kühl zurückgewiesen hat, ist bereit, sich an ihn zu binden.

Er wird nun auch von ihrer Familie voll akzeptiert. Ursulas Geschwister sind ebenso dankbar für seine Hilfe wie ihre Mutter, die überall erzählt, wie rührend sich der junge Mann um sie gekümmert habe.

Ursula und Günter fahren auf einen gemeinsamen Skiurlaub, von dem sich das Mädchen „unheimlich viel erwartet". Vinzenz hat ihr vorgeschwärmt, wie sie in den besten Restaurants speisen, die besten Weine trinken würden und in den besten Hotels schlafen würden.

Dann beginnt es damit, daß er ihr am Bahnhof mitteilt, er hätte sein Geld vergessen, sie müßte ihm etwas borgen.

Als sie zurückkommen, hat die Beziehung offensichtlich einen Knacks. Günter berichtet Clemens zwar, wie herrlich alles gewesen sei und was sie alles getrieben hätten, aber man glaubt es ihm nicht recht. Schon gar nicht, daß er es sei, der das Verhältnis zu beenden wünsche.

Einer engen Freundin berichtet Ursula Eckert glaubhaft, daß es nie ein Verhältnis gewesen sei – es sei damals beim Skiurlaub zu nichts gekommen.

In der Klasse sieht man die beiden nur mehr selten zusammen. Alle meinen, daß die Beziehung so geendet habe, wie sie es erwartet hätten.

Clemens, der Vinzenz am nächsten stand, ist dennoch überzeugt, „daß der Günter jeden Augenblick zu ihr zurückgegangen wäre, wenn sie nur mit dem Finger geschnippt hätte". Als Ursula Eckert mit ein paar Freundinnen ins Salzkammergut fährt, will er unter allen Umständen mit eingeladen werden, obwohl er damals schon mit Maria befreundet ist. Und auf einer Party tanzt er zwar ununterbrochen mit anderen Mädchen, beschwört Ursula Eckert aber dann, die Gesellschaft mit ihm zu verlassen, weil angeblich nach Mitternacht Haschisch geraucht würde. Ursula weigert sich, weil sie sich von Vinzenz nicht bevormunden lassen will, und er fährt alleine weg. Aber nach einer Stunde ruft er aus einer Telefonzelle noch einmal an, um sie doch noch zum Weggehen zu überreden: Die eingebildete Vorstellung, sie könnte in einem durch Haschisch enthemmten Zustand mit anderen Burschen zusammensein, ist ihm offensichtlich unerträglich.

„Ich würde schon sagen, daß sie ihm bis zuletzt etwas bedeutet hat. Die Trennung hat ihn sehr verletzt", meint Clemens. Nachsatz: „Als ich gehört habe, daß er Uschi erschossen hat, habe ich sofort gedacht, das war eine Hinrichtung."

Einen Augenblick lang taucht in meinen Vorstellungen wieder so etwas wie ein „Motiv" auf. Vinzenz, mit seiner latenten homosexuellen Neigung, könnte in der spröden Ursula Eckert die große Liebe gesehen haben, die ihn von allen Zweifeln befreien würden. Von jenem Skiurlaub, von dem sie sich soviel erwartet hatte, könnte er sich noch viel mehr erwartet haben.

Um dann zu versagen.

Eine Niederlage, die ein Mensch wie Günter Vinzenz auch dann nicht verkraftet haben könnte, wenn er in einer anderen Beziehung durchaus erfolgreich war.

Daß er in seinem Geständnis erzählt, Ursula Eckert habe ihm vorgeworfen, daß er glaube, er könne jederzeit wiederauftauchen, legt die Vermutung nahe, daß er versucht haben könnte, die Beziehung mit ihr neu zu beginnen. In einer solchen Situation wäre eine erregte Auseinandersetzung zumindest denkmöglich.

Noch am selben Abend bespreche ich diese Version mit einer engen Freundin der Ursula Eckert, und sie wird so unglaubwürdig wie alle vorangegangenen: „Es stimmt nicht, daß Uschi mit ihm Schluß gemacht hat. Er hat mit ihr Schluß gemacht." Ursula hätte den Skiurlaub zwar auch als mißlungen betrachtet, aber das hätte sie keineswegs veranlaßt, Günter Vinzenz von nun an zu verachten. Auch ihre Mutter hätte nicht verstanden, daß der junge Mann, den sie sosehr mochte, sich nie mehr gezeigt hätte.

„Sie hat unter der Trennung furchtbar gelitten – nicht er."

Man könnte selbst die Intensität, mit der sich Günter Vinzenz um Ursula Eckert bemüht hat, anders deuten: nicht sosehr als den Versuch, ihr zu beweisen, wie sehr er sie liebt, als vielmehr als den Versuch, sich selbst zu beweisen, daß er fähig sei zu lieben. Nicht im körperlichen, sondern im seelischen Sinne: echte Zuneigung für einen anderen Menschen zu empfinden.

„Für mich", sagt eine neutrale Beobachterin der Beziehung, „war er in allem, was er getan hat, ein ungeheurer Egoist. Es ist ihm immer nur um sich selbst gegangen. Auch wenn es so ausgesehen hat, als ob er wahnsinnig in jemanden verliebt ist: Er hat es dann genossen, so verliebt zu sein. Der Partner war austauschbar."

Vinzenz hätte ein Bild von der „wahren Freundschaft" gehabt, in dem zufällig Clemens seinen Partner abgab. Er hätte ein Bild von der „ersten Liebe" gehabt, das er mit Ursula Eckert nachzuzeichnen versuchte. Und seine letzte Beziehung zu Maria sei unter dem Titel „Die große Liebe" gelaufen.

„Aber auch in diesem Fall hat sie ungleich mehr investiert als er."

Maria hat Vinzenz immer schon gemocht. Als seine Mutter stirbt, hat auch sie Tränen in den Augen. Sie sitzt gerne mit ihm zusammen (auch in der Zeit, in der er mit Ursula Eckert geht) und schätzt, wie alle Mädchen in der Klasse, seine Späße.

Auch sie ist ein eher hübsches Mädchen, aber bei ihren Kameradinnen beliebter als Ursula. Wird jene als „im Grunde recht hart" geschildert, so lauten die Beschreibungen Marias eher umgekehrt: „Sie hat immer jemanden gebraucht, an den sie sich anlehnen konnte."

Als Clemens, mit dem sie eine Kinderfreundschaft verbindet, als Austauschstudent nach Amerika reist, läuft sie mit fliegenden Fahnen zu Günter über, der ihr nach bewährtem Schema seine

Zuneigung demonstriert: Abermals weicht er keine Sekunde von ihrer Seite. Abermals hat er beständig irgendeine nette Überraschung für sie bereit. Abermals holt er auch sie an jedem Morgen eine ziemlich weite Wegstrecke von zu Hause ab und begleitet sie jeden Mittag nach Hause zurück.

Einmal verreist Maria. Eine Mitschülerin beobachtet verwundert, daß Vinzenz ein anderes Mädchen von zu Hause abholt: „Ich hatte das Gefühl, daß er jederzeit auch ihr ewige Liebe geschworen hätte."

Aber dann stirbt Marias Vater bei einem Verkehrsunfall, und Günter Vinzenz nimmt sich zum zweitenmal auf seine unnachahmliche Weise der zurückbleibenden Frauen an: Er erledigt Amtswege, er besorgt den Haushalt, er findet genau die Worte, die es zu sagen gilt. „Ich weiß nicht", sagen Marias Mutter wie Ursulas Mutter zu ihren Freunden, „was ich ohne ihn getan hätte."

Vinzenz weiß, was es heißt, keinen Vater zu haben: Er bringt dem jungen Mädchen, das den Vater verloren hat, all die unendliche Zärtlichkeit entgegen, die seiner Meinung nach ein vaterloses Kind verdient. Es ist dies wahrscheinlich der einzige Moment, in dem er so etwas wie Identität findet: Er ist verlassenes Kind und tröstender Vater zugleich.

Nach dem Begräbnis zieht Vinzenz faktisch bei der Familie seiner Freundin ein. Er ißt dort, hat dort seine Bücher, seine Lernsachen, den Platz, an dem er arbeitet.

Nur am Abend geht er nach Hause schlafen.

Es ist, als ob es ihm physisch unmöglich wäre, ohne Maria zu existieren: Wenn sich Freunde oder Nachbarn bei ihr ansagen, versucht er sie nach spätestens einer halben Stunde wieder loszusein, um sich wieder ausschließlich mit ihr zu beschäftigen.

In der Schule setzen sich die beiden zunehmend von den anderen ab. Sie wollen nur mehr miteinander und mit einigen wenigen Freunden reden, alle anderen sind für sie inexistent. Für Vinzenz sogar in einem durchaus physischen Sinne: Er pflegt, wenn er durch die Klasse geht, seine Richtung grundsätzlich nicht zu ändern. Wer ihm im Wege steht, wird angerempelt. Leute, auf die er keinen Wert legt – und das sind die meisten –, können ihn vier-, fünfmal ansprechen, ohne von ihm eine Antwort zu erhalten.

Wenn einer versehentlich seine Bank berührt, kann es passieren, daß er ihn anbrüllt: „Du wagst es, meinen Platz zu beschmutzen!"

Es ist dies die Zeit, in der der Körperkult des Günter Vinzenz seinen Höhepunkt erreicht. Maria und er tauschen ihre Schönheitspackungen untereinander aus und teilen sich einen Schminkkoffer, der selbst in dieser schönheitsbewußten Klasse Aufsehen erregt. „Die beiden", schildert ein Freund, „sahen aus, als wären sie aus einem Foto von ‚Vogue' gestiegen": er ein sportlicher junger Mann mit Lacoste-Pullover, Hände in der Tasche der Wrangler-Jeans; Maßschuhe an den Füßen; Blick lässig ins Weite gerichtet. Sie im windgefalteten Seidenkleid, bewundernd zu ihm aufblickend.

In den letzten beiden Jahren hat Günter Vinzenz immer irgendeine Pose eingenommen. Seine „Masken" nennen es seine Mitschüler treffend. Eine Zeitlang war er James Dean: schlacksig, einsam, unverstanden, mit ausgelaugten Jeans, die Hände in den Hosentaschen. Dann wieder ist er mit wehendem Mantel der wahnsinnige Bayern-König Ludwig II. in der Darstellung Helmut Bergers. Und nachdem er den „Schüler Gerber" gesehen hat, gesteht er Freunden homosexuelle Neigungen ein, färbt sich die Haare rötlich und wird in seinem Gehaben dem Hauptdarsteller des Films so ähnlich, daß ein Lehrer, der in die Klasse kommt, erstaunt ausruft: „Jetzt habe ich gedacht, er sitzt leibhaftig vor mir."

„Derzeit", spottet eine Mitschülerin, „ist er Alain Delon im Gefängnis. Sogar noch unter den Mördern ein Außenseiter: der intelligenteste Mörder, den es je gab. Jetzt hat er die Titelseiten, auf die er immer wollte."

Nicht nur Günter Vinzenz, auch Maria hat sich in den Augen ihrer Mitschüler zunehmend verändert. Wäre sie früher freundlich und beliebt gewesen, so hätte sie nun die seltsamsten Allüren angenommen und über die unsinnigsten Dinge gestritten. Wenn man sie etwas gefragt hätte, hätte nicht selten Vinzenz für sie geantwortet. Entschlüsse, die sie betrafen, wären von ihm getroffen worden: So habe er sie zum ungünstigsten Zeitpunkt zu einer Chemieprüfung angemeldet und sie dann vor allen anderen angebrüllt, als sie sie nicht bestanden habe. Er hätte ihr vorgeschrieben, welche Bücher sie zu lesen, welche Platten sie zu hören und mit welchen Mitschülern sie zu verkehren hätte.

Das Gros der Klasse hätten die beiden ihres Interesses längst nicht mehr wert befunden.

Auf einer Exkursion nach Salzburg kommt es beinahe zum Eklat: Die beiden wollen die gemeinsamen Ausflüge nicht mitmachen, sie finden die Jugendherberge nicht standesgemäß und im Schrank zuwenig Platz für ihre ungezählten Kleider und den Schminkkoffer, der in der Erinnerung eines Lehrers „fast so groß wie der Kleiderkoffer“ war.

Fast alle Kinder gebrauchen für diese letzte Phase das gleiche Bild: „Die haben sich eine Scheinwelt aufgebaut, aus der sie überhaupt nicht mehr herauskommen wollten.“

Ich treffe Maria im selben Kaffeehaus, in dem ich schon Clemens gegenüber gesessen bin. Sie sieht anders aus, als ich es erwartet habe. Alles an ihr ist sanft, man wäre geneigt zu schreiben, mütterlich. Wäre da nicht gleichzeitig etwas von einem ganz kleinen trotzigen Kind an ihr. Ich assoziiere, aus welchen Gründen weiß ich selber nicht, ein vierjähriges Mädchen mit einer großen Masche im Haar und einem Dreirad. Danach eine Reihe von Szenen: Eine, in der sie unendlich stolz auf dieses Dreirad ist. Eine zweite, in der sie unter gar keinen Umständen bereit ist, es anderen Kindern zu borgen. Eine dritte, in der sie, mit einem Anflug von Trotz im Gesicht, in Tränen ausgebrochen ist – vielleicht weil ihr das Dreirad weggenommen wurde. Man kann sich vorstellen, daß sie, wie ihre Freunde sagen, das Nesthäkchen ihres Vaters war, der ihr alles zugestand, was sie wollte: Auch die Beziehung zu Günter Vinzenz, der ihm und seiner Frau im ersten Augenblick im höchsten Maße suspekt gewesen war.

Aber je länger das Gespräch dauert, desto mehr verblassen diese Bilder. Sichtbar wird ein unendlich zärtliches junges Mädchen von einer Art, die man für ausgestorben wähnt: Bereit zur totalen Hingabe an einen anderen Menschen.

Sie habe sich nicht bewußt von der Klasse abgekapselt, sondern es sei ihr in diesem letzten Jahr nichts anderes wichtig gewesen als das Zusammensein mit ihm: „Wir waren einander ganz einfach genug.“ Es stimme nicht, daß er sie „umgemodelt“ hätte. Er hätte sie nur dazu gebracht, sich selbst zu begreifen. Bücher und Schallplatten hätte er ihr nicht aufgedrängt, sondern sie hätte sie gerne gelesen und gehört, weil er sie gerne gelesen und gehört hat.

Nur ihm verdanke sie, daß sie die achte Klasse beendet habe: Jeden Tag hätte er mit ihr gelernt. Hätte sie, als ihr Vater starb, davon abgehalten, einfach aufzugeben. „Nach seinem Tod ist mir das Leben sinnlos vorgekommen. Günter hat mir begreiflich gemacht, daß es weitergeht. Er war stärker als ich. Bei ihm war ich aufgehoben.“

Natürlich hätte sie bemerkt, daß er lügt. Natürlich hätte das auch sie irritiert. Aber sei es nicht verständlich, daß einer, der immer alleine gewesen sei, sich eine Familie erfindet? Auch seine intensive Befassung mit dem eigenen Körper sei ihr aufgefallen. Aber sie hätte sich darüber gefreut. Das hätte ihr die Möglichkeit gegeben, zärtlich zu ihm zu sein, ihn zu streicheln und zu pflegen. Die Zartheit seines Körpers hätte der Zartheit seiner Empfindungen entsprochen: Sie wären miteinander unendlich glücklich gewesen – in diesen letzten Wochen glücklicher als je zuvor.

Während sie das sagt, ist es für sie die einzige Wahrheit. Nur diese Wahrheit entspricht ihrem Gefühl. Daß es trotzdem nicht die Wahrheit sein kann, sagt ihr zwar ihr Verstand, aber sie kann und will es nicht glauben: „Erst heute weiß ich, daß er ein Doppelleben geführt haben muß. Ich begreife das nicht. Ich dachte, es gibt keinen Menschen außer mir. Aber offenbar hat er, wenn er hier weggegangen ist, andere Menschen getroffen. Menschen, von denen er mir nie ein Wort erzählt hat, wie Peter Daubinger zum Beispiel. Ich wußte überhaupt nicht, daß es den gibt.“

Nachdem er Peter Daubinger erschossen hatte, nachdem er zur Leiche zurückgekehrt war, um ihr den Kopf abzutrennen, nachdem er Ursula Eckert und ihre Mutter erschossen hatte – jedesmal war Günter Vinzenz zu seiner Freundin zurückgekehrt, ohne daß ihm das Geringste anzumerken gewesen wäre: „Er war nicht nervöser als sonst, er hat nicht mehr geredet, er war so zärtlich wie immer. Wir waren glücklich. Das Leben hatte für uns beide einen Sinn.“

Gegen Ende meiner Recherchen fragt mich die Mutter einer Schülerin, ob ich in der Sache „weitergekommen" sei. Ja und nein, antworte ich: Ich bin jetzt ganz sicher, daß es kein einigermaßen einfühlbares Motiv gibt, das diese Tat erklären könnte. Die latente Homosexualität mag bei der Wahl des ersten Opfers eine Rolle gespielt haben. Die mißglückte Beziehung mag Ursula Eckert zum Opfer des zweiten Mordanschlages prädestiniert haben. Aber es ist hier wie bei der sogenannten Liebe des Günter Vinzenz. Ihre Objekte erscheinen austauschbar. Die Tat bezieht sich nicht auf sie, sondern auf ihn. Sie ist ein bloßes Produkt seines Gehirns – nicht einmal seines Gefühls. „So empfindsam er erschienen ist, so kalt ist er in Wirklichkeit gewesen", lautet die Beschreibung einer Mitschülerin, die mir die ganzen Tage hindurch nicht aus dem Kopf geht. Ich habe diesen Satz schon irgendwo gelesen, und nach stundenlangem Wühlen in alten medizinischen Büchern finde ich ihn: Es ist eine Aussage des später schizophrenen Dramatikers August Strindberg, die Ernst Kretschmer in seiner Analyse der „schizoiden Temperamente"* zitiert: *„Den Schlüssel zu den schizoiden Temperamenten hat der, der klar erfaßt hat, daß die meisten Schizoiden nicht entweder überempfindlich oder kühl, sondern daß sie überempfindlich und kühl zugleich sind, und zwar in ganz verschiedenen Mischungsverhältnissen . . ." „Es ist eine Glasscheibe zwischen mir und den Menschen", sagte neulich ein solcher Schizoider mit unnachahmlicher Prägnanz. Diese dünne, harte, kühle und spitzsplitternde Glasscheibe fühlen wir sogar bei dem späteren Katatoniker*** *Hölderlin, einem über den Durchschnitt liebenswürdigen Vertreter der Mimosengruppe. Und schon viel deutlicher bei dem späteren Schizophrenen Strindberg, der von sich sagt: „Ich bin hart wie Eis und doch gefühlvoll bis zur Empfindsamkeit."*

Das Aristokratische gewisser schizoider Naturen kommt auch bei einfachen Leuten in einem Bedürfnis nach Distanz, einem betonten Anders- und Besserseinwollen gegenüber den Mitbürgern

* Prof. E. Kretschmer, „Körperbau und Charakter", Verlag Julius Springer, Berlin 1925.

** Endphase einer Schizophrenie, bei der der Betreffende zu stereotypen Sprech- und zuletzt nur mehr Bewegungsabläufen neigt.

zum Ausdruck. Die Neigung zum korrekten Hochdeutschsprechen in einem nicht so sprechenden Milieu kann manchmal direkt eine schizoide oder schizotyme Anlage verraten. Ähnlich ist es mit einer betonten Gewähltheit in Körperpflege und Kleidung. Übrigens läßt sich die kühle aristokratische Eleganz, die manchen gesunden Schizotypen vorzüglich stilvoll zu Gesicht steht, durch alle schizoiden Übergangsgrade hindurch bis in die Symptomatologie der schizophrenen Psychosen hinein verfolgen. Dort finden wir sie als die bekannte karikiert vornehme Gespreiztheit in Sprache und Bewegungsmanier. Das Wesentliche an dieser charakterologischen Tendenz ist ihre Exklusivität. Das Streben zum geschlossenen Zirkel. Ein erweiterter Autismus unter ähnlich Gesinnten. Die Freundschaft solcher Schizoiden ist scharf auswählende Einzelfreundschaft. Ein unzertrennliches Gespann von zwei träumenden Sonderlingen. Oder ein kleiner erlesener Jünglingsbund . . ., außerhalb desselben alles „Volk" schroff abgelehnt und verachtet (wird) . . .
Schroffer und kalter Egoismus, pharisäische Selbstgefälligkeit und maßlos überreiztes Selbstgefühl finden sich in allen Variationen . . .
Die Blüte schizophrenen Innenlebens kann man nicht am Bauern studieren; Könige und Dichter sind gerade gut genug dazu . . .
Es gibt schizoide Menschen, mit ihnen können wir zehn Jahre zusammenleben und dürfen nicht sicher sagen, daß wir sie kennen. Ein lammfrommes, scheues Mädchen dient monatelang in der Stadt. Sie ist sanft und folgsam gegen jedermann. Eines Morgens liegen die drei Kinder des Hauses ermordet. Das Haus steht in Flammen. Sie ist nicht geistesgestört, sie weiß alles. (Ende des Zitats.)

Begegnungen mit Politikern

Die Mehrheit der Politiker, die ich in diesem Kapitel beschreibe, gehört der SPÖ an – das entspricht der beherrschenden Rolle, die die Sozialdemokraten seit 1970 in der österreichischen Politik innehaben.

Obwohl nicht das meine Absicht war, vermittelt die Lektüre der einzelnen Porträts ein gutes Bild von der Entwicklung der Partei von Franz Jonas herauf bis zu Fred Sinowatz.

Zwei für diese Entwicklung sehr wesentliche Persönlichkeiten, Hannes Androsch und Franz Vranitzky, kommen nicht vor: Androsch vor allem deshalb, weil „profil" in so heftigen Auseinandersetzungen mit ihm befangen war, daß ich meinerseits zu befangen gewesen wäre, ihn zu porträtieren; Vranitzky, weil er sich auf charakteristische Weise sehr viel schlechter als seine Vorgänger zu einem Porträt eignet.

Ohne jede Systematik habe ich meine Begegnung mit drei Politikern der ÖVP festgehalten: Mit Erhard Busek bin ich von Jugend auf auch persönlich befreundet; Helga Rabl-Stadler war als Journalistin einige Zeit meine Kollegin und spiegelt in meinen Augen eine versäumte Gelegenheit der Volkspartei; Karl Schleinzer ist ein so ausführliches Porträt gewidmet, weil ich damals, in den frühen Jahren des „profil", ausreichend Zeit zu den entsprechenden Recherchen hatte.

Günther Nenning schließlich und Harry Belafonte sind zwei sehr unterschiedlich strukturierte Außenseiter der Politik, mit denen mich kritische Sympathie verbindet: ich kann ihnen politisch nicht folgen, aber es freut mich, daß es sie gibt.

Helmut Zilk

Geheimnisse des politischen Erfolges

Helmut Zilk, ausgebildeter Lehrer, dann Fernsehdirektor unter Gerd Bacher, von der SPÖ zum Unterrichtsminister berufen, wurde zum politisch erfolgreichsten Bürgermeister der Nachkriegszeit. Ich habe ihn für die „Arbeiter-Zeitung" erstmals interviewt, als er, damals noch als Lehrer, die „Stadtgespräche" für den ORF erfand. (Später wurde er der Taufpate meines Sohnes Oliver.)

Der folgende Text erschien 1994 anläßlich seines Ausscheidens aus der Politik im Standard.

Die Ereignisse waren von jener Gleichzeitigkeit, der Esoteriker „tieferen Sinn" zuschreiben:

Im Wiener Rathaus ehrte Bürgermeister Helmut Zilk mit Yair Hirschfeld jenen in Wien aufgewachsenen Historiker, der bei den norwegischen Geheimverhandlungen Israels mit der PLO den Durchbruch zum Frieden herbeigeredet hatte.

Und in einer Straße in Tel Aviv hatten radikale Palästinenser wenige Stunden zuvor durch ihren Mordanschlag auf einen Autobus die bisher ernsteste Gefährdung dieses Friedens heraufbeschworen.

Helmut Zilk kommentierte beide Ereignisse in einer 20minütigen Rede. An ihrem Ende kämpfte Yair Hirschfeld mit den Tränen; und ich (zusammen mit etlichen anderen im Saal) mit einer seltsamen Mischung aus Stolz und Trauer: Wie gut, daß wir einen Bürgermeister hatten, der solche Worte finden konnte – und wie traurig, daß wir ihn demnächst nicht mehr haben werden.

Eine vorgefaßte Rede einem unerwarteten Ereignis anzupassen ist natürlich eine Frage der geistigen und sprachlichen Gewandtheit, die der ehemalige und zukünftige Talkmaster den meisten seiner Polit-Kollegen voraus hat. Aber noch mehr ist es eine Frage der Intuition: Man muß den eingangs beschriebenen Sinnzusammenhang blitzschnell erfassen und dann präzise erraten, was man dem konkreten Publikum zumuten darf: Er freue sich, sagte der Bürgermeister, daß an einem Tag wie diesem der Botschafter des Staates Israel und der Botschafter der PLO dennoch gemeinsam in diesem kleinen Saal stünden; das gebe ihm Hoffnung, daß der Wille zum Frieden die Bereitschaft zum Haß überwinden würde. Er sei vielleicht – an dieser Stelle streifte sein Blick ganz kurz (man könnte auch sagen: gekonnt) die zerschmetterte Linke – ein wenig mehr als andere imstande nachzufühlen, was es heißt, einem Sprengstoffanschlag zum Opfer zu fallen. Aber er wisse: Das zwinge nur noch mehr, für den Frieden zu kämpfen.

Wie immer sprach der Bürgermeister frei. Viele seiner Sätze schien er erst während des Sprechens zusammenzusuchen und verlieh ihnen damit die notwendige Spontaneität.

Nie braucht er (wie jeder zweite Politiker in jedem dritten Satz), die Floskel „ich sage das ganz offen“, weil er fast immer wirklich offen ist: Das Herz liegt ihm, bei seinen Treffern wie bei seinen Ausrutschern, weithin sichtbar auf der Zunge. Ja wahrscheinlich sind die seltenen Ausrutscher sogar – wie bei Kreisky – wesentliche Voraussetzung seiner häufigen Treffer: Sie beweisen den Zuhörern, daß er tatsächlich sagt, wonach ihm ist und nicht, was er sie glauben machen will.

Eben deshalb wirkt er so glaubhaft.

Während er spricht, hat Helmut Zilk seinen Zuhörer fest im Blick: Er hält körperlich spürbaren „Augen-Kontakt“. Genau den Augenkontakt, den fast alle mir bekannten Politiker selbst bei der Begrüßung vermeiden: Fast keiner (prüfen Sie es nach, wenn Sie dazu Gelegenheit bekommen) schaut einem in die Augen, wenn er einem die Hand gibt. Fast jeder hat den Blick, als zwänge ihn größte Eile, bereits dem nächsten zugewendet, den er auch nicht erreicht, weil er zum übernächsten weiterwandert.

Die meisten Politiker sehen über die Menschen hinweg, könnte man boshaft sagen. Oder freundlicher: Sie sind vom vielen Händeschütteln stumpf geworden.

Aber die wirklich begnadeten Politiker werden nicht stumpf:

Sie können dir immer ins Gesicht schauen (selbst während sie dir ein Messer in den Rücken stoßen). Helmut Zilk (auch Jörg Haider) ist einer dieser begnadeten Politiker. Mit einem seltenen Vorzug: Ich kenne niemanden, dem er ein Messer in den Rücken gestoßen hat.

Hier, so mußte es der PLO-Botschafter genauso empfinden wie jener Israels, sprach nicht ein Stadtoberhaupt, das sich seiner Repräsentationspflicht entledigte, sondern ein Mensch, dem das Schicksal anderer Menschen zu Herzen geht.

Allen Menschen als Mitmensch zu erscheinen ist das große Geheimnis all jener Politiker, die so erfolgreich sind, daß das Volk sie nicht mehr unter die „Politiker", sondern unter die Mitmenschen reiht: Kreisky war der brillanteste unter ihnen; Haider ist der gefährlichste; der ehrlichste – soweit das mein Urteil erlaubt – ist Helmut Zilk.

Wer Zilk recht gut zu kennen glaubt – und fast alle Journalisten glauben, ihn recht gut zu kennen, ist er doch mit fast allen per du –, begegnet seinem Mitgefühl mit einem winzigen, aber unauslöschlichen Rest von Mißtrauen: Es sei schon „genial", wie gut er imstande sei, Herz zu zeigen, sobald eine Kamera mitläuft.

Doch wer ihn gut kennt, weiß es besser. Denn er hat vielleicht Gelegenheit, eine Episode wie die folgende mitzuerleben: Eine junge Frau, die an einer schweren Krankheit litt, beantragte die Zuweisung einer Wohnung, wie sie die Gemeinde für solche Fälle bereithält; ein Beamter sagte ihr die Wohnung auch zu – um sie freilich wenig später widmungswidrig einem Arzt zuzuteilen und dann auf Urlaub zu gehen.

Worauf Helmut Zilk, der zufällig davon erfährt, per Telefon die ganze Abteilung aufscheucht, die Wohnungsvergabe vorläufig storniert, den urlaubenden Beamten zu sich bestellt und der Kandidatin in spätestens zwei Wochen Bescheid verspricht.

Dennoch ist es nicht diese Akkuratesse, derentwegen ich diese Geschichte so ausführlich darstelle, sondern ein winziges Ereignis, das sich zweieinhalb Wochen später zuträgt: Um sieben Uhr morgens läutet bei der jungen Frau das Telefon; „Hier spricht

Helmut Zilk", sagt der Bürgermeister, „Sie werden sich vielleicht schon gesorgt haben, daß Sie so lange nichts über Ihre Wohnung gehört haben. Ich habe Sie schon einmal angerufen, aber da waren Sie nicht zu Hause, deshalb probiere ich es heute so früh: Sie bekommen die Wohnung. Ich freu' mich."

Da war weit und breit kein Journalist zugegen. Daß ich die Geschichte erfahren habe, ist Zufall. Oder vielleicht auch Politik im besten Sinne: Die Frau, der da geholfen wurde, hat jedem, mit dem sie auf Helmut Zilk zu sprechen gekommen ist, erzählt, daß sie sein Anruf mindestens so sehr gefreut hat wie die Wohnung.

Obwohl sie ihm stets den Status eines Originals zuerkannt haben, haben Journalisten ihm im Privatgespräch immer wieder Punzen aufgedrückt: Er sei weit davon entfernt, ein Sozialist zu sein; das wichtigste sei ihm die Selbstdarstellung; wenn immer er spreche, schaue er zuerst dem Volk aufs Maul und dann in die *Kronenzeitung*.

Dem liegt eine absichtliche oder ahnungslose Verwechslung zugrunde: Zilk biedert sich der „Volksmeinung" nicht an – er vermag nur die eigene Meinung (ganz wie Kreisky) so zu verpacken, wie sie das „Volk" am leichtesten schluckt. Er besitzt das populistische Talent des Jörg Haider – nur daß er auch bereit ist, es zur Durchsetzung unpopulärer Standpunkte zu nutzen. So sehr er die *Kronenzeitung* an Nebenfronten hofiert (und von ihr hofiert wird), so wenig nimmt er in Entscheidungsschlachten auf sie Rücksicht: In einer Zeit, in der sich fast alle seine Kollegen (auch jene, die sonst auf ihren sozialistischen Humanismus pochten) in Schweigen hüllten (wenn sie nicht gar mit der *Krone* heulten), ergriff Helmut Zilk in Worten und Plakaten für Haiders „Ausländer" Partei.

Wenn Puritaner ihm vorwerfen, er habe das so getan, wie *Krone*-Leser es gerade noch ertragen, machen sie ihm das größte Kompliment: Es ist eine der wesentlichsten Fähigkeiten eines Politikers, so zu reden, daß ihm auch Gegner vielleicht zu folgen vermögen.

Natürlich zeugt das stets von taktischem Kalkül. Aber zumindest bei denen, die nicht nur als große Politiker erscheinen, sondern große Politiker sind, steckt immer auch Überzeugung – und Bescheidenheit – dahinter: Helmut Zilk hat die Menschen zeit seines Lebens nicht für ihre Unzulänglichkeiten verdammt, sondern trotz ihrer Unzulänglichkeiten gern gehabt.

So gern wie sie ihn.

Was kann sich ein scheidender Bürgermeister Schöneres wünschen.

Erhard Busek

Das Dünne einer dicken Haut

Erhard Busek *war Generalsekretär und Wiener Obmann der ÖVP, ehe er als Nachfolger von Alois Mock zum Parteiobmann bestellt wurde.*

Der folgende Text erschien unmittelbar vor seinem Rücktritt im März 1995 im Standard.

Die eigentliche Diskussion in der ÖVP geht längst nur mehr darum, wann Erhard Busek abgelöst wird: So rasch wie möglich, um der Partei weitere Umfrage-Katastrophen zu ersparen, oder erst in der Nähe der nächsten Wahlen, damit sein Nachfolger unverschlissen in den Wahlkampf ziehen kann.

Daß er noch einmal als Spitzenkandidat in die nächsten Nationalratswahlen ziehen könnte, glaubt nicht einmal Busek selbst.

Denn mindestens seine Intelligenz ist unbestritten.

Der entscheidende Grund für sein von *News* bereits ausgerufenes „Ende" liegt außerhalb seiner Person: Kein ÖVP-Chef wäre imstande gewesen, jene Stimmen-Erosion aufzuhalten, die daraus resultiert, daß die ÖVP für alle Fehler der Großen Koalition mitverantwortlich gemacht wird, während alle Leistungen der Regierung Vranitzky gutgeschrieben werden; und kein ÖVP-Chef hätte verhindern können, daß ein Mann wie Jörg Haider maximales Kapital daraus schlägt, daß der ÖVP bei ihrer Kritik von Fehlern der SPÖ die Hände gebunden sind.

Die redliche Frage kann nur lauten: Hätte ein anderer ÖVP-Obmann die Verluste geringer halten können?

Meine Einschätzung: sicher nicht Josef Höchtl (da wären sie noch größer ausgefallen); kaum Werner Fasslabend; unter Umständen Erwin Pröll; wahrscheinlich Alois Mock, wenn er nicht krank gewesen wäre; und möglicherweise Johannes Ditz.

Theoretisch hat Erhard Busek die besten Voraussetzungen für eine Führungsfigur des bürgerlichen Lagers: Er ist intelligent und eloquent. Er ist persönlich und politisch anständig – ich erinnere mich keiner der großen österreichischen Auseinandersetzungen, vom „Fall Wiesenthal“ bis zur „Waldheim-Affäre“, bei der er auf der falschen Seite gestanden wäre. Er vertritt aus Überzeugung bürgerliche, liberale und christliche Werte. Und er ist zu Visionen fähig: Die Wien-Politik, die er mit Jörg Mauthe konzipierte, nahm den Erfolg der Grünen vorweg, und seine „Mitteleuropa“-Idee wurde nur von jenem Verschwinden des Eisernen Vorhangs überholt, zu der sie einen wichtigen Beitrag geleistet hat.

Ich wüßte keinen derzeit präsenten VP-Politiker, der Busek hinsichtlich dieser Qualitäten das Wasser reichen könnte.

Aber erfolgreiche Politik erfordert offenkundig noch andere Fähigkeiten. Im Umgang mit der Partei: die Fähigkeit, loyale Mitstreiter nicht nur zu gewinnen, sondern auch zu behalten, wenn sie Mitarbeiter geworden sind. Und im Umgang mit der Öffentlichkeit: Das, wofür man steht, auch „über die Rampe“ (im wesentlichen des Fernsehens) zu bringen.

Wer immer erklären soll, warum Erhard Busek in der eigenen Partei fast nur Feinde hat, gibt die gleiche Antwort: „Der Erhard kennt keine Loyalitäten; ihm fehlt im Umgang mit Menschen jeder Instinkt.“

Beispiele weiß jeder: So gehört etwa Maria Fekter zu Buseks treuesten Anhängerinnen. Als er sie, mit welcher Berechtigung immer, aus seinem Regierungsteam eliminierte, soll sie das aus der Zeitung erfahren haben.

„Busek hat es nicht für wert befunden, sie anzurufen“, empören sich seine Feinde; „Er ist der unangenehmen Aufgabe ausgewichen“, sagen die spärlichen noch verbliebenen Freunde.

Herausgekommen ist es ziemlich auf das gleiche.

Auch ein zweiter „charakteristischer Vorfall“ wird von seinen Mitarbeitern nur unterschiedlich hart kritisiert: Als Alois Mock mit offenkundiger innerer Bewegung eine Erklärung verlas, in der er zwar seine inhaltlichen Gegensätze zu Busek festhielt, ihn aber seiner vollen Loyalität versicherte, soll der VP-Chef demonstrativ Zeitung gelesen haben.

„Aus der ihm eigenen grenzenlosen Überheblichkeit", behaupten seine Feinde; „Wahrscheinlich aus einer gewissen Verlegenheit", sagen die spärlichen noch verbliebenen Freunde.

Herausgekommen ist es ziemlich auf das gleiche: Erhard Busek findet parteiintern kaum mehr Loyalität, weil ihm die Fähigkeit zu loyalem Verhalten abgesprochen wird.

In seiner Wirkung nach außen wird ihm, der kaum je (es sei denn bei Loyalitätsbeteuerungen für Alois Mock) grob die Unwahrheit gesagt hat, die Glaubwürdigkeit abgesprochen. Im Gegensatz zu Mock wirkt er auf die Bevölkerung weder „ernsthaft" noch „engagiert" oder bloß „gut".

Sehr im Gegensatz zu seiner Wirkung im kleinen, ausgewählten Kreis: Unter Auslandsjournalisten oder in internationalen Expertenforen gelten seine Beiträge mit Abstand als das Beste, was aus Österreich kommt. Nicht selten gratulieren ausländische Gäste spontan, „daß Sie so einen Mann in der Regierung haben".

Doch Wahlversammlungen sind selten Expertenforen.

Für den Mann von der Straße ist Erhard Busek das schlimmste, was es gibt: ein Intellektueller.

Der unterscheidet sich von „Managern" wie Franz Vranitzky oder „Fachleuten" wie Viktor Klima durch die Neigung, nicht bloß zweckgebunden zu denken – was sozusagen auf Nachsicht stößt –, sondern Gedanken auch l'art pour l'art zu artikulieren. Das aber wird als Prahlerei gewertet; denn welchen anderen Grund, ganz ohne Anlaß nachzudenken, sollte einer haben?

Im Fernsehen, wo er die Massen ansprechen soll, ist Buseks Argumentation zu differenziert, um die Sehnsucht nach „einfachen, klaren Aussagen" zu erfüllen. Wenn überhaupt etwas herüberkommt, dann ist es irgendein sarkastisches Bonmot, mit dem er zwar gelegentlich ein Lachen, aber immer Ablehnung provoziert.

Er wird der Arroganz und des Zynismus schuldig gesprochen.

Dabei ist seine Neigung, in der Öffentlichkeit nicht anders zu argumentieren, als er es im Freundeskreis täte, viel weniger herablassend als beispielsweise Bruno Kreiskys Bereitschaft zu volksnahen Simplifizierungen.

Kreisky, das ist der große Unterschied zwischen diesen beiden Intellektuellen, besaß die Fähigkeit, sein Licht bewußt unter den Scheffel zu stellen und genau zu wissen, daß es auch dort noch genügend strahlt. Busek trägt es offen vor sich her und wundert sich, daß alle über seinen Schatten reden.

Zwar verletzte auch Kreisky durch Bonmots – aber immer gleich tödlich. (Wie etwa, als er Josef Taus in einer TV-Diskussion ersuchte, nicht dauernd „gouvernantenhaft“ den Zeigefinger zu heben.) Busek hingegen fügt seinen Gegnern lediglich winzige Florettstiche zu – was jenen Mitleid und ihm einmal mehr den Ruf der „Überheblichkeit“ einträgt.

Daß er sich des öfteren auch über sich selber lustig macht, wird ihm nicht gutgeschrieben. Als er etwa seinerzeit sich und Josef Taus „zwei kalte Knackwürst' mit Brillen“ nannte, wurde diese Qualifikation einfach als „genau richtig“ empfunden.

Busek gilt der Öffentlichkeit bis heute als „kalt“.

Daß sein Sarkasmus die Schutzschicht sein könnte, die ein im Grunde Dünnhäutiger über sein Engagement gestülpt hat, daß er Kälte aus Angst vor Kälte hervorkehren könnte, ist abermals eine Deutung von Freunden, die ihm wenig nützt.

Es gibt eine Dünnhäutigkeit, die allen Außenstehenden als Dickhäutigkeit erscheint – Erhard Busek hat es geschafft, fast nur mehr von Außenstehenden umgeben zu sein.

HELGA RABL-STADLER

TOCHTER ZWEIER VÄTER

HELGA RABL-STADLER *ist derzeit Präsidentin der Salzburger Festspiele. Zum Zeitpunkt dieses Porträts war sie Präsidentin der Salzburger Handelskammer und Abgeordnete der ÖVP zum Nationalrat. Die parteiinterne Auseinandersetzung um diese Doppelfunktion warf einen ersten Schatten auf ihre politische Karriere.*

Der folgende Text erschien im Juni 1990 in der „Wochenpresse" vor ihrer Umwandlung in die WIRTSCHAFTSWOCHE.

Sie liebt die Ordnung. Der gut hundert Quadratmeter große „Livingroom", der durch das Anfügen eines zeitlos modernen Baukörpers an ein besseres Salzburger Siedlungshaus der sechziger Jahre entstanden ist, ist beinahe bis zur Leere aufgeräumt: Lediglich eine rundum rechtwinkelige Sitzgarnitur hat sich vor der Kühle des weitläufigen, einfärbigen Steinbodens auf einen kleinen bunten Teppich gerettet, und ein schmales, antikes Stehpult hält Schöner-Wohnkultur hoch. Es trägt ein aufgeschlagenes Kunstbuch, das vermutlich noch nie aus seiner ästhetisch optimierten Stellung verrückt worden ist – doch wäre denkbar, daß jeden Tag eine neue passende Farbseite aufgeschlagen wird.

Vor diesem Pult sind drei unterschiedlich große rote Steinkugeln auf dem Boden plaziert, und obwohl schon ein kleiner Stoß mit dem Fuß sie in Bewegung versetzte, liegen sie haarscharf auf Achse und halten exakt den richtigen Abstand zueinander. Nichts in diesem Wohnraum ist dem Zufall überlassen, und die Diktatur des guten Geschmacks, der auch noch der letzte Gebrauchsgegenstand unterworfen ist, wird auch nicht durch Schlamperei gemildert.

Es wäre eine Wohnung, in der man Angst hätte, sich auf einen Stuhl zu setzen, der einen falschen Winkel zur Fensterachse innehat, wenn nicht ebendiese riesigen Fenster eine ganz andere Welt gleichermaßen aussperrten und hereinholten: einen wild wuchernden Garten, der Paradiesvögel beherbergen könnte, die lautlos am hochbeinigen Stehpult vorüberschweben und davon träumen, ein einziges Mal ihren Mist dort fallen zu lassen.

Es klingt glaubwürdig, daß man in diesem Zimmer Ruhe zu finden vermag – es klingt unglaubwürdig, daß irgend jemand es wirklich bewohnt. Und in der Tat hat Helga Rabl-Stadler dazu nur selten Gelegenheit: Sie verläßt ihr Haus im allgemeinen um sechs Uhr morgens – zweimal in der Woche bereits um vier Uhr dreißig – und betritt es knapp vor Mitternacht.

Dazwischen steht sie in ihrem Modegeschäft (rund vierzehn Wochenstunden), ist Kammerpräsidentin (rund fünfundzwanzig Wochenstunden), sitzt im Führungsteam des Wirtschaftsbundes (rund fünf Wochenstunden), im Dienstwagen zwischen Wien und Salzburg (rund zehn Wochenstunden), im Parlament oder in Ausschüssen (rund sechzehn Wochenstunden) oder nimmt an abendlichen Versammlungen teil (rund zwanzig Wochenstunden). Zu Ende dieser 90-Stunden-Arbeitswoche ist die Arbeitszeitsprecherin der ÖVP Frau und Mutter: Samstag verbringt sie „lediglich" den Vormittag im Geschäft, und Sonntag nachmittag erledigt sie zwei Stunden lang die Kammer-Post. „Aber das tue ich, während meine Männer (Ehemann Peter und die Söhne Maximilian und Sebastian) Tennis spielen."

Während sie zu Mittag ißt, hört sie den Erzählungen ihres Jüngsten zu. Während sie im Fond ihres Dienstwagens sitzt, bereitet sie ihre Reden vor. Während sie geschäftlich nach Rom oder Mailand fährt, lernt sie die Sorgen und Wünsche ihrer Verkäuferinnen kennen, von denen sie jedesmal eine andere mitnimmt.

Die fünf Tage lange Abwesenheit ihres Ehemannes, der in Wien „profil" macht, nutzt sie, um ihren Söhnen Nestwärme zu vermitteln: Sie dürfen abwechselnd bei ihr im Zimmer schlafen.

Für Konflikte fehlt in diesem Familienleben schon alleine die Zeit: Maximilian und Sebastian sind selbstverständlich hervorragende Schüler, spielen selbstverständlich begeistert Tennis und wissen selbstverständlich, wie man einem Gast Wein einschenkt.

Sogar schlimm sind sie im genau richtigen, dem Alter angemessenen Ausmaß.

Alles im Leben der Helga Rabl-Stadler ist optimal geordnet und perfekt gestaltet.

Es gibt darin einen einzigen, winzigen Unsicherheitsfaktor: Helga Rabl-Stadler.

Wohl nimmt auch sie, sobald man sich gesetzt hat, genau die Pose ein, die der Fotograf von „Ambiente“ der Juniorchefin des führenden österreichischen Modehauses zuordnete – die Beine sorgsam zur Rechten, die Arme komplementär zur Linken gewinkelt –, aber als das Gespräch beginnt, sie zu interessieren, kauert sie plötzlich wie ein junges Mädchen auf den gar nicht mehr steifen Pölstern ihres Fauteuils, läuft Gefahr, ganz ohne es zu merken, die Schuhe auszuziehen.

Ihr Gesicht, das um so hübscher wird, je mehr es sich bewegt, gerät in hinreißende Unordnung; ihre Augen sprühen von jener Neugier, die man sonst nur bei Kindern findet; und ihre Stimme verfällt in die fröhliche Melodie eines Gassenhauers.

Man weiß sofort, wo man sie schon gehört hat: Genau so spricht, genau so bewegt sich ihr Vater, der ehemalige (und vielleicht abermalige) Generalintendant des ORF, *Gerd Bacher*. Genau so, voll nie versiegender, kindlicher Neugier vermag er zu schauen (wenn ihm kein Fremder zuschaut); genau so konnte er (früher einmal) dem anderen zuhören; genau so vermag er sich zu vergessen.

Die beiden wären ein Beleg für den entscheidenden Einfluß der Erbmasse auf die Persönlichkeitsbildung, denn Helga Stadler sprach, schaute und schwieg schon so, als sie Gerd Bacher noch gar nicht kannte, sondern einen ganz anders gearteten Mann für ihren Vater hielt.

W*ilfried Stadler* war der durch und durch bürgerliche Besitzer eines Sägewerkes, der von überflüssigem Reden soviel hielt wie von überflüssiger Neugier. Wenn er mehr redete, als er mußte, dann um eine Sprache für sein Geschäft zu erlernen. Dennoch sprengte er eine bürgerliche Norm: Mit Rosl Stadler nahm er ein junges Mädchen zur Frau, das ein Kind in die Ehe mitbrachte. Doch er machte dieses Kind in den folgenden Jahren völlig zu dem seinen: Er lehrte das junge Mädchen seine Ruhe und Umsicht, lehrte es seinen Fleiß und seine Fähigkeit zu führen.

Und er lehrte es, ohne daß es das wußte, die Kraft gewachsener Zärtlichkeit: Zu keinem Zeitpunkt zog er eines seiner beiden leiblichen Kinder Helga auch nur in Ansätzen vor.

So wie er ihr ein guter Vater war, war sie ihm eine gute Tochter: Selbstverständlich liebevoll, selbstverständlich brav, selbstverständlich eine gute Schülerin (wäre sie es nicht gewesen, dann hätte man sie ebenso selbstverständlich in eine Lehre geschickt).

Das Familienleben war beinahe schon pedant geordnet: Man nahm die großen Mahlzeiten zusammen ein, man bereitete Geburtstage oder Weihnachtsfeiern ausführlich vor: Notfalls stand die Mutter um vier Uhr morgens auf, um, ehe sie ins Geschäft ging, noch Päckchen vorzubereiten.

Denn auch für Rosl Stadler war die Verbindung einer außergewöhnlichen beruflichen Karriere mit einem vorbildlichen Familienleben selbstverständlich. Während sie drei Kinder großzog, machte sie „Resmann" zu einem der führenden Damenmodengeschäfte Europas: Mit Kleidern von Versace bis Jil Sanders schafft sie in mittlerweile vier Lokalen einen Umsatz von 96 Millionen Schilling.

„Das Geschäft ist der Erfolg meiner Mutter", sagt die mittlerweile zur Vierzig-Prozent-Gesellschafterin avancierte Tochter, „es ist ihr Lebenswerk."

Ihr einziger Ausbruch aus diesem bürgerlichen Musterleben liegt unendlich lange zurück und hat es vielleicht sogar befestigt: Als blutjunges Mädchen hat sich Rosl Stadler nicht sogleich in einen soliden Sägewerksbesitzer wie Wilfried Stadler verliebt, sondern in einen, der nichts konnte und nichts besaß außer seinen sprühenden Augen, seinem brillanten Verstand und seiner Fähigkeit zu formulieren.

Gerd Bacher war der große Einbruch der Ungewißheit ins geordnete Leben der Rosl Stadler, und nachdem ihre Beziehung auseinandergegangen war, kehrte sie wieder völlig in diese Ordnung zurück: eine bürgerliche Ehe, eine erfolgreiche geschäftliche Karriere, eine erfolgreiche Erziehung der Kinder: Von ihrer 17jährigen Tochter will die Mutter stets wissen, wie lange und mit wem sie ausgeht.

Erst mit dem Jusstudium schafft sich Helga einen gewissen Freiraum: Es freut die Eltern, sich ihre Tochter als Richterin oder als Rechtsanwältin vorzustellen.

Statt dessen wollte sie schon mit vierzehn immer nur Journalistin werden – eine „Zirkusbeamtin", wie man in ihrer Familie verächtlich zu sagen pflegte: abhängig wie ein Beamter und unseriös wie ein Zirkusclown.

Erst als sie mit einundzwanzig ihren leiblichen Vater kennenlernte, wußte sie, woher sie diese Sehnsucht hatte.

Die Feststellung, nicht die Tochter ihres „Vaters", sondern die Tochter Gerd Bachers zu sein, war ein Einbruch in ihr bis dahin so gesichertes Leben. Es war geplant gewesen, sie mit achtzehn darüber zu informieren, aber dann wollte man sie in dieser Zeit der beginnenden Loslösung von der Familie schonen und schob das Gespräch immer wieder hinaus. Bis die Umstände es erzwangen: Gerd Bacher war Generalintendant geworden, und jedermann, der ihn sah und seine Tochter kannte, wußte, daß hier ein Verwandtschaftsverhältnis bestehen mußte. Ganz Salzburg wußte es, halb Wien wußte es – nur Helga Stadler wußte es nicht.

Schließlich drang Gerd Bacher darauf, sein erstes Kind auch kennenzulernen. Rosl Stadler arrangierte das Treffen im Schloßhotel Fuschl. „Du brauchst ihn ja nicht Vater zu nennen", beruhigte sie die widerstrebende Tochter, „sag einfach Gerd zu ihm."

„Was heißt hier Gerd, das ist für mich der Herr Bacher."

Aber dann trafen sie einander, erkannten die lächerliche Ähnlichkeit ihrer Züge; redeten miteinander, erkannten die lächerliche Ähnlichkeit ihrer Stimmen; sahen einander in die Augen und erkannten die lächerliche Ähnlichkeit ihrer Träume.

„Es ist eine rauschende Nacht geworden, und uns beiden war, als hätten wir uns ein ganzes Leben lang gekannt."

21 Jahre nach ihrer Mutter hatte sich die Tochter in Gerd Bacher verliebt.

Steht Wilfried Stadler im Leben der Helga Rabl-Stadler für Ordnung und Sicherheit, so steht Gerd Bacher darin für Phantasie und Abenteuer. Lehrte der eine sie Ruhe, so hat sie vom anderen die schöpferische Unruhe geerbt; empfing sie von dem einen stetige stille Zuneigung, so bezauberte sie der andere durch seinen

Überschwang. War es für Wilfried Stadler selbstverständlich, daß seine Tochter alles zu seiner Zufriedenheit erledigte, so legte Gerd Bacher ihr sein Lob zu Füßen: Er schenkte ihr zur Sicherheit in der Familie die Selbstsicherheit.

Sie begann, sich in Gerd Bacher zu entdecken: So wie auch er sich immer für Belletristik, für das Theater, für Philosophie interessierte, ist auch sie bereit, über einen guten Roman die Welt zu vergessen: Als sie auf einer Reise Garcia Marquez' „Liebe in den Zeiten der Cholera“ in die Hände bekam, war sie zwei Tage lang stumm vor Staunen und Begeisterung. Sie bringt es fertig, zwischen ihren 90-Stunden-Arbeitswochen immer noch ein, zwei Stunden Bücherlesen unterzubringen. „Aber nur Romane, mit Sachbüchern fange ich wenig an.“

Nach einer Phase des Umbruches, die etwa ein Jahr lang dauerte, hat sie die Ungewißheit, die über ihr Leben hereingebrochen war, verarbeitet und daraus zusätzliche Kraft geschöpft: „Ich habe mir gedacht, daß es eigentlich schön ist, zwei so wunderbare Väter zu besitzen.“

Seit sie weiß, daß Gerd Bacher ihr Vater ist, ist auch ihr Entschluß, Journalistin zu werden, endgültig. Sie beginnt in der Lehrredaktion der „Presse“, wechselt dann zur „Wochenpresse“ und lernt hier ihren späteren Mann kennen. 1976 heiratet sie *Peter Rabl,* 1977 kommt ihr Sohn Maximilian, 1978 Sebastian zur Welt.

Im selben Jahr kehrt sie dem Zirkusbeamtentum den Rücken und wird wieder von der elterlichen Ordnung eingefangen: Ihre Mutter braucht sie in der Firma. Und Helga Rabl-Stadler, die immer eine ungemein informierte, aber niemals eine brillante Journalistin gewesen ist, zollt der familiären Forderung nach Harmonie Tribut: Sie wird Lehrling des Textilhandels und gleichzeitig Juniorchefin.

In dieser Funktion holt sie Rudolf Sallinger in die Bundeskammer. Der legendäre Kammerpräsident, der selbst aus einfachsten Verhältnissen stammt, hat immer ein Faible für Menschen besessen, die sich zu artikulieren wissen. Und obwohl, oder eben weil er in seiner Organisation wie ein Despot herrschte, schätzte er Zivilcourage: Die Journalistin Helga Rabl-Stadler war ihm aufgefallen, weil sie nie bereit war, nach seinem Diktat zu schreiben.

Wie Sallinger überhaupt die wenigen bunten Intellektuellen förderte, die in der ÖVP groß werden durften: von Erhard Busek über Ingrid Tichy-Schreder bis Wolfgang Schüssel.

1983 frägt Sallinger Rabl-Stadler, ob sie in den Nationalrat kommen will, und sie sagt begeistert zu: Das Abenteuer hat sie wieder.

Der nächste, der sich ihrer annimmt, ist Salzburgs Landeshauptmann Wilfried Haslauer, der das einfache Mitglied des „Textil-Gremiums" zur Vizepräsidentin und schließlich zur ersten weiblichen Präsidentin einer Kammer macht: „Ich bin ein reines Sallinger-Produkt, das von Haslauer weiterentwickelt wurde."

Dankbarkeit ist einer der Gründe dafür, daß Helga Rabl-Stadler im Konflikt um ihre Mehrfachfunktionen lieber das Nationalratsmandat als ihr Kammeramt opfert: Ein solcher Einbruch in eine männliche Domäne gelingt so selten, daß sie nicht verantworten will, diesen Terraingewinn gleich wieder zu verschenken.

Als ihre Doppelfunktion in die Zeitungsspalten gerät, ist sie einen Moment lang verletzt. Sie meint, nicht zu verdienen, in einem Atemzug mit einem Herrn Rechberger genannt zu werden. Sie glaubt, über den Vorwurf des „Filzes" erhaben zu sein. Und sie versteht auch nicht ganz, warum Menschen, denen sie Sympathie entgegenbringt – fast alle wichtigen steirischen und Salzburger Politiker gehören zu ihrem persönlichen Freundeskreis –, es vermeiden, mit ihr Kontakt aufzunehmen, ehe eine politische Entscheidung getroffen wird, die sie derart betrifft.

Aber diese Phase des Verletztseins dauert nur kurz, dann hat sie die Ereignisse wieder fest im Griff: samstags teilt sie ihrem Mann ihren Entschluß mit, sonntags ihrer Mutter, montags bereits der Presse: Sie verläßt den Nationalrat.

Harry Belafonte

Schöne Seele

Harry Belafonte *ist nicht nur ein weltbekannter Sänger und Schauspieler, sondern hat eine wesentliche Rolle in der amerikanischen Bürgerrechtsbewegung und der amerikanischen wie europäischen Friedensbewegung gespielt. In dieser Eigenschaft hat er auch an einer Friedensdiskussion im „Club 2" teilgenommen, zu der auch ich eingeladen war: Er beendete sie nicht zuletzt dank seiner persönlichen Ausstrahlung als unbestrittener Sieger, obwohl die meisten Thesen der Friedensbewegung sich in der Folge als höchst problematisch herausstellen sollten.*

Auch die Auseinandersetzung mit diesen Thesen ist ein Teil des folgenden Textes, der 1982 im profil *erschien.*

Als er ein paar Minuten nach Ende der Friedensdiskussion im „Club 2" den Gästeraum des ORF betritt, erheben sich die Anwesenden – die meisten von ihnen sind Sympathisanten der Friedensbewegung – spontan von ihren Sitzen und applaudieren.

Harry Belafonte ist einen Augenblick verlegen, beinahe peinlich berührt, dann weist er, nach Art eines Dirigenten, der das Orchester nicht vergessen will, auf mich, der ich etwas niedergeschlagen in meinem Sessel sitze, und applaudiert, ganz alleine, zu mir herüber.

Er fürchtet, ich sei verletzt.

In einer solchen Geste offenbart sich ein Mensch.

Harry Belafonte ist so wie sein Gesicht: vollkommen klar; vollkommen offen; vollkommen ehrlich. Man ist geneigt, altertümlich kitschige Begriffe zu bemühen: Das ist ein Mensch mit einer schönen Seele.

Ich glaube, daß es unmöglich ist, mit Belafonte zu sprechen, ohne von ihm eingenommen zu sein. So sehr, daß darin schon wieder eine Gefahr liegt: Man ertappt sich dabei, wie man die

Sympathie, die man dem Menschen entgegenbringt, unwillkürlich auch auf die Sache überträgt, die er vertritt.

Aber ist nicht auch die menschliche Qualität ihrer Führer ein gewisser Maßstab für die Qualität einer Bewegung? Da gibt es ja nicht nur Harry Belafonte. Es gibt auch Victor Weisskopf. Oder Heinrich Albertz. Oder Erhard Eppler.

Das sind gute, anständige Leute.

Sie gefallen mir besser als der Sicherheitsbeauftragte der Vereinigten Staaten.

Aber war nicht auch Chamberlain, der Hitler vertraute, sympathischer als viele derer, die England zur Aufrüstung drängten? War jener Roosevelt nicht sympathisch, der, weil er des Krieges so unendlich müde war, den Sowjets halb Europa überließ?

Es ist dies für mich ein unlösbares Dilemma: daß sich die besonders anständigen Menschen die Unanständigkeit ihrer Gegenspieler so besonders schwer vorstellen können.

„Es ist wahrscheinlich nie jemand böse zu ihm gewesen“, denke ich, „zu einem Menschen wie Harry Belafonte kann man nicht böse sein. Drum macht er den Fehler, jetzt alle Menschen für gut zu halten.“

Erst viel später, als sich diese Vorstellung emotional schon in mir festgesetzt hat, sagt mir mein Verstand, wie falsch sie ist: Belafonte hat wahrscheinlich mehr Schlechtigkeit erfahren als jedes andere Mitglied der Friedensbewegung.

Aufgewachsen in einem der schwarzen Ghettos. Der Vater ein Trinker, so daß die Mutter den Lebensunterhalt als Dienstmädchen verdienen mußte. Als junger Schauspieler auf den schwarzen Listen des Senators McCarthy. Als Bürgerrechtskämpfer mehrfach im Gefängnis. Und selbst in der Zeit, in der er schon berühmt und politisch erfolgreich war, immer wieder konfrontiert mit der ungeheuren Brutalität, zu der die amerikanische Gesellschaft fähig sein kann: „Ich habe gesehen, wie meine Freunde festgenommen wurden. Ich habe gesehen, wie sie den in meinem Leben bedeutendsten Mann – Paul Robeson* – fertiggemacht ha-

* Großer, schwarzer Sänger und Schauspieler, Kommunist.

ben. Ich habe Dr. King gekannt und mußte ansehen, wie sie ihn ermordet haben. Ich kannte Malcolm X, und ich habe die weißen jüdischen Jungen gesehen, die als Mitglieder der Bürgerrechtsbewegung ermordet wurden."

Die Schlechtigkeit der Amerikaner kann Harry Belafonte sich nicht bloß vorstellen, er hat sie erlebt.

Die der Russen nicht.

In der Fernsehdiskussion ist er davon beeindruckt, daß der Leibarzt Breschnews in einem offenen Brief an die „New York Times" für Frieden und Abrüstung eingetreten ist.

Er kenne, sagt er, keinen ähnlichen Brief des Leibarztes von Ronald Reagan.

Ich kenne einen der Männer, die die „Briefe" von Leibärzten Breschnews und ähnliche Schreiben für den Export verfassen: seit zwanzig Jahren im Dienste des KGB.

Die CIA ist bloß die ungeschicktere Behörde. Sonst gäbe es längst einen „Friedens"-Brief von Reagans Leibarzt.

Bloß in der „Prawda" wäre auch der nicht erschienen.

„Glauben Sie, daß ich ein Kommunist bin?" fragt mich Belafonte, als wir einander zwei Tage nach der Fernsehdiskussion zu einem Spaziergang im Wiener Burggarten und später im Rathauspark treffen.

Nein, ich glaube es nicht. Ich kann mir nicht vorstellen, daß er marxistische Dogmen wiederkäute. Noch weniger, daß die gesellschaftlichen Zustände in kommunistischen Ländern auch nur eine Sekunde seine Billigung fänden.

Lebte er in Rußland, er wäre ein Dissident. Sie hätten ihn längst in einer Klinik verschwinden lassen.

So laden sie ihn zu Gastspielen ein.

„Herr Belafonte", schrieb mir eine Zuseherin nach der „Club-2"-Diskussion, „meint es sicher sehr gut. Leider ist er ungeheuer unpolitisch und naiv."

Naiv vielleicht, unpolitisch sicher nicht.

Er war nicht irgendein schillerndes Anhängsel der amerikanischen Bürgerrechtsbewegung, sondern gehörte zu ihrem innersten Führungskreis, war ihr Verbindungsmann zu den Kennedys, zum Weißen Haus. Kennedy suchte damals die Unterstützung von Martin Luther King, um schwarze Stimmen zu werben. Belafonte sollte der Vermittler sein. Gegen Kennedys Einwände riet er King, sich nicht offen für die Demokraten auszusprechen, damit sein Ruf als unabhängiger, über den Parteien stehender schwarzer Bürgerrechtskämpfer unangetastet bliebe.

Wohl aber sollte er einen Brief veröffentlichen, in dem er den Menschen dankt, die ihm geholfen haben, aus dem Gefängnis zu kommen. Dabei sollte er unter anderen die Kennedys erwähnen. So würden die schwarzen Wähler erfahren, wie sich John F. Kennedy zu Martin Luther King verhalten hat, ohne daß dieser den Ruf seiner Überparteilichkeit verliert.

Belafonte hat wahrscheinlich mehr Erfahrung in praktischer Politik – in Politik von wirklicher Bedeutung – als irgendein österreichischer Minister.

„Naiv“ waren immer nur seine Ziele: damals „Gleichheit“ und heute „Frieden“.

Doch ohne diese Art von Naivität ginge die Welt zugrunde.

Wie kann ein solcher Mensch sich zu den Weltjugendfestspielen nach Kuba, zu Gastspielen in die Sowjetunion einladen lassen? Ist er, der gegen Verletzungen der Bürgerrechte in den USA so überzeugend angekämpft hat, blind für die ununterbrochene Verletzung aller Bürgerrechte in den kommunistischen Staaten?

Ich weiß auch am Ende unseres stundenlangen Gespräches keine Antwort darauf. Sicher ist es nicht so, daß er die „Schwächen“ jener Systeme stillschweigend übersieht: „Mir ist bekannt, daß sie dort nicht die bürgerlichen Freiheiten besitzen, die man in westlichen Demokratien besitzt. Das stört mich.“

Aber es stört ihn nur, es reicht nicht aus, daß er diese Regime auch nur mit der gleichen Vehemenz ablehnte, mit der er Reagan ablehnt.

Das bestürzt mich. Aber ich bin außerstande, es ihm übelzunehmen. Sein Maßstab ist ein anderer: In der Sowjetunion werden alle Bürgerrechte verletzt – aber nicht, wie in den USA, die seiner schwarzen Freunde. In Kuba wird autoritär regiert – aber immerhin nicht mehr von den Weißen über die Farbigen. Wenn er die militärische Unterwerfung der kommunistischen Satelliten durch die Sowjetunion der wirtschaftlichen Unterwerfung der lateinamerikanischen Satelliten durch die USA gegenüberstellt, dann begreift er zwar, daß da ein Unterschied besteht – United Fruit ist nicht die russische Armee –, aber für ihn besteht zugleich auch noch ein anderer Unterschied, den ich nur intellektuell, niemals aber gefühlsmäßig nachvollziehen kann: In fast allen diesen Protektoraten der Vereinigten Staaten sind die herrschenden Reichen gleichzeitig weiß und die unterdrückten Armen gleichzeitig farbig.

Nur wenn ich einen einzigen Tag mit dunkler Haut in einem Slum New Yorks gelebt hätte, hätte ich irgendein Recht, Belafontes Ungerechtigkeit gegenüber den USA zu kritisieren.

„Eine Fernsehsendung", sagte Otto Anton Eder, der beim „Club 2" im Regieraum gesessen hat, „ist nur gut, wenn jeder auch etwas von seiner Biographie einbringt."

„Ich weiß nichts von Ihnen", sagt Harry Belafonte, als wir uns ins Auto setzen, „ich habe sehr aufmerksam zugehört, was Sie gesagt haben. Wie Sie es gesagt haben. Jetzt möchte ich wissen, warum Sie es so gesagt haben?"

„Weil ich es für richtig gehalten habe", sage ich und lache. Aber ich weiß, daß das nur die halbe Antwort ist. Es gibt den Menschen nicht, dessen politische Ansichten sich nicht aus seinen ganz persönlichen Erfahrungen und seiner Lebensgeschichte formten.

Mein Trauma, sage ich, ist die Nazizeit. Beide meine Eltern wußten, daß Hitler zur Macht kommen wird. Sie wußten es von Anfang an. Und sie sind dagesessen, und sie haben jeden Menschen darauf angeredet, daß man etwas unternehmen muß. Daß dieser Mann lebensgefährlich ist; daß er in dem Augenblick Krieg führen wird, in dem er es sich leisten kann.

Hitler regierte schon in Deutschland. Er rüstete schon in allen verfügbaren Fabriken. Und immer noch klopften diese Leute meiner Mutter auf die Schulter und erklärten ihr die Welt: Sicher, Hitler sei nicht sonderlich sympathisch. Auch die Zustände in

Deutschland seien es nicht. Aber einen Krieg vom Zaune brechen, das würde er nie. Dazu sei er viel zu schwach. Habe auch hundertmal gesagt, daß er niemanden angreifen wolle. Man tue ihm unrecht, wenn man das dennoch glaube.

Und meine Eltern saßen da und wußten, daß sie recht hatten und diese Leute unrecht. Und waren vollkommen hilflos. Sahen mit an, wie Frankreich Hitler unterschätzte. Wie Churchill in England Chamberlain unterlag. Wie Mussolini, der Hitler ursprünglich noch durch den bloßen Aufmarsch seiner Truppen am Brenner von der Okkupation Österreichs abgehalten hatte, endgültig zum Alliierten des Führers wurde.

Und genau in dem Augenblick, in dem er erstmals nicht nur willens, sondern auch militärisch fähig war, einen Krieg zu führen, traten in all den Ländern, die Hitler hätten Paroli bieten können, die Friedensbewegungen auf den Plan. Mit, manchmal nahezu wortwörtlich, den Argumenten, die die heutige Friedensbewegung gebraucht: daß es das Allerwichtigste sei, den Krieg zu vermeiden. Daß das nur gelingen könne, wenn man dem anderen demonstriert, daß man selbst nicht zu den Waffen greifen will. Denn Hitler sei nicht von Natur aus aggressiv. Er hätte nur Einkreisungsängste.

Während die Friedensbewegung in London und in Paris demonstriert hat, haben meine Eltern in Wien den Krieg gegen Hitler begonnen. Einen lächerlichen Krieg mit Zusammenkünften, bei denen man einander erzählte, wie grauenhaft alles wäre und wie gut es später einmal sein würde.

Im Hinterzimmer versteckte man Juden.

Meine Eltern haben für die politische Naivität der demokratischen Nationen gebüßt: mein Vater mit Gefangenschaft und Todeskompanie. Meine Mutter mit zwei Jahren Auschwitz.

Das, so habe ich Belafonte zu erklären versucht, sei meine Angst, die der Kriegsangst seines elfjährigen Sohnes, von dem er im Fernsehen sprach, gegenüberstünde: daß man ganz genau denselben Fehler noch einmal machen könnte. Daß man die Unbeweglichkeit der Russen, die einzig und allein die Folge der westlichen Verteidigungsbereitschaft sei, für Friedfertigkeit hielte. Daß man in genau dem Augenblick abzurüsten beginne, in dem sie die militärische Stärke erlangten, die Kriege, die sie immer führen wollten, auch zu führen.

Gert Bastian, in der Friedensbewegung tätiger deutscher General a. D., hat gegen diese meine Emotionen in einem früheren „Club 2" ein historisch durchaus korrektes Argument vorgebracht: Der Zweite Weltkrieg sei nicht ausgebrochen, weil die Westmächte Hitler rüstungsmäßig unterlegen gewesen seien. Sie hätten auch damals, als ihre Rüstungsanstrengungen nachließen und Hitler die seinen verdoppelte, noch einen Vorsprung vor ihm besessen.

Was Hitler so siegessicher machte, war die fehlende Wehrgesinnung seiner Gegner.

Eben das ist es freilich, was ich der Friedensbewegung am meisten anlaste: daß sie, gleich was ihre sachlichen Argumente sein mögen, ein Klima schaffe, in dem auch echte Selbstverteidigung als anstößig gilt.

Von ihren Emotionen her, die viel wichtiger sind als ihre Aussagen, sind Leute wie Robert Jungk oder André Heller, Erika Pluhar oder Paul Blau ja nicht für das Beschränken der Waffen, sondern fürs Wegwerfen: Stell dir vor, es ist Krieg und keiner geht hin.

Wir alle nicht.

Die Russen schon.

Bastian – „Wozu glauben Sie, daß ich ein Leben lang Berufsoffizier war, wenn ich mich nicht verteidigen wollte" – sieht es umgekehrt: Die Wehrgesinnung im Westen sinke, weil man den Soldaten fälschlich einrede, daß sie gar keine Chance hätten, der sowjetischen Dampfwalze konventionellen Widerstand zu leisten. Weil die Alternative, die man ihnen anbiete – Europa notfalls nuklear zu verteidigen –, von ihnen nicht akzeptiert werden könnte: Es sei sinnlos, siegreich auf einem radioaktiv verseuchten Schlachtfeld zu stehen.

Das sind gewichtige Argumente, und es ist nicht so, daß die, die die geltende NATO-Strategie erarbeitet haben, sie nicht kennen. Sie meinen nur, daß die nukleare Drohung die größte Chance biete, jeglichen Krieg in Europa zu vermeiden. Nicht bloß den atomaren, sondern auch den konventionellen, dessen Schrecken von der Friedensbewegung unterschätzt würden.

Das sind unendlich schwierige Fragen, über die man, wenn man einander wechselseitig gute Absicht zubilligt, nicht nur diskutieren kann, sondern diskutieren muß. Wobei ich im konkreten Fall meine, daß sich sogar ein gemeinsamer Nenner finden ließe: nämlich die Beschränkung der nuklearen Abschreckung auf ihr absolut notwendiges Mindestmaß.

Aber eine der Schwierigkeiten in der Diskussion mit der Friedensbewegung besteht darin, daß Bastians rationale Argumentation in ihr ungleich weniger präsent ist als die emotionalen seiner Mitstreiter. Als ich im „Club 2" wortwörtlich seine Thesen vom „zur glaubhaften Abschreckung erforderlichen Mindestmaß an Nuklearwaffen" vortrug, wurde ich von den jungen Leuten, die ihm zujubelten, ausgebuht.

Ein zweites Problem besteht darin, daß Bastians eigene Emotionen, dort, wo er sie hat, der Verteidigungsbereitschaft genau so abträglich sind. Auch er vertritt in Interviews immer wieder die Meinung, von den Vereinigten Staaten ginge heute eine größere Kriegsgefahr als von den Russen aus. Auch er hält die Sowjets – trotz halb Europas, das sie mit Panzern beherrschen – im Grunde nicht für aggressiv.

Er hat seinerzeit, als sehr, sehr junger Mensch freilich, auch Hitler nicht für aggressiv gehalten. Er war, ganz zu Beginn, dessen Sympathisant. Erst viel später erkannte er, wie sehr er sich geirrt hatte. Was, wenn er wieder irrte.

Ich kann nicht loslösen von persönlicher Erfahrung: Meine Mutter, die damals genauso jung war wie Bastian, irrte nicht in Hitler. Sie hatte den besseren Instinkt.

Und mit ebendiesem durch Widerstand gegen die Diktatur geschärften Instinkt hält sie die Sowjets für nicht minder aggressiv. Die Führer des Kreml hätten dieselbe Gabe des schamlosen Täuschens wie die Nazis: so wie sie dieselbe Sprache sprechen.

Natürlich weiß ich, daß die Sowjetunion nicht das Dritte Reich ist. Es gibt dieses Element des Wahnsinns nicht, das die Nazis aus der Haut von Juden Lampenschirme produzieren ließ. Aber um so mehr hat militärische Abschreckung gerade ihnen gegenüber eine Chance: Apparatschiks rechnen, bevor sie schießen.

„Reagan und seine Leute sind ein Haufen von Abenteurern", sagt Belafonte, „es fehlt ihnen jedes Verantwortungsbewußtsein."

Seine Meinung deckt sich in etwa mit der unseres Amerika-Korrespondenten Joachim Riedl: Das wären Menschen, die den Krieg riskierten. Eitel, überheblich, skrupellos. Sie redeten von den Folgen eines Atomkrieges wie von den Folgen einer Börsenspekulation: Man müsse eben genügend Kapital haben.

Eine Reihe meiner amerikanischen Freunde, auf die ich etwas halte, sieht die Reagan-Administration nicht viel positiver.

Aber haben die gleichen Leute Reagan nicht auch bezichtigt, jeglichen Nahostfrieden zu torpedieren, indem er sich bedingungslos hinter die Israelis stellt? Und zeigt sich nicht nun, daß ebendieser Reagan einer friedlichen Nahostlösung jedenfalls näher ist als jeder seiner Vorgänger? Daß hinter der angeblichen „konzeptlosen" Politik seiner Administration der erste Nahost-Friedensplan steckt, den die Araber nicht von vornherein ablehnen?

Ich sehe mich außerstande, diesen Ronald Reagan so endgültig und so eindeutig zu beurteilen.

Aber ich gebe zu, daß manche seiner Leute, die ich kenne, mir Angst einjagen. Die amerikanische Botschaft veranstaltet jedes Jahr in Baden bei Wien ein Treffen führender Journalisten mit relativen Topleuten der US-Administration. Unter Carter hielt meist Helmut Sonnenfeldt das Hauptreferat.

Letztes Mal wurde er durch einen Reagan-Mann ersetzt. Und da passierte etwas Seltsames: Inhaltlich sagten die beiden Männer weitgehend dasselbe – daß man aus einer Position der Stärke verhandeln müsse, daß die Sowjetunion die Entspannung nicht honoriert hätte, daß die USA ihre Verbündeten nicht immer wieder verraten dürfe.

Und doch war zwischen den beiden Referaten ein himmelweiter Unterschied: In jedem Satz Sonnenfeldts spürte man die gleichzeitige Sorge, dies alles könnte übertrieben werden. Wußte man, daß er alles, was er sagte, zugleich auch Zweifeln aussetzte.

Konnte man annehmen, daß er jede Sekunde bereit und gewillt war, seine Politik zu revidieren, wenn sie sich als falsch herausstellen sollte.

Die charakteristische Redewendung des Reagan-Mannes war: „Wir werden denen zeigen ..." Sonnenfeldts seinerzeitigen Protektor Henry Kissinger nannte er einen „schleimigen Bastard".

Dieser Mann steht nicht so hoch, daß er auf den berühmten Knopf drücken könnte. Aber wenn er es könnte, hätte ich Angst.

Allerdings: Wenn es tatsächlich Krieg gäbe, wüßte ich die amerikanischen Truppen lieber von ihm kommandiert als von Sonnenfeldt.

Ich fürchte, daß es unmöglich ist, ein schlagkräftiges Heer aufrechtzuhalten, ohne solche Leute zu haben. Ein guter Boxer, sagt man, muß den Killerinstinkt besitzen – und sie besitzen ihn.

Man kann wohl nur fragen, wie viele Männer dieses Schlages eine Wehrmacht braucht. Wieweit sie deren Geist bestimmen. Wie hoch sie kommen.

Ich muß zugeben, daß es in der Reagan-Administration mehr solche Leute in höheren Positionen zu geben scheint als zu Zeiten Carters oder selbst Nixons.

Und ich gebe zu, davor Angst zu haben.

Nur sind diese Männer eben anders als in der Sowjetunion noch nicht die letzten Souveräne, sondern eingebunden in ein politisches System, das ich noch immer für das freiheitlichste und demokratischeste der Welt halte.

Belafonte und Weisskopf können eben in den USA für „Freeze" kämpfen, während der Führer der vielleicht hundert Mann starken Friedensbewegung der Sowjetunion in ein psychiatrisches Krankenhaus eingeliefert wurde, aus dem man ihn erst nach weltweiten Protesten wieder entließ.

„Ich glaube auch, daß unser System letztlich das bessere ist", sagt Harry Belafonte. „Aber ich glaube nicht mehr, daß die Amerikaner die sind, die der Welt das Licht bringen. Warum glauben Sie es sosehr?"

Ich habe im Augenblick keine Antwort gewußt. Sie fällt mir

erst jetzt beim Schreiben ein: Es war die amerikanische Armee, die meine mittlerweile aus Auschwitz nach Dachau überstellte Mutter aus dem Konzentrationslager befreit hat.

Ich glaube, daß die jüngere Geschichte es rechtfertigt, die Amerikaner auch ganz rational als unsere Befreier zu bezeichnen. Nicht nur von Hitler, mit dem Stalin immerhin verbündet gewesen war. Sondern auch von jener autoritären Staatsordnung, die in Sowjetrußland unvermindert bestehen blieb.

Aber das sind Überlegungen. Meine emotionale Sympathie besitzen die Amerikaner für die Befreiung meiner Mutter.

Belafonte wurde von ebendiesen Amerikanern ins Gefängnis gesteckt. Seine persönliche Erfahrung mit ihnen ist das Gegenteil der meinen. Seine Rasse wurde in den USA geächtet. Wenn auch nicht wie die Juden im Dritten Reich (oder auch bloß die Juden in der Sowjetunion), so doch auf eine Weise, die für ihn unvergeßlich sein muß. Auch wenn diese Ächtung seit langem nicht mehr offizielle Politik der amerikanischen Regierung war – im Gegenteil –, so hat er doch darunter nicht minder gelitten. Und hat die Diskrepanz zwischen Regierungserklärungen und tatsächlichen Verhältnissen, die ich zugunsten der Amerikaner auslege, wahrscheinlich genau umgekehrt empfunden: als Falschheit.

Nicht einmal die enge Verbindung zu den Kennedys hat ihn vor Vertrauensbrüchen geschützt. So hat er einmal, als er zu einem Bürgerrechtstreffen nach Mississippi fuhr, um Schutz durch die Polizei gebeten. Er wurde ihm zugesagt, und als sein kleines Flugzeug auf dem nächtlichen Flugplatz landete und am Rand der Landebahn Scheinwerfer aufflammten, hielt er sie für die Lichter des zugesagten Polizeifahrzeugs.

In Wirklichkeit war es ein Lastwagen des Ku-Klux-Klan, dessen Scharfschützen er mit knapper Mühe entkommen ist.

Der Farbige Harry Belafonte mißtraut dem weißen Establishment Amerikas so, wie ich den Kommunisten mißtraue.

Es ist ein von Kind an gelerntes Mißtrauen, das er nie mehr loswerden wird. In das er seine späteren Erlebnisse nur mehr wie Mosaiksteinchen einzufügen braucht, um ein Bild zu erhalten, das längst in ihm vorgezeichnet ist.

Zu Beginn, so datiert er die Entstehung dieses Mißtrauens um Jahrzehnte zu weit nach vorne, sei es eine Kleinigkeit gewesen: ein Unfall in irgendeinem Betrieb, in dem mit radioaktiven Substanzen gearbeitet wurde und bei dem angeblich nichts passiert sei.

So hieß es in den offiziellen Aussendungen. So hieß es in der Presse.

Er aber habe einen der Männer, die dort arbeiten, kennengelernt, und die Wahrheit sei die, daß die Arbeiter an Leukämie leiden, daß ihnen die Haare ausfallen, daß sie keine Kinder mehr zeugen können.

Alles, was von offizieller Seite gesagt worden sei, sei gelogen gewesen.

Damals hätte er das für einen Einzelfall gehalten. Aber dann hätte er diese Erfahrung, daß die Regierung lüge, immer und immer wieder gemacht. Wenn der Tod seiner Freunde untersucht worden sei. Wenn über Aktionen der Bürgerrechtsbewegung berichtet worden sei. Wenn die amerikanische Politik in Lateinamerika zur Diskussion gestanden sei.

Und natürlich im Vietnamkrieg. Ununterbrochen habe sich etwas, das der Präsident der Vereinigten Staaten dem Volk als Wahrheit verkaufte, später als üble, schäbige Lüge erwiesen.

So habe er ein immer tieferes Mißtrauen vor allem gegen das Pentagon entwickelt: Seit ewigen Zeiten sei dort die Sowjetunion in ihrer Rüstung dem Westen „gefährlich voraus", seien ihre Militärausgaben größer und ihre Waffen aggressiver.

Und wann immer er dem nachgegangen sei, sich mit Leuten, die etwas davon verstünden, beraten habe, sei es falsch gewesen: Es gibt keine sowjetische Überlegenheit. Es hat sie nie gegeben. Und es gibt sie auch heute nicht.

Das einzige, wozu der ständige Hinweis auf diese Überlegenheit diene, sei das Geschäft der Rüstungsindustrie, die in Wahrheit das Land regiere.

Auch ich glaube, daß die Russen den Amerikanern letztlich militärisch unterlegen sind (wobei freilich Kriege schon öfter von denen begonnen wurden, die sie am Ende verloren haben). Nur daß es wenig Sinn hat, dergleichen global zu betrachten: Man muß es für bestimmte Räume und dort wieder für die wahrscheinlichsten Krisenfälle sehen – und da gibt es in Europa eher eine Überlegenheit der Sowjets.

Aber auch ich muß zugeben, daß ständig manipuliert wird. So hat es etwa Jahrzehnte hindurch geheißen, es sei so gut wie ausgeschlossen, den Russen in Westeuropa auch konventionell Paroli zu bieten. Doch nun, da der Widerstand der Friedensbewegung gegen Atomwaffen eine solche Strategie erzwingen könnte – erklärt der Oberbefehlshaber, der NATO-General Rogers, auf einmal –, daß sie sehr wohl möglich sei.

Jedenfalls wenn man etwas mehr Geld in die konventionelle Rüstung steckte und sie umstrukturierte.

Nun glaube ich persönlich zwar, daß es falsch wäre, die nukleare Mindestgarantie der europäischen Sicherheit abzubauen. Aber es ist doch etwas ganz anderes, ob man sich darüber hinaus auch konventionell ziemlich sicher fühlen könnte oder ob man ununterbrochen in der Angst leben müßte, die sowjetische Dampfwalze rollte, wenn sie es wollte, in einer Woche bis zum Atlantik.

Ähnlich manipulativ wird mit der Nachrüstung umgegangen: Zwar stimmt es, daß die Sowjets durch die Forcierung der SS 20 in Europa einen gewissen Vorsprung an Nuklearsprengköpfen errungen haben. Aber dieser Vorsprung ist, wenn man die englischen und französischen Raketen berechtigterweise dem NATO-Potential zuzählt, keineswegs so überwältigend. So daß die „Nachrüstung" sicher kein bloßes Gleichziehen, sondern ein Übertreffen darstellte: Pershing II und Cruise missiles sind nicht nur technisch überlegene Systeme, sondern bedrohen darüber hinaus die Sowjetunion selbst, nicht bloß ihre Partner.

Nur wenn er als Druckmittel begriffen wird, die Sowjets zur Reduzierung der SS 20 zu bewegen, stellt der Nachrüstungsbeschluß keine Vorwärtsdrehung der Rüstungsspirale dar.

Diese Möglichkeit einer „Null-Lösung" in Form eines Doppelbeschlusses wurde aber überhaupt erst geschaffen, weil Schmidt damit dem Druck der Friedensbewegung ausweichen wollte. Wäre es nach den Amerikanern gegangen, so hätte die Umrüstung auf Pershing II und Cruise missiles bedingungslos stattgefunden.

Mißtrauen ist also berechtigt. Es ist ein Verdienst der Friedensbewegung, dieses Mißtrauen wachgerufen zu haben. Nur glaube ich, daß man so wenig grundsätzlich mißtrauen darf, wie man grundsätzlich vertrauen kann.

Um etwa bei den Zahlen zu bleiben: Das Londoner Institut für strategische Forschung hat eben nicht ununterbrochen Berichte herausgegeben, wonach die Sowjetunion dem Westen zunehmend überlegen sei. Es hat vielmehr Jahre hindurch die unbestrittene Überlegenheit des Westens bekundet. Wenn es daher in letzter Zeit eine Trendwende feststellt, so ist diese Feststellung ernster zu nehmen als Aussendungen des Pentagons.

Oder aber: Wenn General Bastian von der Friedensbewegung die gleichen Vorstellungen von der Notwendigkeit eines Mindestmaßes an nuklearer Abschreckung entwickelt wie ich oder Victor Weisskopf, so ist dies ernster zu nehmen, als wenn meine Ansichten sich zufällig mit jenen der CIA decken.

Natürlich sind wir alle, wie Belafonte es mir immer wieder an Beispielen demonstriert, abhängig von unseren Quellen. Aber das enthebt uns nicht der Verpflichtung, eben durch noch intensivere Recherchen, durch Quervergleiche, durch Gespräche mit Menschen, denen wir vertrauen können, nach besseren Informationen zu suchen.

Es gibt die Wahrheit.

Ich müßte diesen Beruf aufgeben, wenn ich nicht daran glaubte, daß sie zu finden ist.

Als wir auseinandergehen, beschließen Belafonte und ich, einander Briefe zu schreiben: Er mir über die Aggressivität und Unglaubwürdigkeit der Reagan-Administration, denn er ahnt, daß es ziemlich chancenlos ist, mir meine Sorge vor der Aggressivität der Russen auszureden. Ich ihm über die Aggressivität und Unglaubwürdigkeit der Kreml-Führung, denn ich ahne, daß es ziemlich chancenlos ist, ihm seine Sorge vor der Aggressivität der Amerikaner auszureden.

Dennoch glauben wir beide, daß es die Möglichkeit gibt, den anderen in aller Freundschaft und Fairneß von der Richtigkeit oder Unrichtigkeit bestimmter Behauptungen zu überzeugen.

BRUNO KREISKY

DIE FASZINATION DES SONNENKÖNIGS

BRUNO KREISKY *gilt vielen Österreichern, aber auch vielen internationalen Beobachtern als der bedeutendste Staatsmann, den Österreich nach dem Krieg hervorgebracht hat. Ich habe zahllose Artikel über ihn geschrieben, von denen in dieses Buch nur zwei aufgenommen wurden: Der erste befaßt sich mit seiner Faszination für die Massen ebenso wie für die intellektuelle Elite und erschien 1979 im* PROFIL. *Der zweite erschien acht Jahre später, als er als Pensionist im Presseprozeß von Bundeskanzler Sinowatz gegen den Journalisten Alfred Worm aussagte. Es ging in diesem Prozeß darum, ob Sinowatz seine Parteifreunde auf Kurt Waldheims Vergangenheit im Dritten Reich hingewiesen hat, und er endete für Worm, der diese Behauptung aufgestellt hatte, mit einem Freispruch. Kreiskys Aussage hatte keinerlei Relevanz für den Prozeßverlauf, machte aber ein letztes Mal seine ganze Faszination spürbar.*

Kreisky ist eine Religion. Ungläubige sind Ketzer.

Ketzer ist nicht erst der, der Kreisky leugnet, sondern bereits der, der an ihm zweifelt.

Ich habe gewagt, an Kreiskys Verhalten in der Sache Wiesenthal zu zweifeln.

Seither sagt man, ich litte an einem Kreisky-Komplex.

Tatsächlich entwickle ich langsam einen Verfolgungswahn: Ich bilde mir ein, daß alle Leute rundherum an einem Kreisky-Komplex leiden – sie können Kreisky nicht mehr in Frage stellen.

Glaube kann durch rationale Erfahrung nicht widerlegt werden.

So hat etwa die Redaktion des „profil“ eine zehn Jahre lange Erfahrung mit der Toleranz von Politikern gegenüber mehr oder weniger berechtigter, mehr oder weniger grober journalistischer Kritik.

Kein Politiker hat gegenüber jeglicher Kritik – keineswegs nur gegenüber Verbalinjurien wie „infam" – so intolerant reagiert wie Bruno Kreisky.

Wenn man die Bereitschaft, die Freiheit der gegnerischen Meinung so wenig wie möglich zu beschränken, als klassisches Kennzeichen des Liberalen heranzieht – und die Bereitschaft, sogleich das Strafgesetz zu mobilisieren, als das Gegenteil –, dann war Bruno Kreisky der am wenigsten liberale Politiker, mit dem sich die Redaktion bisher auseinanderzusetzen hatte.

Trotzdem hält ihn die überwältigende Mehrheit der Redaktion für das Paradebeispiel eines Liberalen.

Glaube ist absolut: Es ist mir unmöglich, irgend jemandem zu erklären, daß ich Kreisky in einem bestimmten Bereich für unanständig, in vielen Bereichen für sehr anständig, in einigen für einen großen Mann und in einigen für maßlos überschätzt halte.

Es ist unmöglich, einem Österreicher zu erklären, daß es auch vor Kreisky weit und breit keinen Arbeitslosen gegeben hat. Daß natürlich auch die Regierung Klaus in der Rezession von 1962 Schulden gemacht hat, um dieses Geld über das Budget in die Wirtschaft zu pumpen. (Weil es keinen Finanzminister der Welt gibt, der das nicht so macht. Nur sind in anderen Ländern die Sozialpartner nicht so vernünftig.)

Bloß zu sagen, Kreiskys Politik wäre insgesamt „nicht schlecht" gewesen, trägt den Charakter von Blasphemie: Kreisky steht am Anfang der rotweißroten Zeitrechnung und knapp vor der Unsterblichkeit.

Bei dem Versuch, Kreiskys Faszination zu ergründen, lohnt es vielleicht, das Pferd vom Schwanz her aufzuziehen: In Vorarlberg findet man ihn offenbar weit weniger faszinierend.

Vorarlberg unterscheidet sich von Restösterreich (vor allem Ostösterreich) durch:

- fast schon anachronistisch stabile gesellschaftliche Verhältnisse,
- einen von der Schweiz herkommenden starken calvinisch-protestantisch-puritanischen Einfluß,
- entsprechenden Sinn fürs Geld,

- ein relativ breites selbstbewußtes Bürgertum, das sein Vermögen vielfach auf Industrie gründet,
- das Fehlen jeglicher untertänigen Bindung an irgendein Herrscherhaus
- und die geringste Anzahl von Nazis während des Dritten Reiches.

Daraus lassen sich vielleicht ein paar Umkehrschlüsse ziehen: Kreiskys Faszination könnte etwas zu tun haben mit der Identitätskrise des Bürgertums. Mit der Instabilität der gesellschaftlichen Verhältnisse. Mit der katholischen Vorliebe fürs Barocke. Mit Untertänigkeit und Untertanenliebe für den Kaiser. Und mit der latenten Neigung Österreichs zum Faschismus.

Daß er das „bürgerliche Lager" fasziniert, ist nicht weiter verblüffend: Schließlich ist er genau das, was es sich wünscht, daß Josef Taus sein sollte.

Historisch gesehen, hat die Sozialdemokratie seinerzeit genau die Ideale aufgenommen, die die niedergehende Bourgeoisie abgelegt hatte: untadeliges Familienleben. Wirtschaftliche Integrität. Bildung. Korrekte Sprache.

Der Arbeiter Franz Jonas erhielt diese Tugenden von der „Bewegung". Bruno Kreisky brachte sie aus einem traditionsgebundenen jüdischen Bürgerhaus in die „Bewegung" mit.

Beide verkörpern sie „überkommene bürgerliche Werte".

Beide sind sie von Grund auf konservativ: Jonas hätte die Familienrechtsreform dieser Regierung schlichtweg abgelehnt. Kreisky bremste sie, wo er konnte. Wie die Schulreform. Wie diverse Eigentumsreformen.

Der einzige Minister, der in der Ära Kreisky Systemveränderung praktizieren wollte, kam seinerzeit nur gegen seinen energischen Widerstand ins Kabinett: Kreisky wollte keinen Broda.

Es gehört zu den komischsten Augenblicken, wenn Otto Schulmeister und Günther Nenning gemeinsam Kreiskys Sozialdemokratie dem „bürgerlichen Lager" gegenüberstellen: Kreiskys SPÖ ist eine in ihrer Praxis zutiefst bürgerliche Partei: Sie hat nur deshalb neuerdings wieder ein besonders linkes Programm, damit sie es guten Gewissens bestimmt nicht durchzuführen braucht.

Kreisky wäre der einzige, der die Identitätskrise des bürgerlichen Lagers beseitigen könnte – der logische Führer der ÖVP. Da ihn die bürgerlichen Wähler dort nicht kriegen, nehmen sie ihm zuliebe sogar die SPÖ in Kauf.

Erstaunlicher ist schon, daß ihn auch Sozialisten wählen: sogar Linke à la Nenning, die die Gesellschaft verändern, die menschlichen Verhältnisse einander annähern oder die Einkommen umverteilen wollen.

Die einzige größere Steuerreform der Ära Kreisky war eine entnivellierende: Sie hat höhere Einkommen zugunsten der niedrigeren steuerlich entlastet. (Und zwar lange bevor man dergleichen als Ankurbelung einer stagnierenden Wirtschaft auslegen konnte.)

Aber das „herrschende Gesellschaftssystem" beständig grundlegend in Frage zu stellen ist eine ebenso mühsame wie nervenaufreibende Angelegenheit: Jedes Fragezeichen trifft einen auch selber.

Die Angst des Fallschirmspringers am Rand der Ausstiegsluke.

Das Verlorensein des Sohnes, der dem Vater zornig die Haustorschlüssel vor die Füße geworfen hat, obwohl er noch nicht weiß, wo er die kommende Nacht schlafen wird.

Es ist eine schreckliche Sache, immer und zu allem „Nein" zu sagen. Je mehr man es tut, desto größer wird die Sehnsucht nach einem allumfassenden „Ja" – zu Bruno Kreisky.

Nirgends läßt sich so gut die Gefahr „autoritärer Strukturen" aufzeigen wie im Schutze seiner absoluten Autorität.

Kreisky ist den heimatlosen Linken dieses Landes der Vater, den sie wiederfinden, nachdem sie ausgezogen waren, ihn auf alle Zeiten zu verlieren.

So was ist immer sehr rührend: Er sieht einen an, mit seinen klaren, weisen, blauen Augen, und man erzählt ihm lange, wie das war, als man die Welt verändern wollte.

Die Masse der Wähler würde sich verwahren, in einen Topf mit ein paar systemkritischen Intellektuellen geworfen zu werden. Und doch ergeben die soziologischen Untersuchungen des IFES das gleiche schizophrene Nebeneinander: eine tiefe, wenn auch diffuse Sehnsucht nach Veränderung („Reform") gekoppelt mit einer noch größeren Sehnsucht nach einer neuen Stabilität.

Das Paradoxon läßt sich auflösen: Die gewaltigen tatsächlichen Veränderungen in der Welt – beginnend mit der vielzitierten Auflösung überkommener gesellschaftlicher Strukturen bis zum Schock einer kaum mehr begreiflichen Technik – machen den Menschen angst.

Zwangsläufig hoffen sie, daß sie diese Angst durch Adaptation an den äußeren Wandel – durch „Reform" – vermindern können.

Der Wunsch nach Reform ist also in Wahrheit ein Wunsch nach neuer Stabilität: Man möge die Welt rasch verändern, damit sie sich nicht mehr so rasch verändert.

Bei Bruno Kreisky kann man dessen sicher sein.

Die Sozialdemokratie, als eine „Bewegung", die sich der „Überwindung der herrschenden Zustände" verschrieben hat, befriedigt die Sehnsucht nach „Wandel". Bruno Kreisky als ihr bremsender, konservativer, väterlich-mütterlicher Führer befriedigt die Sehnsucht nach Stillstand.

Die Sache hat uns in der Hand. Man fährt Tag und Nacht in ihr und tut auch noch alles andre darin; man rasiert sich, man ißt, man liebt, man liest Bücher, man übt seinen Beruf aus, als ob die vier Wände stillstünden, und das Unheimliche ist bloß, daß die Wände fahren, ohne daß man es merkt, und ihre Schienen vorauswerfen, wie lange, tastend gekrümmte Fäden, ohne daß man weiß wohin. Und überdies will man ja womöglich selbst noch zu den Kräften gehören, die den Zug der Zeit bestimmen. Das ist eine sehr unklare Rolle, und es kommt vor, wenn man nach längerer Pause hinaussieht, daß sich die Landschaft geändert hat; was da vorbeifliegt, fliegt vorbei, weil es nicht anders sein kann, aber bei aller Ergebenheit gewinnt ein unangenehmes Gefühl immer mehr Gewalt, als ob man über das Ziel hinausgefahren oder auf eine falsche Strecke geraten wäre. Und eines Tages ist das stürmische Bedürfnis da: Aussteigen! Abspringen! Ein Heimweh nach Aufgehaltenwerden, Nichtsichentwickeln, Steckenbleiben, Zurückkehren zu einem Punkt, der vor der falschen Abzweigung liegt! Und in der guten alten Zeit, als es das Kaisertum Österreich noch gab, konnte man in einem solchen Falle den Zug der Zeit verlassen, sich in einen gewöhnlichen Zug einer gewöhnlichen Eisenbahn setzen und in die Heimat zurückfahren.

Robert Musil im Kapitel „Kakanien" des „Mannes ohne Eigenschaften".

Kreisky, wahlwerbend unter dem Bildnis Franz Josephs, verspricht, daß sich „Österreich auf der Überholspur befindet" und „Kakanien" bleibt.

Den Österreichern ihren Kaiser zurückzugeben ist ein Akt der Wiedergutmachung: Schließlich hat es ihn nie, wie andre Völker im Zuge von ernsthaften Revolutionen, freiwillig hergegeben.

Sogar die Sozialdemokraten haben den Vatermord am Kaiserhaus nur halbherzig betrieben. Sie haben darob bis heute solche Schuldgefühle, daß sie ihn am liebsten nachträglich aufgefressen hätten (sogenannter Habsburg-Kannibalismus). Noch mehr Schuldgefühle haben sie nur, weil sie ihn vielleicht doch umbringen wollten (Gedankensünden sind die quälendsten): Deshalb haben sie nach dem Krieg beständig versucht, seine imaginäre Leiche zu beseitigen, indem sie ihn aus der Geschichte strichen.

Jetzt ist das Schönste passiert, was überhaupt passieren konnte: Er ist gar nicht tot, er ist wieder da – Bruno Kreisky.

Es war damals schon so, daß der Kaiser von nichts was verstehen mußte. Er ist der Kaiser. Er hat zu repräsentieren, zu proklamieren, zu residieren – und Weltpolitik zu machen.

Wenn schon nicht mehr im Fernen, dann wenigstens im Nahen Osten.

Sein Volk ist überzeugt, daß er den Frieden zwischen Israel und Ägypten gestiftet hat.

Zwar sagte er: Begin ist nicht fähig, diesen Frieden zu schließen – und Begin schloß ihn.

Zwar sagte er: Es kann keinen Separatfrieden Israels mit Ägypten unter Ausschluß der PLO geben – und genau das wurde es.

Aber am Hofe halten sich hartnäckig die Gerüchte, daß er nichtsdestotrotz das Treffen von Camp David arrangiert hat.

Zwar weiß das nicht einmal New York: Das einzige, was die „New York Times“ in diesem Zusammenhang vermeldete, war der Umstand, daß Sadat nach Kreiskys Anti-Begin-Ausfällen eine geplante Zwischenlandung in Wien absagte, um Begin nicht zu brüskieren.

Aber die Außenpolitik des Herrscherhauses war beinahe traditionell so beschaffen, daß es nicht so wichtig war, ob sie eigentlich Erfolg hatte. Entscheidend war, daß auf der Welt nichts geschehen konnte, ohne daß Seine Majestät der Kaiser in irgendeiner Weise damit „befaßt“ war.

Bruno Kreisky gibt den Österreichern nicht nur die Monarchie, er gibt ihnen auch ihr verlorenes Imperium zurück: Man spielt in Kairo den Radetzkymarsch.

Kreisky sagt von sich selbst, er verstünde nichts von Wirtschaft.

Der Kaiser tat das auch nicht.

Auch er hielt Gewerbetreibende mehrheitlich für Steuerhinterzieher, den Handel für unsozial und den ganzen Kapitalismus (damals hieß es noch: die Industrialisierung) für eine ziemlich dubiose Sache.

Man verwechselt Kreiskys Ausfälle gegen diesen „Kapitalismus“ ganz zu Unrecht mit linker oder gar marxistischer Denkungsart: Es ist nur die gute alte österreichisch-katholische Abneigung gegen Geld, Geschäft und Zinsen.

Kreisky nimmt Androsch unter anderem so übel, daß dieser junge Kerl so ungeheuer reich geworden ist.

Das tut man nicht.

Es ist Bruno Kreisky wahrscheinlich das personifizierte Gegenteil dessen, was sich der Protestantismus calvinischer Prägung unter einem ordentlichen Gemeindevorsteher vorstellt: redet viel, hat nichts, gibt trotzdem gerne Geld aus und weiß nicht wieviel.

Eine reiche Phantasie anstelle der einzig gestatteten Phantasie des Reichtums.

Protestantische Messen sind nüchterne Versammlungen aufrechter Männer, denen einer der Ihren eine Standpauke hält.

In einer ordentlichen katholischen Messe wird Latein geredet und Weihrauch gestreut. Sobald ein ordentlicher katholischer Pfarrer auf die Sünde zu reden kommt – „Wir sind doch alle Sünder" –, obsiegt die Milde: Der liebe Gott ist ein gütiger alter Herr, der weiß, daß die Schlechtigkeit zur Welt gehört, manchmal ein bisserl donnert, aber in letzter Instanz verzeiht.

Kreisky auch.

Insbesondere wenn man ihm Weihrauch streut.

Vor allem verzeiht er denen, die während des Dritten Reichs gesündigt haben.

Meistens sogar noch, bevor sie zur Beichte gegangen sind.

Dieses Verzeihenkönnen ist der große Vorzug der katholischen Kirche vor der protestantischen. Aber an der Leichtfertigkeit, mit der es zuweilen geübt wird, ist sie beinahe zugrunde gegangen.

Bei mir hat sich bereits eine Reihe ausländischer Kollegen angemeldet, um zu recherchieren, wie wir das machen: den Kaiser wieder zu haben und wieder an Gott zu glauben.

Das Ausland beneidet uns.

Weil die Französische Revolution, die Aufklärung, der Liberalismus so spurlos an uns vorübergegangen sind.

So daß wir noch immer vor allem den „Führer" brauchen: Danken wir Gott, daß er diesmal Bruno Kreisky heißt.

Der alte Mann und das irdische Gericht

Das Stück alleine hätte den Besuch nicht gelohnt. Trotz der umfangreichen Vorausreklame in so gut wie allen Medien; trotz des halben Hundert Fotografen vor dem Eingang; trotz der zusätzlichen Sitze, die der Präsident des Hauses wegen des großen Andranges persönlich zehn Minuten nach Beginn in den Saal bringen ließ.

Wenn nicht er – nach einer langen, durch einen Schenkelhalsbruch bedingten Pause – zum ersten Mal wieder aufgetreten wäre.

Und alle, alle lagen ihm zu Füßen.

So etwa träte Gottvater aus dem großen Himmelstore: Ein dumpfes Grollen der vorauseilenden Heerscharen der Fotografen, ein Fernsehscheinwerfer-Lichtschwall, der sich von fernen Höhen durch die geöffnete Türe in den Saal ergießt, dann lange nichts, dann ER: ganz klein, ganz unscheinbar, auf seine Krücken gestützt, vorgeneigt, die Menge der Wartenden noch nicht ins Auge fassend, als merkte er sie gar nicht. Sie tragen ihn auf ihren Blicken.

Zwei, drei Schritte humpelt er vor. Man sieht, daß er sich quält, spürt nahezu körperlich seine Hilflosigkeit. Und wagte doch nicht, ihm den Arm zu reichen. Er schaut nirgends mehr hin. Die wasserhellen Augen spiegeln Licht wie von außen, scheinen von einer dicken Schicht von Glas umhüllt, erinnern an die Augen eines kleinen Kindes, obwohl sie die Augen eines alten Mannes sind.

Er sieht längst ohne sie.

Etwa drei Meter vor dem Richtertisch bleibt er stehen, legt die Hände an die Hosennaht, macht sich noch kleiner und bückt sich zu einer Verbeugung. Wartet in dieser Haltung wie ein Schulbub, daß ihn der Richter daraus entlasse: So demonstriert er den Respekt vor dem Gericht; jenen altmodischen Respekt, den Leute seiner Generation auch beim Betreten des Parlaments oder einer Kirche empfinden: Die Institution ist ihnen heilig.

Und doch ist Bruno Kreisky in keinem Augenblick untertänig. Ganz im Gegenteil: Indem er sich vor dem Richtertisch verbeugt, richtet er sich noch weiter auf: Ein Mann seiner Größe kann sich leisten, vor einem Richter das Haupt zu neigen, weil keine Sekunde lang ein Zweifel darüber besteht, daß er der Kaiser ist.

In der nächsten Sekunde hält er ihnen die Hand hin, zuerst dem Richter, dann der Schriftführerin, und in früheren Zeiten wären sie auf die Knie gesunken und hätten die Hand geküßt. So sind sie nur befangen von seiner Huld und versuchen verzweifelt, zum Alltag ihres Amtes zurückzukehren: Sie wissen, daß ihnen durch das Schicksal die Gnade zuteil geworden ist, ihn zu befragen. Sie wissen, daß sie nicht würdig sind, aber sie wissen auch, daß er, gerade weil er so groß ist, verstehen wird, wenn sie ihn nun wie einen ganz gewöhnlichen Menschen nach Tagesabläufen, nach Daten und Umständen fragen.

Natürlich muß er darauf nicht antworten. Er spricht über das, was „wichtig ist für die Geschichte" – mit dem Prozeß des SP-Vorsitzenden Sinowatz gegen den Journalisten Alfred Worm hat es nur ganz gelegentlich zu tun.

„Wir wissen, daß Sie gerne zusammenhängend vortragen", sagt der Vorsitzende, „wir bitten Sie nur, daß es vielleicht nicht allzu weit . . ."

Irgendwann, als Bruno Kreisky sich dem Bürgerkrieg und dem Austrofaschismus nähert, sucht ihn der Richter sanft zurückzuholen. Aber er tut es mit dem Takt eines Mannes, der weiß, daß er hier einem geschichtlichen Augenblick beiwohnen darf, den durch die Strafprozeßordnung zu begrenzen ganz einfach unziemlich wäre. Im „Radetzkymarsch" von Joseph Roth erlebt der Letzte derer von Trotta auf diese Weise seinen alten Kaiser und weiß, daß eine Zeit untergegangen sein wird, wenn dieser Alte nicht mehr ist.

Fred Sinowatz

Hamlet vom Lande

Fred Sinowatz *hat die Entwicklung der SPÖ viel stärker geprägt, als man von außen her vermuten würde. Er war der wahrscheinlich wichtigste Exponent ihres Überganges von einer „sozialistischen" zu einer sozialdemokratischen Volkspartei.*

Seine politische Karriere begann er als Landesparteisekretär des Burgenlandes. Von dort holte ihn Bruno Kreisky als Unterrichtsminister in seine Regierung. Nachdem er im Rahmen des Schranz-Rummels (dem österreichischen Schiidol war wegen seiner Profi-Eigenschaft die Goldmedaille aberkannt worden) zu ungeheurer Popularität aufgestiegen war, erlitt er, kurz darauf, wegen Anfangsschwierigkeiten der Gratisschulbuchaktion eine erste schwere politische Niederlage.

In dieser Phase entstand das nachfolgende Porträt, das 1975 im profil *erschienen ist.*

Einige Passagen, die von rein zeitbedingter Bedeutung waren, wurden in dieser Textfassung gestrichen. Dagegen wurde die gesamte Diskussion um Gratisschulbuch und Schulmodelle in ihrem vollen Umfang belassen, denn sie hat nichts von ihrer Aktualität verloren.

Als er in die Regierung berufen wurde, zog er einen Schutzwall von Selbstironie um seine Freude: „Daß einer, der aussieht wie ich, Minister werden kann, das ist ein echtes Privileg."

Fred Sinowatz war entschlossen, sich zu bewähren.

Doch auf den anfänglichen Höhenflug, zu dem ihm Karl Schranz verholfen hatte, folgte ein Absturz, wie ihn kein anderer Politiker der letzten Jahre verkraften mußte: Ein paar zu spät gelieferte Bücher vernichteten innerhalb von Tagen das politische Kapital, das der Parteisekretär in Jahren zusammengetragen hatte.

Fred Sinowatz zog einen Schutzwall von Selbstironie um seine

Enttäuschung: „Was soll man machen, so etwas gehört zum Berufsrisiko."

Jetzt, da er mit der ihm eigenen Zielstrebigkeit darangeht, sich langsam wieder hochzurappeln – er tüftelte an einem minuziösen Organisationsplan für die Schulbuchaktion des nächsten Jahres und präsentierte das „Arbeitsbuch" als entscheidende Verbesserung der Gratisbuch-Idee –, droht ihm das schwarze Korps der Lehrer wegen vorenthaltener Aufwandsentschädigungen mit Streik.

Wien ist kein guter Boden für Fred Sinowatz.

Obwohl er vorgibt, seit einem halben Jahr energisch nach einer kleinen Garçonnière zu suchen, die es ihm ermöglicht, wenigstens nach späten Sitzungen in der Bundeshauptstadt zu übernachten, hat er bislang nichts Passendes gefunden. Ein ungeheiztes, ungemütliches Untermietzimmer in der Auhofstraße, für das er sich zu Weihnachten Hals über Kopf entschied, bietet ihm mit seiner großen Entfernung vom Ministerium hinreichend Vorwände, bis heute kein einziges Mal dort einzukehren.

Lieber fährt er nach wie vor an jedem Abend – selten vor zehn – 41 Kilometer in sein Siedlungshaus nach Neufeld und an jedem Morgen – selten nach sieben – 41 Kilometer von Neufeld nach Wien. Der Fremdarbeiter vom Minoritenplatz hat auch privat ein burgenländisches Schicksal: Er ist und bleibt ein Pendler.

Seine Familie leidet darunter. Sie sieht ihn nur mehr an wenigen freien Stunden seines verplanten Wochenendes, und selbst dann bricht er gelegentlich allein auf, um in langen, einsamen Spaziergängen einen verlorenen Rhythmus wiederzufinden. In Wien kann ein Minister zwischen Menschenmassen und Massenmenschen untertauchen. In Neufeld muß er jedem einzelnen – den er seit 44 Jahren kennt und der ihn seit 44 Jahren kennt – entfliehen. Jetzt, im Winter, wo die Paravents der Bäume durchsichtig geworden sind, zieht er kilometerlange Schleifen durch die kahlen, planen Felder, um mit sich und seinen Gedanken alleine zu sein. Sinowatz braucht Zeit zum Atemholen: Er hat noch eine zweite, stille Niederlage zu verkraften.

Sie wiegt schwerer, denn sie trifft ihn im Burgenland: Daß der siegessicheren SPÖ im Oktober 1972 die paar hundert Stimmen auf das siebzehnte Mandat fehlten, legen die kleinen Parteifunktionäre Sinowatz zur Last. Denn obwohl er seit eineinviertel Jahren am Minoritenplatz arbeitet, obwohl Kery wie ein Sonnenkönig im Eisenstädter Landhaus regiert, obwohl das Parteisekretariat formal mit einem neuen Mann besetzt ist, ist Sinowatz für Burgenlands Genossen immer noch „der Boß". Die Wahlniederlage ist seine Niederlage.

„Wenn er nicht bald etwas tut", faßt ein alter Funktionär die Lage zusammen, „ist alles, was er aufgebaut hat, bis zu den nächsten Wahlen hin."

Erfolg, politischer wie menschlicher, ist Sinowatz nie zugeflogen. Als sein klobiges Gesicht mit der großen, fleischigen Nase zum ersten Mal auf dem Fernsehschirm auftauchte, stieß es ab, noch ehe er das erste Wort gesprochen hatte. Er mußte die Seher erst mühsam an sein Bild gewöhnen, sich in Diskussionen bewähren, sich freireden, bevor er durch den Inhalt dessen, was er sagte, langsam Punkte sammeln konnte. Wo er Zeit hat, zu sagen, was er meint – in längeren Gesprächen über die Schulreform –, setzt sich die Seriosität seines Denkens durch, aber wo er rasch, pointiert, demagogisch antworten müßte – etwa bei der parlamentarischen Fragestunde –, wirkt er verkrampft und schlägt sich unter seinem Wert. Seine eigentliche Stärke kommt in Streßsituationen nicht zum Tragen: die Überzeugungskraft im langen, ruhigen persönlichen Gespräch.

Je näher man ihm kommt – von der menschlichen wie von der metrischen Distanz her –, desto stärker löst sich Fred Sinowatz von seinem Klischee. In der ersten Phase verschwindet der Eindruck des Brutal-Grobschlächtigen aus seinem Gesicht und macht etwas Bäuerlich-Gutmütigem Platz: Er ist dann der Mann, der in den Dorfgasthäusern der Umgebung stundenlang mit nicht nachlassendem Genuß Hausmannskost in sich hineinessen und kennerisch mit Rotwein veredeln kann: den die Leute am Nebentisch für einen der Ihren halten. Die Funktionäre für einen, mit dem man sich zusammensaufen kann.

Doch dann, wenn man ihm in der kleinen Bibliothek seines Häuschens gegenübersitzt, tritt auch die Gemütlichkeit in den

Hintergrund. Die mächtige Stirn beginnt das Gesicht zu beherrschen, degradiert, wenn er sich zuhörend ein wenig vorbeugt, selbst die riesige Nase zur Bedeutungslosigkeit. Versinnbildlicht, was diesen Mann mehr als alles andere auszeichnet: intensives, beinahe hörbares Denken.

Erst langsam, in einer dritten Phase sozusagen, wird man gewahr, daß sich doch etwas dieser Stirn widersetzt hat: ein Paar ungemein kluger, aufmerksamer, manchmal unerwartet energischer, manchmal unerwartet weicher, dunkler Augen, die den Gesprächspartner anfangs fast ein wenig schüchtern meiden, um ihn später um so energischer in ihren Bann zu ziehen: Wer ihm so gegenübersitzt, begreift, daß die Maler, die Schriftsteller, die Bildhauer, die sich im Burgenland angesiedelt haben, nächtelang mit ihm zusammensaßen und mit einer freundschaftlichen Hochachtung von ihm sprechen, die nur wenigen Kulturpolitikern im Lande entgegengebracht wird.

Es gibt dann, im langen Gespräch mit ihm, auch noch eine undefinierbare und anfangs kaum faßbare vierte Phase: Während er scheinbar ganz ins augenblickliche Thema vertieft ist, vielleicht sogar dem Gesprächspartner voll in die Augen schaut, kann es einem plötzlich vorkommen, als beobachte er die ganze Szene aus einem Augenwinkel heraus noch einmal – auch sich selbst. Sein Sekretär für Rechtsfragen, Dr. Erich Irschik, erinnert sich, wie er nach Besprechungen, in denen er sich voll auf seinen Partner zu konzentrieren schien, nachher ganz genau sagen konnte, was zur gleichen Zeit die Sekretärinnen getan haben und welchen Gesichtsausdruck ein Mitarbeiter hatte, der nur zur Tür hereingeschaut hat. Hinter Sinowatz' geballter Aufmerksamkeit steckt eine Summe rastloser, fluktuierender Detailbeobachtungen, die ihm schon kleinste Veränderungen seiner Umwelt weitermelden: Wie Bruno Kreisky, wie der „Kronen-Zeitung"-Macher Hans Dichand, wie fast alle Menschen, die andere manipulieren, reagiert er auf diese Veränderungen sofort mit instinktiver Anpassung. Der Burgenländer mit dem großen Bauerngesicht ist sensibel: Er möchte gefallen und mit seiner Umwelt in Einklang leben. Im Ministerium äußert es sich als Kreisky-Symptom: Auch Fred Sinowatz bringt es nicht fertig, Termine abzuschlagen, weil er am liebsten keinen Menschen von Angesicht zu Angesicht verletzen will.

Den gleichen Differenzierungsprozeß wie sein Gesicht erfährt auch seine Sprache. Aus den ersten groben Hauptsätzen wachsen feiner und feiner verzweigte Nebensätze hervor, die sich durch Mimik und Betonung neuerlich aufspalten und zuletzt ein völlig unerwartetes rhetorisches Netzwerk bilden, das den Zuhörer mehr und mehr gefangennimmt. Eine ungemein kultivierte Gedankenlandschaft wird sichtbar. Denken, das nicht monolithisch daliegt, sondern in feinen Schichten angeordnet ist, die sich gegeneinander verschieben, einander durchdringen und sich voneinander abheben lassen.

Zuoberst heißt es grobflächig: „Ich glaube schon, daß ich ein Sozialist bin.“ Darunter wird es komplizierter: „Hie Sozialismus, dort Kapitalismus, eine solche Gegenüberstellung ist zu undifferenziert. Man müßte fragen: welcher Sozialismus? Der, der aus der Gewerkschaftsbewegung gewachsen ist? Aus dem Humanismus? Und: Welche Art von Kapitalismus?“

Noch eine Schicht tiefer scheinen persönliche Strukturen durch: „Das Gegensatzpaar müßte vielleicht eher heißen: Leistungsgesellschaft mit Produktion um der Produktion willen. Oder: Sozialgesellschaft mit Produktion um des Menschen willen. Es geht nicht so sehr um die Frage, wem die Produktionsmittel nun gehören, als um die Beseitigung der inhumanen Zwänge, die dem System innewohnen, das man gemeinhin das kapitalistische nennt.“ In einer plötzlichen, sehr persönlichen Abwandlung: „Man müßte die Menschen dazu bringen, faul sein zu können – damit wäre schon viel gewonnen.“

Auch bei Sinowatz’ konzentriertestem Denken gibt es in solchen Augenblicken größter gedanklicher Intimität plötzlich die vierte Phase: der aufflackernde Verdacht, daß er die Wirkung dieses Nebensatzes auf seinen Partner genau registriert, wenn nicht sogar bewußt kalkuliert hat.

„Auch ich“, sagt er nach einer kleinen Pause, „bin von den Zwängen dieser Leistungsgesellschaft geprägt. Auch ich“ – und der letzte Halbsatz gewinnt eine seltsame Doppelbedeutung – „kann nie wirklich abschalten.“

Sinowatz wurde am 5. Februar 1929 in der Kolonie der Neufelder Hanf-Jute-Fabrik geboren. Seine Mutter war dort Arbeiterin. Sein Vater war ein gelernter Schlosser im Braunkohlen-Bergwerk, dessen aufgelassene Abbaugruben heute den Neufelder See bilden. Die düsteren Steinquader, in denen er die ersten Lebensjahre verbrachte, hat Sinowatz bis heute nicht aus dem Auge verloren: Sie liegen direkt vor den Fenstern seines Siedlungshauses.

Den Ausbruch aus dem Proletariat schaffte nicht erst er, sondern schon der Vater: In der Krise arbeitslos geworden, baute er einen kleinen Kohlenhandel und ein Fuhrwerksunternehmen auf. Wurde vom Arbeitnehmer, der sich von früh bis spät abgerackert hatte, zum Unternehmer, der das gleiche tat. Die „inhumanen Zwänge der Produktion“ waren der Überbegriff, unter dem „Kapitalist“ und „Arbeiter“ verschmolzen.

Auch sonst war die Familie initiativer als andere: Ein Bruder der Mutter, Josef Csech, war Leiter der Arbeiterbücherei. Als er aus politischen Gründen arbeitslos wurde und bei der Schwester Aufnahme fand, nahm er sich mit der ganzen Bildungsbeflissenheit der damaligen Arbeiterschaft ihres kleinen Buben an. Lehrte ihn – der nach eigener Aussage „in der Kindheit viel allein“ war – noch vor der Schule Schreiben und Lesen. Impfte ihm, während die Eltern ihre Energie an greifbare Güter hängten, die Sehnsucht nach Abstraktem, nach Wissen ein.

Aus dem arbeitslosen Leiter der Neufelder Arbeiterbücherei wurde Neufelds wichtigster Nachkriegsbürgermeister (1950 bis 1972). Aus dem Buben wurde Österreichs Unterrichtsminister. Geblieben ist beiden die Leidenschaft zum Lesen: In Eisenstadt erinnert man sich, daß Sinowatz in seinen Urlaub für sich und seine Familie einmal 30 Bücher mitnahm. Er liest alles: vom holländischen Katechismus über Trotzkis „Lenin“ bis Handke. Am liebsten: den „Zauberberg“ von Thomas Mann. Eine altmodische Schiller-Ausgabe, die Csech ihm schenkte, hat bis heute einen Ehrenplatz in Sinowatz' Bibliothek.

Die Familie war wohlhabend genug, den begabten Volksschüler auf das Drängen des Lehrers hin in die Mittelschule zu schikken. Aber am Wiener Neustädter Gymnasium hätte Sinowatz beinahe versagt: Ihm fehlte der reiche Sprachschatz der Bürgerskinder. Im Burgenland, wo die Deutschsprachigen jahrelang in ungarische Schulen gezwungen wurden, war die Sprache des Proletariats noch unbeholfener als anderswo – eine stärkere Bildungsschranke als weiter Schulweg und teures Schulgeld.

Sinowatz hat die Qual dieser ersten Schuljahre so fest im Auge behalten wie die Steinquader der „Kolonie“: „Man kann die Förderung der Arbeiterkinder und der Landkinder nicht einfach bloß an Bedürftigkeit und entsprechenden Schulerfolg koppeln. Wenn ich nach dem Schulerfolg der Unterstufe eingestuft worden wäre, hätte ich nie ein Stipendium bekommen.“

Die Matura bestand das Unterstufen-Schlußlicht Sinowatz mit Vorzug. Sein Studium an der Wiener Universität – Germanistik, Geschichte, Zeitungswissenschaft – absolvierte er in Rekordzeit (Dissertationsthema: „Reformation und Gegenreformation im Burgenland“).

Daß nicht nur seine Eltern für diesen Aufstieg bezahlt haben, offenbart sich in einem winzigen Nebensatz: „Zu den Rendezvous bin ich immer zu spät gekommen, weil ich natürlich nach dem Lernen noch im Betrieb hab’ mithelfen müssen.“

Für die schwarzen Beamten in der burgenländischen Landesregierung war der Akademiker aus Neufeld noch 1954 ein solches Wunder, daß sie ihrem Erstaunen – als Sinowatz als neuer Sekretär des SPÖ-Landesrates Dostal präsentiert wurde – freien Lauf ließen: „Was soll denn das sein, a Roter und a Doktor?“

Nirgendwo ist die SPÖ so proletarisch wie im Burgenland: blutarme Landarbeiter, vogelfreie Wanderarbeiter, Arbeiter schwächlicher Randindustrien, die einem reaktionären Grundbesitzer-Adel gegenüberstanden. Statt einer reformierenden christlich-sozialen Bewegung wie in Wien eine bis zum Zweiten Weltkrieg mit diesem Adel eng verklammerte Kirche. Das provozierte eine kampfbetonte, heftig antiklerikale, sich ganz auf sich selbst zurückziehende Sozialdemokratie, in der klassenkämpferische Arbeiter vom Typ Hans Bögels den Ton angaben.

Als die SPÖ nach dem Kriege zur Mitregentschaft auf Landesebene kam, litt sie noch stärker als andere sozialistische Landesorganisationen am Mangel einigermaßen qualifizierter Fachleute.

Sie mußte, wie ein Mandatar es ausdrückte, „praktisch jedem Roten eine Funktion geben, der lesen und schreiben konnte“. Fred Sinowatz war ein roter Doktor.

Da er hinlänglich in der Partei verankert war (Parteiobmann von Neufeld) und äußerlich kaum als Intellektueller auffällig wurde, war seine Karriere eine beinahe zwangsläufige: 1961 wurde der 32jährige Landesparteisekretär der SP-Burgenland.

Was folgt, ist heute in Eisenstadt bereits Legende: Zuerst vergatterte Sinowatz den Apparat. In seinem VW B 229 (die Nummer kennt heute noch jeder burgenländische SP-Funktionär auswendig) klapperte der Angestellte des Landesarchivs abends und nachts Vertrauensmänner, Bürgermeister und Betriebsräte ab und gewann sie in stundenlangen Gesprächen für seine Angriffsstrategie. Er konnte mit ihnen trinken, und er kann als einer der ganz wenigen Politiker zuhören: Ihn fesseln auch fremde Probleme. Vor allem kennt Sinowatz gerade wegen seiner überragenden Intelligenz keinerlei intellektuellen Hochmut. Als er später als Kultur-Landesrat in der Landesregierung saß, ging man immer noch „zum Fredl“. Heute geht man zu seinem Nachfolger, dem „Doktor Mader“.

Es folgte der schrittweise Abbau des – mit der Realität nicht mehr übereinstimmenden – Feindbildes der burgenländischen SPÖ. Lange ehe es in Wien modern wurde, suchte Taufscheinkatholik Sinowatz (seine Mutter war praktizierende Katholikin) die Aussöhnung mit der Kirche. Nicht aus bloßer Taktik, sondern aus einem tiefen Respekt für den im Katholizismus enthaltenen Humanismus. Die burgenländische Arbeiterschaft war einmal tief religiös und hatte diese Religiosität nur gleichsam in einem Gewaltakt – angesichts bestimmter historischer Verhältnisse – über Bord geschmissen (Neufeld zählte zu den Ortschaften mit den meisten Kirchenaustritten in Österreich). Nun waren die Menschen glücklich, diesen alten Glauben aus der Hand des Sozialisten Sinowatz wieder zurückzubekommen.

Zum Respekt vor der Kirche kommt bei Sinowatz noch die – persönlich erfahrene – Überzeugung, daß die Veränderung der materiellen Verhältnisse, die der Sozialismus vorrangig anstrebt, „noch lange nicht Glück“ bedeutet: Ein Leben ohne „Sinndurchdringung" – wie er sich vorsichtig ausdrückt – kann er sich „nur schwer vorstellen".

Auch in seinem Verhältnis zur Kirche gibt es freilich – wie überall bei Sinowatz – die vierte Phase: Er wußte – bereits in den frühen sechziger Jahren –, daß die Sozialdemokratie sich öffnen muß, wenn sie über ihre Kernwähler hinausreichen will. Sinowatz begann, in einem erstaunlich bewußten Prozeß, mit der bloßen Kraft seines Gehirnes, seine Partei umzudenken: Innerhalb weniger Jahre drehte er das Image der burgenländischen SPÖ um 180 Grad: von der antiklerikalen, militanten, klassenkämpferischen, kulturfeindlichen, wirtschaftlich inaktiven Weltanschauungspartei zur pluralistischen, weltoffenen Problemlösungspartei, in der man – zuallererst in Österreich – nicht mehr „Genosse" und nur selten „Freundschaft" sagte. Statt der üblichen Parteiprogramm-Phrasen verfaßte er ein burgenländisches Aktionsprogramm, das lange vor Kreiskys Programmen konkrete Analysen der burgenländischen Situation und konkrete Lösungsvorschläge anbot. Statt in SPÖ-Rot wurde das Bändchen in Blau gebunden und bewußt an Andersgläubige verschickt. Statt eines Stabes von Fachleuten beschäftigte Sinowatz als Forscher, Planer und Formulierer nur einen einzigen Mann: den Doktor der Geschichte, der Germanistik und der Zeitungswissenschaften Fred Sinowatz.

Um seine Vorstellungen in der lethargisch gewordenen Bevölkerung des verarmten Grenzlandes wirksam werden zu lassen, bedurfte es nur noch des entsprechenden emotionalen Stoßes: Sinowatz erfand die Burgenland-Ideologie. Burgenland-Bewußtsein als Ersatz-Selbstbewußtsein: vom „burgenländischen Weg zur Industrialisierung" über „burgenländische Weine" bis hin zur „burgenländischen Kultur", von der der heutige Kulturreferent Landesrat Mader sagt, sie habe überhaupt erst mit Sinowatz begonnen.

Berühmt gewordenes Lehrbeispiel: die Revitalisierung der burgenländischen Burgen, indem sie Malern, Bildhauern und Schriftstellern als Wohnsitz angeboten wurden.

Wie bewußt – wie wenig chauvinistisch – Sinowatz in seiner burgenländischen Kulturpolitik vorging, bewies er wenige Jahre später: Als das burgenländische Kulturbewußtsein einmal gesichert war, erfand der Germanist die „pannonische Zusammenarbeit“ und reintegrierte das kleine Bundesland damit in einer zweiten Phase in einen viel größeren, übernationalen kulturellen Raum. „Kultur“, so der Historiker Sinowatz, „ist etwas Essentielles: Es gibt kein Gesellschaftsmodell ohne kulturelle Durchdringung.“

So durchdrang – innerhalb weniger Jahre – Sinowatz’ Politkultur und Kulturgesinnung das Gesellschaftsmodell des Burgenlandes. Um den Erfolg dieser ideologischen Kleinarbeit manifest werden zu lassen, ihn in Wählerstimmen umzumünzen, fehlte in der Rechnung des Doktors der Geschichte (und es war in erstaunlichem Maße eine Rechnung) nur noch ein charismatischer Führer, der den geänderten Parteizustand auch nach außen hin repräsentierte: Fred Sinowatz erfand Theodor Kery.

Er erfand ihn als Antipoden zu sich selbst: Kery groß und asketisch, Sinowatz klein und dicklich. Kery vernarrt in technisches Spielzeug, Lehrer der Mathematik und der Physik, Sinowatz ein Geisteswissenschaftler, der Mathematik zu seinen Angstgegenständen zählte und alle seine Beamten wissen ließ: „Pläne brauchts mir gar ned erst zeigen, i versteh s’ sowieso ned.“ Kery ein halber Aristokrat, Sinowatz ein halber Proletarier. Kery selbstsicher, überheblich, autoritär. Sinowatz gehemmt, von Zweifeln geplagt, kompromißloser Demokrat. Sinowatz hat sein Verhältnis zu Kery einmal mit „Haßliebe“ umschrieben. Und dieses Mehr an Gefühl, das in seinen sonst so rationalen Kalkulationen versteckt war, ist die Wurzel der heute zunehmend sichtbar werdenden systemimmanenten Spannungszustände: Solange Sinowatz noch im Lande war, dämpfte er die autoritären Züge seines Landsmannes, milderte er die Folgen schneller, selbstsicherer, aber undurchdachter Entschlüsse, versöhnte er brüskierte Gesprächspartner; fand er Wege, abgeschlagene Ansuchen doch noch zu erfüllen und der ÖVP das Gefühl sinnvoller Partnerschaft zu geben. Sinowatz schuf, indem er Kery erfand, auch die absolute Notwendigkeit seiner eigenen Stellung.

Jetzt, da er außer Landes ist, kippt Kery, des Gegengewichts beraubt, in Richtung seiner Neigung: nach rechts.

Nach den Erfolgswahlen von 1971 wurde Sinowatz während eines Empfanges für eine oberösterreichische Musikkapelle im Eisenstädter Schloß von Kreisky angerufen, der ihm lapidar mitteilte: „Der Poldi (Gratz) is' bei mir und meint, du solltest sein Nachfolger im Unterrichtsministerium werden."

Am Wochenende darauf traf Sinowatz bei einem Spaziergang in Neufeld seinen Onkel Josef Csech: Der altgediente Funktionär und Bürgermeister warnte ihn vor dem Gang nach Wien. Er sei im Land wichtiger. Er könne sich zwischen zwei Stühle setzen, auf dem glatten Boden des Minoritenplatzes ausrutschen. Aber Sinowatz – der es vor Jahren nicht wagte, den Vorsitz im Burgenländischen Jugendrat anzunehmen, weil er meinte, sein Äußeres würde die Jugendlichen abstoßen – hatte sich – zwar zögernd, aber letztlich doch voll Freude über die Anerkennung – schon entschieden: Am 21. Oktober trat er die Nachfolge seines Freundes Leopold Gratz als Unterrichtsminister an.

Die beiden kannten einander aus der Zeit, in der Gratz Zentralsekretär der SPÖ war. Wie Sinowatz im Burgenland, hatte Gratz bundesweit für die Öffnung der SPÖ gekämpft. Gemeinsam waren sie gegen die Verknöcherung der Organisation angetreten und hatten bei Whisky mit Eis einander ihre Reform-Überzeugung gestanden: „Wenn einer Fischen geht und ein Sozialist ist, muß er nicht unbedingt zum Arbeiter-Fischerei-Verein gehören." Nach der Wahlniederlage von 1966 war die burgenländische Landesparteiorganisation die erste, die öffentlich die Kür Kreiskys zum Parteiobmann forderte, und im stillen Kämmerlein bastelten Gratz und Sinowatz am zugehörigen roten Marketingkonzept: Sinowatz' Burgenland-Modell wurde auf Österreich übertragen.

Aus der gemeinsamen Arbeit entstand eine enge Freundschaft: Die Familien Gratz und Sinowatz gingen ständig gemeinsam auf Urlaub, und erst in diesem Jahr will Sinowatz ausspringen, weil er, statt in den Süden zu gehen, in Österreich bleiben will.

In mancher Hinsicht ähnelt das Verhältnis des neuen Unterrichtsministers zu seinem Vorgänger frappant jenem zwischen Sinowatz und Kery: Der korpulente, schwerlebige Burgenländer bewundert – um nicht zu sagen beneidet – den leichtlebigen, eleganten Wiener. Selbst noch die Eskapaden des SP-Klubobmannes

– seine Autorasereien etwa, hinter denen sich ein gerütteltes Maß an Rücksichtslosigkeit verbirgt – nötigen dem schwerblütigen Familienmenschen aus Neufeld Sympathien ab: als Ausbrüche aus dem Trott, Überwindung jener inneren Verspannung, die Sinowatz beklemmt.

Gratz spielt – bei allem Ehrgeiz – mit der Politik. Sinowatz ist sie Lebensinhalt. Gratz empfand das Unterrichtsministerium als amüsantes Durchgangsstadium. Sinowatz empfindet es als „ernste Aufgabe“. Gratz kam selten vor elf ins Büro, Sinowatz kommt nie nach acht. Gratz reichte Arbeit weiter und war über alles froh, was nicht auf seinen Schreibtisch kam, Sinowatz zieht Arbeit an sich und betrachtet seine Mitarbeiter als Informationssammler, die ihm die Entscheidung nicht abnehmen können: Er vertieft sich in Akten, kennt sie gründlicher als seine Referenten und schließt mit seinen präzisen Entscheidungen lange Prozesse diffizilen Abwägens ab.

Leopold Gratz hatte am Minoritenplatz zwar wenig sachliche, aber um so mehr persönliche Erfolge errungen: Ohne daß die Öffentlichkeit oder die Journalisten eigentlich recht wußten, was er tat – jedenfalls nichts Unsinniges –, war ihm allenthalben – selbst im schwarzen Korps der Beamten – Sympathie entgegengeschlagen. Sinowatz schlug negativ getönte Neugier entgegen. Die Unsicherheit des sensiblen Burgenländers entlud sich in dem seltsamsten Satz, mit dem je ein österreichischer Minister seine Beamten begrüßt haben dürfte: „I hab’ an Wein mitbracht.“ Sprach’s und öffnete wie der Onkel vom Land eine Aktentasche, aus der er körperwarme Flaschen eines – exzellenten – Roten holte, die er unter die verdutzten Mitarbeiter verteilte.

Für die Öffentlichkeit existierte Sinowatz vorerst überhaupt nicht. Die Massenmedien wußten ihm weder Gutes noch Schlechtes nachzusagen und hielten sich im Zweifel an seinen burgenländischen Ruf eines tüchtigen Mannes ohne Eigenschaften. Eine Reihe von Österreichern – so förderten Meinungsumfragen zutage – vermuteten noch lange nach Sinowatz’ Amtsantritt – Poldi Gratz am Minoritenplatz.

Bis zum Fall Schranz.

So wie Sinowatz später durch die – im Verhältnis zu den Gesamtproblemen des Ressorts – nebensächliche Schulbuchaktion zum Buhmann der Nation wurde, wurde er im Sapporo-Winter durch sein noch viel nebensächlicheres Agieren im Fall Schranz zu ihrem Liebling: Wochenlang begeisterten sich Volk und Presse an der unösterreichischen Drastik, mit der der „Löwe von Eisenstadt" das Unrecht verdammte, das eine feindliche Umwelt dem „einsamen Wolf vom Arlberg" antat.

Sinowatz – so der einmütige Chor aller, die ihn damals in Aktion sahen – wußte bei jedem Satz, den er aussprach, um seine Wirkung. Von Natur aus alles eher als ein Chauvinist, spielte er mit jener nachtwandlerischen Sicherheit auf der Klaviatur der nationalen Emotionen, die seine Freunde schon im Burgenland gelegentlich geängstigt hatte. Aber so wie Sinowatz die Burgenland-Ideologie nur deshalb so gut erfinden konnte, weil er tatsächlich eine fast körperliche Beziehung zu seiner Heimat hat, konnte der Unterrichtsminister seine Zornausbrüche im Fall Schranz nur deshalb so überzeugend gestalten, weil seine rationale Berechnung in irrationale Emotionen eingebettet war.

Der kleingewachsene 100-Kilo-Mann liebt den Sport. Es gibt niemanden, dem er nicht schon in der ersten Phase des Gespräches erzählt, daß er in seiner Jugend ein ausgezeichneter Fußballer war, der sogar als rechter Außenstürmer dem burgenländischen Jugendkader angehörte. Drei Semester lang studierte er Leibeserziehung. Das Klischee vom „kleinen, dicklichen Parteisekretär", auf das Berichte über ihn nur selten verzichten können, verletzt ihn, auch wenn er es lächelnd als einen Teil seines Images akzeptiert.

Es ist tatsächlich ein Klischee: So wie Sinowatz' grobschlächtiges Gesicht im ersten Augenblick seine Sensibilität verbirgt, wie seine ungeschickte Sprache seine Intelligenz verdeckt, täuscht seine Korpulenz über seine Kraft hinweg. Sinowatz ist körperlich stark – nur diese Roßnatur läßt ihn seine derzeitige Doppelfunktion einigermaßen durchstehen. Er gehört in die Gruppe jener massiven Pykniker, deren tonnenförmiger Oberkörper schon zu einem Zeitpunkt Bauch vorspiegelt, da sie ihn noch gar nicht haben. Eine Zeitlang versuchte der Neufelder Fußballer seiner Neigung zum Dickwerden mit Gewaltkuren zu begegnen. Kurz nach seiner Heirat nahm er einmal 20 Kilo in ein paar Wochen ab, um sie in wenigen Monaten wieder zuzunehmen. Doch irgendwann war Sinowatz trotz seiner Kraft zu schwer, um noch schnell zu laufen: Er mußte sich damit abfinden – wie mit seinem Gewicht.

Sinowatz ißt exzessiv. Hausmannskost, Knödel, Blutwurst, dazu gewaltige Mengen Alkohol. Es kann vorkommen, daß er spätabends heimkommt, den Eisschrank aufmacht und eine Schüssel kalten Spinat in sich hineinlöffelt, weil er das Aufwärmen nicht abwarten will. Sein Eßdrang ist auffällig: „Als ich unlängst in einer Zeitschrift gelesen hab', daß Menschen, denen als Kind irgend etwas vorenthalten worden ist, später so gierig essen, hab' ich sofort an den Fredl denken müssen", wagt selbst ein kleiner Eisenstädter Funktionär psychoanalytische Deutung.

Wenn man Sinowatz sagt, er habe abgenommen, kann man ihm eine Freude machen. Eine Sauna im Keller seines Hauses gehört zu dem wenigen Luxus, den er sich leistet, und er opfert ihr ein gut Teil seiner spärlichen Wochenend-Freizeit. Als er noch nicht Minister war, schwamm er an jedem Morgen über den Neufelder See und zurück, um sich fit zu halten, und jetzt im Winter schafft er sich durch acht bis fünfzehn Kilometer lange Spaziergänge das notwendige Training.

Sinowatz, dem die Öffentlichkeit einen Staatssekretär für Sport beigeben möchte, weil er „nicht eben sportlich wirkt" (so eine „Kurier"-Befragte), ist wahrscheinlich der beste Sportler der Regierung. Aber während Gratz, Androsch oder Burgenlands Kery mühelos sportliche Eleganz ausstrahlen, muß man Sinowatz erst laufen, fußballspielen oder schwimmen sehen, um ihm seine Sportlichkeit zu glauben. Die anderen haben Talent, er hat Kraft. Androsch schlägt beim Tennis Luftlöcher, aber er bewegt sich wie ein Champion. Sinowatz trifft ins Tor, aber er bewegt sich wie eine Lokomotive. Jene holen ein Minimum aus optimalen Voraussetzungen, er holt ein Maximum aus schlechten: So wie Sinowatz seinem Gesicht getrotzt hat, indem er im Zeitalter der Television Politiker wurde, so trotzt er seinem Hang zum Dickwerden sportliche Leistung ab.

Er hat diese Selbstüberwindung mit einem Supersportler gemeinsam: Karl Schranz, den das Gros der Schielite an Leichtigkeit, Geschmeidigkeit und Bewegungsgefühl hundertmal übertrifft, der mit seinen kurzen Gliedmaßen und seinen breiten Hüften das Gegenteil des geborenen Schifahrers ist, trotzte diesen mäßigen Voraussetzungen den Rang des besten Schiläufers aller Zeiten ab. Die anderen hatten Talent, er hatte Kraft. Sie hatten Spaß, er hatte Ehrgeiz. Er kämpfte mit der Piste, wo andere mit ihr spielten. Es dauerte Jahre, ehe er sich durch permanente Superleistung Sympathien erkämpfte, die anderen nach einem einzigen Sieg entgegenströmten. Schranz ist der Erfolg, wie Sinowatz, nie zugeflogen: Er hat ihn sich erarbeiten müssen, indem er doppelt soviel trainierte, doppelt soviel leistete als jeder andere.

Daß dieser Karl Schranz, der für den Sport lebt wie Sinowatz für die Politik, um die Früchte seiner Anstrengungen gebracht werden sollte, war für den verhinderten Fußballer aus Neufeld mehr als bloß die unsinnige Auslegung eines überholten Reglements: Es war schmerzhafte, einfühlbare Ungerechtigkeit.

„Und ich hasse Ungerechtigkeit, wie ich sonst eigentlich fast nichts hasse."

Diesen Satz spricht Sinowatz bewußt: Er ist kalkuliert wie seine burgenländischen Wahlparolen und seine Kommentare für Kery.

Als der Unterrichtsminister später bemerkte, daß die Schranz-Hysterie, die er so heftig mitgeschaffen hatte, außer Kontrolle geriet – ähnlich dem Kery-Kult in Eisenstadt –, erschrak er. Er zwang sich, Gerd Bachers publicityträchtigen Vorschlag, den Nationalhelden mit dem Hubschrauber auf dem Heldenplatz landen zu lassen und im Triumphzug heimzuholen, im letzten Augenblick abzulehnen.

Die einsetzende Selbstkritik sublimierte Sinowatz zur Medienkritik: „Ich hab' damals erkannt, daß die Macht des Fernsehens noch viel größer ist, als ich dachte. Wir alle sind dagegen hilflos. Und das kann in einem anderen Fall lebensgefährlich sein."

Wie die meisten Mitglieder der Regierung Kreisky hat Sinowatz ein Intimverhältnis zu den Massenmedien. Es gab in seinem Leben längere Perioden, in denen er ernsthaft überlegte, Journalist zu werden. Seine erste politische Leistung im Burgenland war die Reform der „Burgenländischen Freiheit“, die unter seiner Chefredaktion aus den parteiüblichen roten Zahlen kam. Die Hemmung, die beim Sprechen Sinowatz’ intellektuelle Fähigkeiten verstümmelt, ist beim Schreiben nicht vorhanden: Seine Analysen der Parteiorganisation in der „Zukunft“ gehörten zu den besten Politbeiträgen der roten Elite-Schrift. Seine selbstverfaßten burgenländischen Aktionsprogramme waren Vorbild für den neuen Stil der SP-Werbebroschüren. Der Begleittext zu einer Kery-Schallplatte, den Sinowatz anonym verfaßte, spiegelt die ganze Skala seiner journalistischen Talente: sprachliche Gewandtheit, die Fähigkeit, andere Menschen sehr genau zu beobachten und vor allem: den Leser gerade durch das Weglassen der üblichen Politwerbung massiv zu manipulieren.

Stünde ihm nicht sein Äußeres im Wege, Sinowatz wäre als Public-Relation-Manager vielleicht sogar Bruno Kreisky überlegen, denn anders als jener verläßt er sich nicht bloß auf sein „G’spür“ (das nichtsdestotrotz recht ausgebildet ist), sondern denkt seine Werbefeldzüge bis in die letzten Einzelheiten durch.

Wenn Kreisky einmal abtreten wird, wird Sinowatz seine Rolle als sozialdemokratische Werbeagentur übernehmen.

Im Herbst des abgelaufenen Jahres erfuhr Medienspezialist Sinowatz die Macht der Medien am eigenen Leibe: Presse und Rundfunk verdichteten die verstreuten Zusammenbrüche der Schulbuchaktion zur Schulbuchmisere. Daß Kinder, die früher überhaupt kein Schulbuch bekamen, es jetzt verspätet bezogen, wurde zum Fiasko Sinowatzscher Schulpolitik hochstilisiert.

Selbst seine treuen Parteigänger im Burgenland – die Arbeiter zwischen Podersdorf und Neufeld – begriffen ihn nicht. Als Parteisekretär war er ein harter Rechner gewesen, hatte die Mittel der Partei nicht wie früher nach dem Gießkannenprinzip, sondern gezielt und mit maximaler Wirkung ausgegeben. Nun schüttelte er als Unterrichtsminister das Geld des Staates in einer Phase finanzieller Anspannung breit über arm und reich und versagte zudem in seiner Urdomäne: der Organisation.

Daß er daran kaum Schuld trägt, nutzt ihm wenig: Wie Ingrid

Leodolter bei der Gesundenuntersuchung löffelt Sinowatz schweigend eine Kreisky-Suppe aus. „Das kostenlose Schulbuch machen wir noch in diesem Jahr", hatte der Parteichef eine seiner plötzlichen Eingebungen zur sozialistischen Schulpolitik erhoben, und Sinowatz – der die Aktion gerade erst durchdachte, ihre Durchführung für Sommer 1973 geplant hatte – ließ sich breitschlagen.

Als er in aller Naivität in die Fernsehkameras sagte, daß seine Kinder ihre Bücher durchaus bekommen hätten, erntete er den Spott der Nation. Dabei offenbart die politische Fehlleistung nur seine fehlende Integration ins politische Establishment: Sinowatz kommt noch nicht auf die Idee, daß man ihn, seine Frau oder seine Kinder bevorzugt behandeln könnte.

So wie der Fall Schranz Sinowatz zu unverdienter Popularität verholfen hatte, vernichtete nur ein in der Luftröhre steckengebliebenes Wahlzuckerl mit einem Schlag seinen gesamten Kredit. Während Unterrichtsminister vor ihm Österreichs Schulsystem ungestraft verkommen lassen durften, entzündete sich an ein paar zu spät ausgelieferten Wörterbüchern die Forderung nach Sinowatz' Rücktritt.

Der Geschlagene, der die Niederlage zum „Berufsrisiko" verharmlost, versucht auf die für ihn typische Weise durch mühsame Detailarbeit zu retten, was zu retten ist: Er überarbeitete persönlich das unglückliche – von der Vielzahl der wirtschaftlichen Interessen geformte – Verteilungssystem. Mit der Einführung der „Arbeitsbücher", in die hineingeschrieben werden kann, hauchte er dem Wegwerf-Schulbuch nachträgliche Lebensberechtigung ein. Der aufkeimenden Kritik aus den eigenen Reihen, es wäre sozialistischer gewesen, die vorhandenen Mittel gezielt für Unterprivilegierte einzusetzen, setzte er eine gekonnte nachträgliche ideologische Rechtfertigung entgegen: Es sei bei dieser Aktion in Wahrheit gar nicht so sehr darum gegangen, finanzielle Barrieren zu beseitigen; die existierten längst nicht mehr in dem Maße, in dem Klassenkämpfer dagegen anstürmten. Vielmehr sei es um das Aufbrechen einer emotionalen Schranke gegangen: Gratisschulbuch und Schülerfreifahrt sollten ganz allgemein das Gefühl vermitteln, daß Bildung ein Anrecht ist, das nicht erst mühsam erkauft werden muß. Irgendwann – so entrückt Sinowatz die Wahlschlager in den Bereich der Philosophie – würde es eine Zukunft geben, in der die Schule aufhört, Bestandteil und Voraussetzung jener Leistungsgesellschaft zu sein, in der sich Eltern abrackern, um Kindern eine Ausbildung zu ermöglichen, die sie befähigt, sich dereinst abzurackern. Schule sollte in einem sozialistischen Utopia in die Kategorie des kulturellen Vergnügens fallen, in dem Großzügigkeit statt kleinkrämerischer Enge herrscht. „Diese Grundhaltung zur Schule" – so der Unterrichtsminister, der zeitlebens aus antiquarischen Mangelbüchern lernen mußte – „müssen wir langsam vorbereiten, auch wenn es unseren Sparsamkeitsidealen widerspricht."

Für Sinowatz münden letztlich alle politischen Fragestellungen in solche der menschlichen Selbstverwirklichung. Auch Sozialismus ist da nur ein Mittel zum Zweck – der, wie er glaubt, relativ brauchbarste Weg zu dieser Selbstverwirklichung. „Ich habe mich immer gegen den Totalitätsanspruch des Sozialismus gewehrt: Es gibt kein ‚sozialistisches Glück' – nicht einmal eine ‚sozialistische Kultur'."

In Eisenstadt strich der SP-Kultur-Landesrat die Subventionen diverser sozialistischer Organisationen zusammen, die außer ihrer eigenen Regeneration nichts Schöpferisches vorzuweisen hatten. Lieber als mit verknöcherten Parteiorganisationen arbeitete Sinowatz mit der Kirche zusammen. (Nicht ohne im Bischofshof nachdrücklich zu deponieren, daß ihm ein begabter junger ÖVP-Mann von hinten lieber sei als eine rote Null von vorn.)

Als er zum Unterrichtsminister berufen wurde, ergänzte er seine Absage an eine „sozialistische Kultur" um ein Bekenntnis zum Kulturpluralismus: „Es geht nicht um die Sozialisierung, sondern um die Demokratisierung der Kulturlandschaft."

„Sinowatz", so sein von Gratz geerbter Kulturberater Dr. Fritz Hermann, „betreibt liberale Kulturpolitik: Die bewahrenden traditionellen Strömungen haben darin genauso Platz wie die progressiven."

In seinen Prunkraum am Minoritenplatz hat Sinowatz als einzigen persönlichen Beitrag eine nicht sehr originelle Kedl-Plastik eingebracht. In seinem Arbeitszimmer in Neufeld hängt als Prunkstück eine brave Lehmden-Zeichnung. Wie vielen Mitgliedern des neuen SP-Establishments ist auch ihm die „Wiener Schule des Phantastischen Realismus" der Inbegriff moderner Malerei. Sinowatz beschreibt ein Sinowatz-Problem, wenn er davon spricht, daß „die neue Welle des Wohlstandes auf kulturellem Gebiet vorerst eher Kleinbürgerliches hervorbringen wird".

Doch Sinowatz spiegelt auch schon den Übergang: In der Eßnische seines Wohnzimmers hat der unvermeidliche Wandverbau noch jene unvermeidlichen barocken Verzierungen, die dann im zweiten Teil des Raumes einer vorerst noch langweiligen Sachlichkeit geopfert werden. Aber die neue Sitzgarnitur, die es erst seit ein paar Wochen gibt, ist schon ein erstklassiges Design. Und dahinter plakatiert ein delikatfarbener Wandteppich den Durchbruch zum Wagnis persönlichen Geschmacks.

Sinowatz weiß, wie man der Kultur ein neues Publikum erschließt, weil er selbst ihm angehört.

Der begeisterte Theaterbesucher – „Die einzige Repräsentationspflicht, die mich freut" – genießt noch jene Oper und jenes Theater, das grundsätzlich in Frage zu stellen derzeit progressive Mode ist. Er ist glücklich, wenn er mit seiner Frau einen Abend in der Josefstadt verbracht hat, und bekennt sich dazu: „Auch das Vergnügen des österreichischen Mittelstandes, der höheren Angestellten und Beamten, die im Foyer promenieren, ist ein Stück Kultur."

Seine Vorstellungen von einer „Demokratisierung der Kulturlandschaft" sind quantitativ: Daß die Bundestheater täglich 1,9 Millionen Schilling kosten, während andere Bereiche des Kulturlebens in Tausendern abgerechnet werden, ist für ihn kein grundlegender Fehler im System, sondern „sicherlich ein Mißverhältnis".

Als Unterrichtsminister hätte er die Möglichkeit, dieses Mißverhältnis energisch zu korrigieren, aber zu mehr als dem Bekenntnis, kleine Bühnen verstärkt zu subventionieren, reicht es nicht. Seine Scheu, „gewachsene Strukturen" anzugreifen – „Es ist so leicht, etwas Vorhandenes zu zerstören, ohne etwas Neues aufzubauen" –, bremst sein von Natur aus behutsames Agieren noch weiter ein. Höchstens hinter vorgehaltener Hand begehrt der Unterrichtsminister gelegentlich gegen die bestehende kulturelle Ordnung auf: „Wenn ich den Philharmonikern die Subventionen kürze", so wird ein Sinowatz-Ausspruch kolportiert, „dann stempelt mich die sogenannte kulturelle Elite noch am selben Tag zum burgenländischen Banausen, der das Wiener Kulturleben endgültig umbringt. Und das sagen dann nicht bloß die Leute, die wirklich ins Burgtheater oder in die Oper gehen, sondern auch alle, die noch nie dort waren: Burg, Oper und Philharmoniker, das sind doch für die Österreicher Synonyme für Kultur."

Auch für Sinowatz. Seine kulturellen Neigungen sind – mit kleinen modischen Modifikationen – bewahrend, wie es die des Leopold Gratz, des Dr. Piffl-Perčević oder des Dr. Heinrich Drimmel waren. Doch diesen bewahrenden Neigungen widersetzt sich bei Sinowatz sein Intellekt: In jener ferneren Zukunft, in der die Leistungsgesellschaft sich überlebt haben wird, sieht auch er Kultur als integralen Bestandteil im Leben jedes einzelnen. Dann schwingt er sich zu Formulierungen auf wie: „Eine Zukunftsgesellschaft ohne kulturelle Durchdringung wäre sinnlos. Kultur darf keine Verzierung sein, sie muß alle unsere Lebensäußerungen prägen."

Das Problem ist für Sinowatz der Übergang: Wie sollen Menschen, die vom traditionellen Kulturbewußtsein geprägt sind, ein neues installieren? Wer garantiert uns, daß wir nicht das eine kaputtmachen, ohne das andere zu erringen? Kann eine solche Revolution überhaupt von einem Unterrichtsminister verordnet werden, oder muß er nicht viel eher versuchen, die Sprünge irgendwie zu kitten, bis sich ein neues Kulturbewußtsein durchgesetzt hat?

Es ist Sinowatz' Urdilemma: der Widerspruch zwischen seiner Einsicht in die Komplexität gesellschaftlicher Phänomene und dem Zwang, hier und jetzt Entscheidungen zu fällen: „Ich habe immer", bekannte er einmal Freunden, „die Menschen bewundert, die das ohne Skrupel können. Vielleicht bringen es wirklich die, die am wenigsten nachdenken, am meisten weiter."

Sinowatz' Respekt vor Gewachsenem und seine Scheu vor unbedachten Einschnitten ist auch sein Handikap – und sein Kapital – in der Schulpolitik: Er hat von seinen Vorgängern einen gordischen Knoten ineinander verschlungener, zufälliger struktureller Schulprobleme geerbt und hegt tiefe prinzipielle Zweifel an der Möglichkeit, ihn mit einem einzigen Streich zu durchschlagen.

Obwohl er es nicht explizite ausgesprochen hat, gibt es für ihn so wenig eine „sozialistische Schulpolitik", wie er eine „sozialistische Kulturpolitik" anerkennt. Schon in Eisenstadt gehörte er etwa zu den energischen Fürsprechern einer Förderung der katholischen und sonstigen privaten Schulen, ohne sich vom Gezeter, man leiste damit der Reaktion Vorschub, beeindrucken zu lassen. Als Unterrichtsminister in Wien steht er in gedämpftem, aber spürbarem Widerspruch zum roten Wiener Schulestablishment. Er formuliert ihn vorsichtig als seine „Scheu", Schulfragen aus einem „bloß ideologischen Blickwinkel" anzufassen.

Seit die Wirtschaftsmonopole durch die Gewerkschaften gebrochen sind, ist das Bildungsmonopol freilich der zentrale Gegenstand ideologischer Auseinandersetzungen:

Im konservativen Klischee ist die ungleiche Bildung der letzte Beweis für die naturgegebene Ungleichheit der Menschen. Ausgehend von der Überzeugung, daß die Intelligenz zum überwiegenden Teil angeboren sei, ergibt sich zuerst die sinnvolle Aufspaltung in „höhere" und „niedere" Bildungswege und in der Folge die „gerechte Unterscheidung" in „gehobene" und „niedrige" soziale Schichten. Die sozialen Unterschiede ergeben sich nach dieser Theorie als natürliche Auslese der wenigen Begabten aus der Masse der Unbegabten. Die Angst der Rechten vor der Integration der „höheren" und der „niederen" Bildungswege wird damit zur Angst vor der Verwischung der Klassenunterschiede schlechthin.

Dem hat die Linke ihr Gegenklischee entgegengestellt: Es geht von der Voraussetzung aus, daß Intelligenz und andere Begabungen vorwiegend ein Produkt der Erziehung und der vermittelten Bildung sind. Daraus ergibt sich die Erwartung, daß bei gleichem Bildungsweg die Kinder aus den „niedrigen" sozialen Schichten jenen aus „gehobenen" Schichten im Lernerfolg nicht nachstehen, und als Utopie die Hoffnung, daß die Integration von Hauptschule und Mittelschule auch zur gesellschaftlichen Integration führen würde. Die Angst der Linken vor der Konservierung der unterschiedlichen Bildungswege ist die Angst vor der Konservierung der Klassengegensätze schlechthin.

Aus diesem linken ideologischen Klischee wuchs – selbstverständlich verfeinert, selbstverständlich modifiziert, selbstverständlich durch Erfahrungen und Kompromisse abgeschliffen – das Schulmodell der „integrierten Gesamtschule" mit gleichem Lehrstoff und gleichen Lehrern für jedes Kind bis 14 Jahre. Es steht – in Österreich und anderswo – dem konservativen Schulmodell gegenüber, das Schulsystem in seinen Grundzügen zu belassen, wie es ist, und lediglich durch ständige Detailmodifikationen seine Leistungsfähigkeit als Elite-Auslese zu verbessern.

In der österreichischen Praxis haben freilich beide längst wesentliche Abstriche gemacht: Die SPÖ hat Leistungsgruppen in ihr Modell eingebaut und damit doch wieder Möglichkeiten zur Differenzierung eingeräumt. Die ÖVP hat Stützungsgruppen eingebaut und damit die Möglichkeit eröffnet, Kinder aus bildungsfeindlichem Milieu langsam an ihre Kameraden heranzuführen.

Alle sind entschlossen, den Übergang aus den Haupt- in die Mittelschulen ständig – durch Annäherung der Lehrpläne und eigene Übergangskurse – zu erleichtern: die Roten, um damit die endgültige Integration vorzubereiten, die Schwarzen, um durch die Wahrung der Aufstiegschance die totale Integration überflüssig werden zu lassen.

Das Problem des Dr. Fred Sinowatz besteht darin, daß er die ideologische Durchdringung der Schulfrage nicht nur beim Gegner, sondern auch in den eigenen Reihen durchschaut. Er sieht den Kompromiß voraus, den die beiden gesellschaftlichen Strömungen letztlich eingehen werden (und der wohl auf der Erkenntnis beruhen dürfte, daß Begabungen weder ausschließlich angeboren, noch aber unbegrenzt formbar sind). Damit aber erfüllt Sinowatz das Dilemma aller Liberalen: Indem er in einer mehrheitlich konservativen Umgebung darauf verzichtet, ein progressives Extrem zu fordern, läßt er de facto zu, daß der einzugehende Kompromiß nach rechts verschoben ist. Sinowatz teilt dieses Reformer-Unglück brüderlich mit seiner Kollegin von den Hochschulen, Hertha Firnberg, die mit ihrer Universitätsgesetzgebung nicht vorankommt, weil es ihr widerstrebt, linke Maximalforderungen bloß zu dem Zweck aufzustellen, sie später gegen brauchbare Kompromisse einzutauschen.

So wie Firnberg einem Block verängstigter Universitätsprofessoren, steht Sinowatz einem Block verängstigter Mittelschulprofessoren gegenüber. An ihrem Widerstand scheitert der sogenannte „Ministerialentwurf" für die Lösung des Schulproblems: die „additive Gesamtschule", in der der Übergang aus der Haupt- in die Mittelschule dadurch erleichtert werden soll, daß beide Schultypen jeweils einen gemeinsamen Lehrkörper haben.

Das ideologische Grunddilemma der Schüler setzt sich auf der Ebene der Lehrer fort: Während die Mittelschulprofessoren davon ausgehen, daß sie es ausschließlich ihrem höheren intellektuellen Niveau verdanken, wenn sie besser ausgebildet und besser bezahlt an höheren Schulen sitzen, meinen die Hauptschullehrer, daß sie – gleiche Startbedingungen vorausgesetzt – die Konkurrenz mit ihren universitätsgebildeten Kollegen jederzeit bestehen könnten.

Derzeit löst die Macht des Faktischen freilich alle philosophischen Streitfragen: Der drückende Lehrermangel bringt es mit sich, daß sogar Studenten an den geheiligten Gymnasien unterrichten. Und die von den meisten Beteiligten befürwortete Auflassung der Aufnahmsprüfung zwingt die höheren Schulen, immer mehr und mehr erste Klassen einzurichten, so daß sie auf lange Sicht die Hauptschulen durch Aufsaugen integrieren werden. Da die Kapazität der Universitäten langsamer wächst als die der höheren Schulen, erwächst daraus die Gefahr, daß sich der Mittelschüler-Überschuß zum Maturanten-Proletariat aufstaut. Eine der vielen unauffälligen Weichenstellungen in der Periode Sinowatz besteht darin, daß er energisch die berufsbildenden höheren Schulen forciert, bei denen die Matura mit einer abgeschlossenen Fachausbildung verbunden ist.

Die große Weichenstellung – welches der drei Schulmodelle forciert werden soll – kann frühestens 1976 nach dem Auslaufen der Schulversuchsgesetzgebung vorgenommen werden. Wenn der Unterrichtsminister dann noch immer Sinowatz heißt, wird es freilich ein sehr vorsichtiges Forcieren sein: Die Zweifel an jeder „Generallösung“ sind bei Sinowatz zur Weltanschauung gesteigert; persönliche Zweifel, ob ein Unterrichtsminister einer bestimmten Regierung sich überhaupt anmaßen könne, in einem so komplexen Problem wie dem der Schulbildung alles auf eine Karte zu setzen. Prinzipielle Zweifel, ob er sich nicht darauf beschränken müßte, bestimmte Entwicklungen, die sich bewähren, voranzutreiben und andere, die sich nicht bewähren, zurückzunehmen. Fred Sinowatz ist kompromißbereit – nicht aus Angst vor Widerständen, sondern aus Überzeugung: „Ein progressives Schulwesen läßt sich nicht im luftleeren Raum errichten. Es funktioniert nicht, wenn die Mehrheit der Lehrer und die Mehrheit der Eltern dagegen ist.“ Als Credo: „Politische Maßnahmen müssen in einem tragfähigen Verhältnis zum gesellschaftlichen Bewußtsein stehen, sie dürften ihm nicht zu weit voraneilen, sonst schlägt das Pendel ins Gegenteil um.“

Bezüglich der Belastbarkeit dieses Verhältnisses ist der Vater zweier schulpflichtiger Kinder und Gatte einer ausgebildeten Lehrerin mehr als vorsichtig: „Ich bin nicht einmal ganz sicher, ob man zum Beispiel die Sexualaufklärung an den Schulen wirklich forcieren soll. Man muß sich doch fragen, ob man die Lehrer dazu hat? Ob man Menschen, die in diesen Bereichen von den Hemmungen ihrer Generation geprägt sind, vorschreiben soll, daß sie jetzt das Sexualverhalten einer neuen Generation mitbestimmen sollen.“

Das ist bei Sinowatz kein Vorwand für Prüderie: Als etwa Nennings „Forum“ vor Jahresfrist wegen gepfefferter Texte beim roten Establishment kräftig in Verruf geriet, hielt ihm Sinowatz eisern die Stange und dachte auch nicht daran, die Hefte, die er seit Jahren sammelt, vor seinen Kindern wegzuräumen. So wie er nicht sonderlich überzeugt ist von der positiven Wirkung schulischer Aufklärung, ist er auch nicht sonderlich überzeugt von der negativen Wirkung, die ein paar obszöne Worte oder Bilder haben könnten. Ein Mensch, so verbirgt sich dahinter eine bürgerliche Sinowatz-Überzeugung, wird zuallererst in seiner Familie geformt.

Von der Familie, die ihn geformt hat, spricht Sinowatz nur wenig. Seine alte Kindergartentante Ilona Lohner sagt, daß er „ein stilles Kind“ war, sein Onkel Josef Csech glaubt, daß er „relativ viel alleine“ gewesen ist, er selbst spricht einmal von seiner Tante, als er von seiner Mutter sprechen will.

Die Familie, die er sich selbst geschaffen hat, spiegelt bürgerliche Ordnung: eine auffallend hübsche, intelligente Frau, die die Wärme ausstrahlt, die ihm manchmal fehlt. Ein zwölfjähriger Bub namens Peter, mit dem er Fußball spielt und der sich darüber kränkt, wenn boshafte Lehrer in seiner Gegenwart von „unsinnigen Aktionen des Unterrichtsministeriums“ sprechen und ihn dabei wie zufällig anschauen. Eine 16jährige Tochter namens Eva, die Partys gibt, durch England trampt und sich im Augenblick für Peter Handke begeistert.

Sinowatz sieht seine Familie zehn, vielleicht zwanzig Stunden in der Woche. Die Frau, die seit Beginn seiner politischen Karriere mit dabei ist, hat sich notgedrungen damit abgefunden: „Ich sag' immer, jetzt bin ich schon so lang beim Geschäft.“ Die Tochter rebelliert manchmal, wenn der Vater um Mitternacht zu müde ist, in ihre Gesprächsversuche einzusteigen. Von seinem Buben wird man vielleicht einmal sagen, daß er „ein stilles Kind“ und „relativ viel alleine“ gewesen ist.

Wirkliche Risse, die die permanente Abwesenheit eines männlichen Zentrums in seiner Familie geschaffen haben könnten, bleiben unsichtbar.

Eher scheint Fred Sinowatz seine Familie als Zentrum zu brauchen: Er erträgt es nicht, länger als einen Tag von ihr getrennt zu sein. Selbst von Klausuren, wie jenen in Vöslau und Dürnstein, fährt er noch weit nach Mitternacht mit seinem Volkswagen nach Neufeld, um zu Hause zu schlafen. Einmal legte er sich zwischen einem Mitternachtstermin in Linz und einem 7-Uhr-Termin in Wien genau anderthalb Stunden in sein burgenländisches Bett. Es ist, als ob er – durch seinen Aufstieg aus den „gewachsenen Strukturen“ seines Milieus gerissen, durch seinen Intellekt an jeder Art von Gläubigkeit (auch der an den Sozialismus) gehindert, zwischen Wien und Eisenstadt pendelnd – einen Fixpunkt brauchte, der seine soziologische Entwurzelung kompensiert.

Dieser Punkt liegt 41 Kilometer östlich von Wien und zehn Kilometer westlich von Eisenstadt in der Dr.-Davy-Straße in Neufeld. Dort, so weiß Sinowatz, ist er mit Sicherheit zu Hause. Dort kennt er die umliegenden Plätze, die Spazier- und Wanderwege und weiß, daß sie sicher an ein Ziel führen. Nur dort kann er gelegentlich abschalten, entspannen, ganz selten sogar „faul sein".

Überall sonst ist Sinowatz bei aller äußeren Behäbigkeit ruhelos. Er arbeitet, solange er wach ist; er bedenkt sein Denken, solange sein Kopf arbeitet; ist geprägt von den inhumanen Zwängen der Generation seiner Eltern und verunsichert durch den geheimen Wunsch, sich diesen Zwängen nach den glücklicheren Gesetzen einer neuen Generation zu entziehen. Sich – gelegentlich wenigstens – aus der selbstgeschaffenen Kontrolle zu entlassen.

Doch das gelingt ihm nicht einmal, wenn er trinkt. In Eisenstadt war er berühmt dafür, daß er zwischen zehn Uhr abends und zwei Uhr früh eine Flasche Whisky und etliche Viertel Wein in sich hineinschütten konnte, ohne aus sich herauszugehen. Selbst wenn es (nach dem Dafürhalten seiner Freunde) urgemütlich war, ließ sich der schwere Burgenländer nie so weit gehen, daß die Selbstbeobachtung „aus dem Augenwinkel" erloschen wäre.

Erst in der Vision seines Alters vermag Fred Sinowatz Leistungsdruck und Entspannungssehnsucht zu vereinen: „Ich werde dann", verriet er Freunden, „die Dinge horten, sichten und ordnen – und lange Spaziergänge über die Felder machen."

Karl Schleinzer

Die Grenzen des Computers

Karl Schleinzer *war nach Josef Klaus erfolgreicher, aber ungeliebter Obmann der ÖVP.*

Der folgende Text erschien 1974 im profil.

Er schien fester im Sattel zu sitzen als je: sein alter Konkurrent Stephan Koren endgültig in die zweite Position abgedrängt, ein neuer weit und breit nicht sichtbar. Die Serie der Landeswahlerfolge durch den Triumph in Oberösterreich gekrönt, ein Aufwärtstrend der Gesamtpartei in allen Meinungsumfragen. Die Rivalität der Bünde schaumgebremst, erstmals in der Geschichte ein gemeinsames Programm. Und er selbst, gemessen an seinem Image, locker wie nie zuvor: Wenn Karl Schleinzer im Fernsehen gegen Bruno Kreisky kämpft, wirkt er nicht mehr in jeder Runde wie Hans Orsolics.

Die Führerrolle des großen Kühlen aus dem Süden scheint unumstritten.

Aber der Schein trügt. Wenn immer irgendwo in Österreich zwei VP-Funktionäre zusammenstehen und keine Angst haben, daß ihr Gespräch nach außen dringt, taucht spätestens nach fünf Minuten die Gretchenfrage auf: Kann man mit Schleinzer eine Wahl gewinnen?

In der konkreten Formulierung für die Parlamentswahlen des Herbstes 1975: Ist es denkbar, daß ein Volk, das Kreisky haben kann, sich Schleinzer nimmt?

In früheren Jahren wäre Schleinzers Intelligenz eine Attraktion gewesen, aber ein Kreisky in Hochform degradiert ihn zum Streber. In früheren Jahren hätte seine Fähigkeit, einen hochdeutschen Satz mit einem Zeitwort abzuschließen, das Bürgertum erfreut, aber neben Kreiskys Wortspielen wirkt seine Rhetorik klobig bis provinziell. In früheren Jahren hätte seine solide Ausstrahlung Schwankende beeindruckt, aber wenn Bruno Kreisky mit der ganzen vertrauenerweckenden Fülle seines Leibes und seiner Stimme „Ich bin der Meinung . . ." sagt, wirkt Schleinzer wie ein kleiner Sozialdemokrat im Angesicht eines Monarchen.

„Das Pech des Schleinzer", formuliert ein Wirtschaftsbündler, „ist, daß man ihn mit jeder seiner Qualitäten an Kreisky mißt." In stillen Stunden glaubt er freilich, daß das auch Schleinzers Glück ist: „Mit der Begründung, daß gegen Kreisky sowieso niemand eine Chance hat, verzichten wir darauf, auch nur zu versuchen, einen Mann von einiger Strahlungskraft zu finden."

Schleinzer bleibt unbestritten, weil es keine Alternative gibt.

Der schwarze Riese ist es gewohnt, von der Vernunft seiner Gegner zu leben. Er war ein ungeliebter Kompromißkandidat, als er Kärntner Obmann wurde, er war ein ungeliebter Kompromißkandidat, als er zuerst den Stuhl des Generalsekretärs und dann den Thron des Bundesparteiobmannes erklomm, und er ist ein Kompromißkandidat für die Kanzlerschaft. Er würde siegen, nicht weil man ihn will, sondern weil man Kreisky nicht mehr will.

Seit Jahren sprechen ihm Parteiorganisationen „volles Vertrauen" aus. Vertrauen besitzt er kaum. Schon als er 1961 als 37jähriger seine Bundeskarriere als Verteidigungsminister begann, begleitete ihn nicht Sympathie, sondern Respekt. Die Qualifikation „tüchtiger Technokrat", die er sich damals erwarb, verdeckte verdrängte Kritik: daß er ein Mann sei, dem weltanschauliches Fundament und persönliche Wärme fehlen.

Schleinzer, wiewohl ein Insider des Parteiapparates, ist ein Outsider der Partei:

- Er stammt aus einem Bundesland, in dem die ÖVP eine relativ schwache Rolle spielt.
- Er gehört nicht dem CV an, hat seine Neigung zur katholischen Kirche erst spät wiederentdeckt und besitzt auch sonst keinerlei christlich-sozialen Background.
- Es fehlt ihm trotz seiner ländlichen Herkunft völlig das volkstümlich Bodenständige, das eine ganze Generation von VP-Politikern ausgezeichnet hat.
- Er ist zwar Bauernbündler, aber nicht Vertreter jener selbstbewußten, dem Unternehmertum verwandten Bauernschaft, die

einen Leopold Figl stellte, sondern Aufsteiger aus dem ländlichen Proletariat.

- Obwohl er längst nicht mehr als ein Mann der Bundesländer gilt, ist er kein Wiener geworden: Gerade in der Konfrontation mit Bruno Kreisky wirkt er immer ein wenig wie der zugereiste Vetter aus der Provinz.

Schleinzer ist, in einer konservativen Partei, die noch bis vor kurzem eine Honoratioren-Partei war, so etwas wie ein Neureicher in der guten Gesellschaft: Man bringt ihm etwa die Sympathien entgegen, die man in der Buchhaltung einer traditionsreichen Firma einem Computer entgegenbringt.

Die Kühle der Partei gegenüber Schleinzer kehrt als Kälte Schleinzers gegenüber der Partei wieder. Freunde, so berichtete die „Weltwoche", attestieren ihm die Ausstrahlung eines Eiskastens. Feinde vergleichen seinen Charme mit dem eines Rasiermessers. Im Landwirtschaftsministerium sagt man ihm nach, er hätte dort, wo andere Leute das Herz sitzen haben, einen Eisblock.

Man kann dieselben Eigenschaften freilich auch aggressionsloser sehen: „In Wirklichkeit", so ein Schleinzer-Mitarbeiter in der Parteileitung, „ist er vor allem einsam."

Karl Schleinzer ist die Einsamkeit gewohnt. Die politische Einsamkeit des Outsiders, die soziologische Einsamkeit des entwurzelten Aufsteigers, aber auch eine ganz prosaisch räumliche: die Einsamkeit eines Bauernbuben in St. Gertraud, der vaterlos in einem kleinen Hof auf den schattigen Schräghängen des Lavanttales lebt.

Es ist das ziemlich genau der Landstrich, den Peter Handke in der Schlüsselstelle seines Bestsellers „Wunschloses Unglück" beschreibt:

„Das Klima dieser Gegend schwankt sehr: kalte Winter und schwüle Sommer, aber bei Sonnenuntergang oder auch nur bei Laubschatten fing man zu frösteln an. Viel Regen. Schon Anfang September oft tagelang nasser Nebel vor den viel zu kleinen Fenstern, Wassertropfen auf den Wäscheleinen, Kröten, die vor einem im Finsteren über den Weg sprangen, Mücken, Insekten,

Nachtfalter sogar am Tag, unter jedem Scheit in der Holzhütte Würmer und Asseln: davon mußte man abhängig werden, anderes gab es ja nicht. Selten wunschlos und irgendwie glücklich. Meistens wunschlos und ein bißchen unglücklich.“

Die meisten Wirtschaften des Lavanttales sind zu klein, um den, der sie bearbeitet, mehr als nur gerade zu ernähren. Wo das Land flacher oder durch Wälder reich ist, gehört es der Kirche, deren prächtige Klöster die ärmlichen Gehöfte der Pächter und Kleinbauern noch schäbiger erscheinen lassen.

Neben einem automatischen, unterwürfigen Katholizismus besteht in diesem Landstrich daher immer auch ein aufbegehrender Antiklerikalismus, der sich gegen die Kirche als Feudalherr richtet. Er ist neben der materiellen Armut einer der Gründe dafür, daß der Nationalsozialismus mit seinen starken antikirchlichen Tendenzen in dieser Gegend Kärntens einen noch günstigeren Nährboden fand als anderswo.

Die Schleinzers sind Kleinbauern mit achteinhalb Hektar. Daß auch sie in dieser Umwelt national sind, ist kein Zeichen besonderer Anfälligkeit, sondern ganz einfach die gängige Verhaltensweise. Der Nationalsozialismus wird in dieser Gegend als sozialrevolutionäre Bewegung begrüßt, als Chance für die Unterprivilegierten, hochzukommen. Er erfüllt Aufgaben, die die Kirche vernachlässigt und die die Sozialdemokratie noch nicht an sich gezogen hat: Begabten aus dem ländlichen Proletariat Bildungschancen und Zukunftsaussichten zu vermitteln.

Karl Schleinzer ist einer dieser Begabten. Als seine Familie von der Möglichkeit erfährt, ein sogenanntes Langenmarck-Stipendium zu bekommen, bewirbt er sich und wird als einer von vier aus vierzig Bewerbern ausgewählt.

Die Zeit, in der das politische Unterbewußtsein eines Menschen geprägt wird, verbringt Karl Schleinzer in einer NS-Parteischule. Das ist bei einem Halbwüchsigen nicht Schuld, sondern Schicksal. Ein Autoritätsverständnis, das sich fürs ganze Leben einprägt. Kaltes Duschen. Eine Vorliebe für Menschen mit ordentlich gezogenem Scheitel und festem Händedruck. Abneigung gegen Krankes, Schwaches, Zähigkeit wie Leder. Härte wie Krupp-Stahl. All dies nicht als bewußte politische Überzeugung, sondern als emotionaler Hintergrund, vor dem sich die Entscheidungen des heutigen Demokraten Karl Schleinzer abspielen.

Mit 16 tritt er – dem Trend der Gegend folgend – aus der Kirche aus, um erst sehr viele Jahre später wiedereinzutreten: Und so wie ihn der Nationalsozialismus in seiner formbarsten Zeit geprägt hat, ist die Prägung durch die Kirche unterblieben.

Als ein Vorteil für Schleinzers heutige Tätigkeit: Er löst sich leicht aus der bischöflichen Umarmung, in die sich die Regierung Klaus zunehmend begeben hatte. Als ein Nachteil für Schleinzers heutige Tätigkeit: weil ihm jenes christlich-soziale Bewußtsein fehlt, das den Sozialreformbestrebungen seiner Partei die Glaubwürdigkeit verliehe.

Schleinzer vermag der Partei so wenig weltanschauliche Linie zu geben, weil seine eigene gebrochen ist: Seine Weltsicht, die Weltsicht seiner Familie, brach im Jahre 1945 zusammen. Sie wich jener apolitischen Grundhaltung, die erst auf dem Umweg über die Technokratie wieder in die politischen Parteien Eingang fand. Schleinzer ist seine ganze Karriere hindurch ein Spezialist für „Sachfragen“, deren „objektive Lösung“ ihm „frei von Emotionen“ am Herzen liegt.

Als Schleinzer nach dem Krieg die Einordnung in politische Strukturen suchte, wendete er sich folgerichtig zuerst dem VdU zu: nicht weil er, wie mancherorts gemunkelt wurde, „immer noch ein Nazi“ war, sondern weil er dort die Vorstellungswelt seiner Kindheit wiederfand. Daß er dann doch bei der ÖVP landete, trägt die Züge des Zufalls: Schleinzer erwarb ein Doktorat an der Hochschule für Bodenkultur, und für eine Karriere in der Kärntner Landwirtschaftskammer war die Zugehörigkeit zum VP-Bauernbund die bessere Voraussetzung.

Hätte Karl Schleinzer nach dem Krieg zufällig nicht Landwirtschaft, sondern Medizin studiert, er hätte ebensogut dem Bund Sozialistischer Akademiker beitreten und ein Konkurrent Hans Simas werden können. Seine Herkunft hätte ihn dafür mindestens so sehr prädestiniert.

Schleinzer hat, im Gegensatz zu Kreisky, schon Schwielen an den Händen gehabt, als jener noch mit Gouvernante im Park spazierenging. Denn Arbeit begann für die Kinder in St. Gertraud und Umgebung, sobald sie ihre Gliedmaßen gebrauchen konnten: Heu treten, Holz holen, Butter stampfen, Kartoffeln, die die Großen übersehen haben, aus den Ackerfurchen graben. Arbeit dauert vom Morgengrauen bis in die Dunkelheit und schafft einen Rhythmus, aus dem man nie mehr herauskommt. Auch Jahrzehnte später nicht: Wenn Karl Schleinzer nicht arbeitet, wird er unruhig. Hat das Gefühl, Zeit zu vergeuden. Gearbeitet wird nie im Schongang, sondern immer mit voller Kraft: Schleinzer preßt seine Mitarbeiter aus, bis sie oft im ganz körperlichen Sinne nicht mehr weiterkönnen, und hat dafür keinerlei Verständnis, ja es fällt ihm meistens gar nicht auf: Denn dort, wo er aufwuchs, arbeitete man immer weiter. Schleinzers Lieblingsvokabular, mit dem er seine Mitarbeiter antreibt: „Das ist nicht durchdacht, noch nicht griffig genug, derzeit nicht aktuell, unausgegoren, schleuderhaft, anfechtbar, einseitig, nicht abgerundet."

Kreisky, obwohl gleichfalls ein Arbeitstier, kann das Gefühl ausstrahlen, daß es für ihn neben der Arbeit immer noch etwas anderes gibt – Schleinzer nicht.

Kreisky geht an einem Sonntagmorgen trotz aller Amtsgeschäfte allein zu einer Freud-Matinee, um abseits politischer Imagepflege kultivierten Leuten auf kultivierte Weise zuzuhören. Schleinzer sitzt zu Hause und arbeitet. Er liest kein Buch und geht selten ins Theater, weil ihm das Zeitvergeudung scheint, so wie es den Bauern seiner Gegend Zeitvergeudung schien, ihre Balkone und Dachfirste durch Schnitzwerk zu verzieren wie in den reichen Ebenen Oberösterreichs oder Salzburgs.

Wenn Karl Schleinzer von der „angespannten wirtschaftlichen Lage", von der „krisenhaften Entwicklung", von der „sozialistischen Geldverschwendung durch das Wegwerf-Schulbuch" spricht, dann schwingt darin neben der Warnung immer auch so etwas wie eine unterbewußte Hoffnung mit: daß diese Lebensumstände der Bevölkerung vor Augen führen mögen, daß man sich wieder auf Arbeit und Sparsamkeit besinnen muß.

Obwohl eine ganze Generation jünger, ist Schleinzer hier den puritanischen Sozialdemokraten vom Schlage eines Franz Jonas verwandt, auch in der Unfähigkeit, sich gehenzulassen oder zu genießen. Schleinzer, so behaupten Boshafte, trinkt nur deshalb gelegentlich ein Gläschen Wein, damit man ihn im heurigenseligen Wien nicht als Antialkoholiker diffamieren kann.

Den Wahlsieg in Oberösterreich feierte er exzessiv. Mit einem Viertel und einem Achtel Rot. Bier trinkt er grundsätzlich nicht, er raucht nicht und frönt statt dessen einem Brauch, den er gleichfalls aus seiner Gegend mitgebracht hat: er schnupft – nicht wegen des angenehmen Aromas, sondern, wie er bei jeder Gelegenheit feststellt, „damit man den Kopf frei hat".

Denn daß man etwas zu einem anderen Zweck täte, als um die Leistungsfähigkeit zu steigern, schiene ihm ein Frevel.

So ist Karl Schleinzer trotz seines 1961 erworbenen Rufes als „Technokrat" und „Zukunftshoffnung der ÖVP" ein Mann einer versinkenden Welt. Jeder seiner Wesenszüge ist das genaue Gegenteil der Eigenschaften, die die Soziologen als Definitionsmerkmale jener neuen Angestelltenklasse heranziehen, um deren Wechselwählergunst SPÖ und ÖVP kämpfen.

Wo ihnen die Arbeit ein Weg ist, um die Freizeit zu finanzieren, ist Schleinzer die Freizeit ein Zeitraum, sich für die Arbeit zu erholen. Wo sie skeptisch gegen patriarchalische Autorität sind, auch in der Erziehung ihrer Kinder, verlangt er kompromißlose Unter- und Überordnung. Wo sie Unterhaltung suchen, serviert er ihnen mit Leichenbittermiene Sachpolitik.

Aus all den Gründen, aus denen Kreisky bei den Angestellten ankommt, hat Schleinzer kein Glück bei ihnen. Er kann ihnen keine Show bieten, weil ihm die Show aus tiefstem Herzen verhaßt ist.

Beides, Abneigung gegen die Show und die Wortkargheit seiner Gegend, potenzieren einander in Schleinzers Verhältnis zu den Journalisten: Seit Jahren ist er außerstande, sich auch nur die notdürftigsten Pressekontakte zu schaffen.

Statt wie Leopold Stastny aus seiner Verachtung eine Tugend zu machen, bemüht er sich, die Ratschläge von PR-Managern befolgend, es Bruno Kreisky nachzumachen:

Er lädt die Journalisten zu Kamingesprächen ins Wiener Nobelhotel Clima, glaubt Gastlichkeit zu schaffen, indem er ihnen Wein und Whisky aufdrängt – „Trinken Sie doch, wenigstens noch einen, es ist noch da" – und erntet mit Witzchen wie diesem bestenfalls eine Heiterkeit auf seine Kosten: „So einen Haarwuchs wie Sie müßte man haben, Herr Mahr", begrüßt er den innenpolitischen Berichterstatter der „Kronen-Zeitung", erzählt aus seiner ersten Amerikareise als Verteidigungsminister immer dieselben Geschichten und langweilt mit dem Vorzeigen seiner Schnupftabakdose. Zuletzt seine deutschen Gäste auf dem Opernball.

Als Kurt Vorhofer, stellvertretender Chefredakteur der „Kleinen Zeitung", Schleinzer arglos nach den fünf oder sechs politischen Büchern fragte, „die Sie persönlich den jungen bildungshungrigen Funktionären als Urlaubslektüre an Regentagen empfehlen würden", reagiert Schleinzer sauer: „Ich lasse mich nicht examinieren."

Als derselbe Kurt Vorhofer später die „Verschleinzerung der ÖVP" kritisierte und feststellt, „Schleinzers kommuniquéhaften Erklärungen haftet fade Geschlecktheit an", läßt Schleinzer sich zu einem der ganz wenigen Gefühlsausbrüche seiner Laufbahn hinreißen: „Die Vervorhoferung der Meinungsbildung wird langsam problematisch."

Wirtschaftsbund-Generalsekretär Doktor Erhard Busek beantwortet denn auch die Frage nach dem größten Schleinzer-Mißerfolg ironisch: „Daß er den Vorhofer nicht überzeugt hat."

„Man wird" – so Schleinzer – „mit einer Punze versehen und muß so durchs Leben gehen." Die Punze für Schleinzer lautet: „glatt, gefühlsarm, kalt".

Schleinzer-Handlungen werden grundsätzlich in dieses Koordinationssystem eingepaßt: Wenn der damalige Kärntner Landesparteiobmann den in den Bauskandal verwickelten Kärntner Landeshauptmann-Stellvertreter Thomas Truppe am Krankenbett veranlaßt, auf alle seine Ämter zu verzichten, kommt die Vorstellung, daß Schleinzer die Sauberkeit der Partei am Herzen liegen könnte, gar nicht erst auf. Die Aktion paßt zu gut ins Bild vom Karrieristen, der sich einen Widersacher in der Heimat aus dem Weg schaffen will.

Wenn in den letzten Wochen Kohlmaier angegriffen wird, taucht noch vor allen anderen Vermutungen die auf, daß Schleinzer selbst seinen Generalsekretär loswerden wollte.

Das Klischee „vom eiskalten Rechner“ geistert an jeder nur erdenklichen Stelle durch die Zeitungsspalten. Ob Schleinzer das alles wirklich ist, ob es ein Attribut seines Wesens oder dessen Kern beschreibt, ist schwer zu klären.

Denn es gehört zu den Eigenschaften seines Menschenschlages, daß man nach innen und nicht nach außen lebt. Zuneigung, Wärme, Anteilnahme konzentriert Karl Schleinzer auf seine Familie: vier Töchter, einen Sohn und eine warme, herzliche Frau. Man hat Schleinzer gelegentlich geraten, sie zu seinen öffentlichen Auftritten, vor allem seinen Pressetreffen mitzunehmen, denn sie könnte im Nu jene gemütliche Atmosphäre schaffen, die zu schaffen er außerstande ist.

Aber Schleinzer will nicht. Imagepflege mit gelegentlichen Bildern, die ihn zu Wahlzeiten „im Kreise der Familie“ zeigen, ist ihm zuwider. Er reagiert auf die vorsichtigsten Fragen nach seinem Privatleben ähnlich gereizt wie Franz Jonas: „Ich glaube, das ist nicht wichtig. Das hat doch nichts mit dem zu tun, was ich tue.“

Auf eine andere Weise, als er das meint, vielleicht doch: Schleinzer hat seinen Vater verloren, als er sechs Jahre alt war. „Vater“, bekannte er vor zwölf Jahren in einem Blut-und-Boden-Bericht der „Neuen Illustrierten Wochenschau“, „dieses Wort ist mir eigentlich ungeläufig.“

Sechsjährige sind verletzlich: Es gibt solche, die auf den Verlust des Vaters mit nächtelangem Weinen reagieren – einer Unsicherheit der Augen, die das ganze Leben nicht schwindet –, und solche, die sich Panzer gegen die leidvolle Erinnerung der Kindheit bauen. Karl Schleinzer – soweit man das von außen beurteilen kann – gehört zu den zweiten.

Diesen Panzer zu durchstoßen gelingt auch seinen engsten Mitarbeitern nicht. Man ist zwar nach Jahren des Sichkennens notgedrungen per du, aber die Anrede in der Parteizentrale lautet auch für seine engste Umgebung „Herr Bundesparteiobmann“, nie „Karl“.

Wenn sich Mitglieder der Parteiführung bei Klausuren oder Wahlveranstaltungen abends im Gasthaus zusammenfinden, bleibt Schleinzer weithin sichtbar isoliert: stocksteif auf seinem

Stuhl, schweigsam essend oder ein paar höfliche Worte wechselnd – aber niemals in ein persönliches, herzliches Gespräch vertieft.

Es geht die Mär, daß sich sein Fahrer, der schon Hermann Withalm diente, beim abgedankten Obmann ausweinen kam: Er habe zu Schleinzer bis heute kein Vertrauensverhältnis gefunden.

In Handkes „Wunschlosem Unglück" finden sich folgende Sätze über die Beziehungen der Menschen seines Heimatortes zueinander: „Freundschaft in dieser zum Großteil aufs Wirtschaften und pure Auskommen beschränkten Lebensform bedeutete höchstens, daß man miteinander vertraut war, nicht aber, daß man dem anderen auch etwas anvertraute."

Wenn der Parteitag Karl Schleinzer sein „volles Vertrauen" ausspricht, wird der Obmann es nach den Lebensregeln seiner Gegend einzuschätzen wissen.

GÜNTHER NENNING

DER ROTE NARZISS

GÜNTHER NENNING. *heute der glühendste Grüne des Landes, war seinerzeit auch ein glühender Marxist, ein glühender Katholik und ein glühender Sozialdemokrat des rechten Reformflügels.*

Der folgende Text erschien 1972 im PROFIL.

Sein Geschmack läßt in letzter Zeit die gewohnte Sicherheit vermissen: Die schmückend um den Hals geschlungene Messingkette, mit der er Brillenmode zu machen hoffte, kam beim Fernsehpublikum nicht an. Selbst seine Freunde fanden, er sei – mit langsam ergrauenden Schläfen – zu alt dafür.

Modisch freilich zeigte sich der Doktor zweier Fakultäten Günther Nenning wandelbar wie eh und je: Die barocke Hornbrille am imitierten Goldgebinde wich über Nacht einer runden Nickelbrille von kunstvoll spartanischer Schlichtheit.

Ideologisch dagegen glaubt sich Österreichs Paradeintellektueller – immer noch Herausgeber des „Neuen Forum", gerade noch Vorsitzender der Journalistengewerkschaft und doch wieder Präsentator einer Highbrow-Fernsehsendung – nach Jahren des Wanderns an die Mutterbrüste der Erkenntnis heimgekehrt: „Mit 29 hatte ich rosarote Ansichten. Mit 49 bin ich dunkelroter Sozialist. Mit 29 schlief ich mit allen Mädchen, die mir gefielen, so aus Privatphilosophie. Mit 49 halte ich die sexuelle Befreiung für eine öffentlich politische Frage. Mit 29 waren Religion, Politik, Sexualität drei getrennte Reiche, die ich mit feuilletonistischem Kleister aneinanderleimte. Mit 49 halte ich die drei für innerlich zusammengehörig. Als Junger darf man radikal sein. Als Alter muß man weise sein. Ich habe mich zurückentwickelt. Jetzt bin ich Opa und radikal."

Seit er diese seine bisher letzte Wandlung in einem Paperback des Stuttgarter Kreuz-Verlages („Warum ich mich geändert habe") einer breiten Öffentlichkeit kundtat, sind zwei Jahre vergangen. Nenning ist 51 und stürmt mit geöffnetem Hemd gegen Nixon. Er demonstriert mit Spartakisten für die Öffnung der Erziehungsheime und fordert den kreisenden Beischlaf als gesellschaftliche Erfüllung des christlichen Gebots der Nächstenliebe.

Als in den letzten Wochen die Nachricht von der Zerschlagung der Baader-Meinhof-Bande kam, saß er in kleinem Kreis vor dem Fernsehschirm und empörte sich über Manipulation: Es werde bewußt verschwiegen, daß die linken Rebellen stets nur in Notwehr und auf der Flucht geschossen hätten. Die Toten der Sprengstoffanschläge verschwieg der Kritiker seinen Gesprächspartnern – unbewußt.

Ulrike Meinhofs Weg von der brillanten sozialkritischen Journalistin zur schießenden Anarchistin ist Nenning noch kein Vorbild, aber doch kein Schreckbild mehr: „Wenn alle Versuche, diese Gesellschaft auf demokratischem Wege zu reformieren, scheitern, dann kann ich verstehen, wenn Gegengewalt gebraucht wird."

So gesehen ist die Wandlung des Günther Nenning beinahe von jener Bedeutung, die er selbst ihr zuschreibt: der Weg eines engagierten österreichischen Intellektuellen aus konstruktiver demokratischer Opposition über permanente Frustration in die Isolation.

Es gibt in der SPÖ keinen Flügel mehr, dem Nenning entspricht. Die katholische Kirche, die ihn durch Jahre verhätschelt hat, ist seiner müde (und über seine Stellungnahme zur Pornographie und zur Abtreibung verbittert). Seine Funktion als Vorsitzender der Journalistengewerkschaft dürfte er bei den nächsten Wahlen verlieren, denn die Koalition aus Bürgerlichen und Kommunisten, die ihn bisher – gegen seine Genossen – getragen hat, zerbricht an seinem Hang zu politischen Eskapaden.

Der lässige Plauderer, der sich am Bildschirm mit Wissenschaftlern, Künstlern und Politikern umgibt, agiert auch sozial in einem Vakuum: Er gehört nicht zur Society – die sich hierzulande nur selten mit Intellektuellen schmückt –, nicht zum Establishment der Linken – das Macht als Visitenkarte voraussetzt – und letztlich auch nicht zur Boheme: Dort versteht man nicht, daß einer Maßanzüge tragen, zwei Doktorate erwerben, penibel Beistriche verbessern und dennoch – oder gerade deswegen – ein ungebundener Fantast sein kann.

Das Milieu, dem er eigentlich angehört – linksliberaler bürgerlicher Mittelstand –, existiert in Österreich nur in jenen Heimatlosen, die es vergeblich suchen: „Im Grund", so sein früherer Freund, der Pressereferent des Bundespräsidenten, Kurt Skalnik, „ist der Nenning ziemlich allein."

Die Brücken zu alten Freunden läßt er verfallen, neue Bekannte kommen ihm kaum mehr wirklich nahe. Wenn einer – wie etwa der Chefredakteur der Grazer „Kleinen Zeitung", Fritz Csoklich, den politischen Kurs des „Forum" nicht mehr akzeptiert, unterstellt er ihm mangelnde Zivilcourage. Wenn einer das Niveau der Zeitschrift kritisiert, wie das Schweizer Mitglied des Internationalen „Forum"-Beirates, Professor Arnold Künzli, diffamiert er die Kritik am Niveau als verdeckte Kritik am Fortschritt. Manchmal hat es den Anschein, als erfüllte ihn das Abwandern seiner ehemaligen Mitstreiter mit einem leisen tragischen Genuß: „Sie sind in ihrer Entwicklung stehengeblieben, ich habe mir das Suchen erhalten."

Fündig wird er fast nur noch in Büchern: Doch während ihm früher Rilke die Rätsel des Daseins zu enthüllen schien, ist es heute fast nur noch Fachliteratur: Indem er sich mit der Theorie der gesellschaftlichen Verhältnisse auseinandersetzt, erspart er sich das Verhältnis zu seinen Mitarbeitern in der Praxis.

Je mehr seine Beziehung zu Menschen abnimmt, desto stärker wird sie zu Tieren (und kleinen Kindern, deren Unschuld er jener der Tiere gleichsetzt). „Es genügt ihm" – so seine langjährige Mitarbeiterin Dr. Trautl Brandstaller –, „wenn er mit seinem Spaniel spazierengeht – der widerspricht ihm nie."

Am deutlichsten demonstriert er seine private Einstellung zur zwischenmenschlichen Beziehung durch eine ganz spezifische Art gesellschaftlicher Unhöflichkeit: Nenning kommt immer und überall zu spät. Während er die anderen solcherart auf arrogante Weise warten läßt, befriedigt er das intensive Bedürfnis, sehnsüchtig erwartet zu werden. (Auch von der SPÖ. Von der katholischen Kirche. Heute vom linken Underground.)

Seine Mutter pflegte ihm die harte Haut von den Weintrauben

zu schälen, damit er das süße Fruchtfleisch besser genießen konnte. „Ich habe", meint er, „aus meiner Kindheit einen solchen Fundus an Zuneigung mitbekommen, daß ich heute völlig anspruchslos bin." Was man wiederum auch anders deuten könnte: Günther Nenning sucht zeitlebens nach Rosinen.

Er war ein brillanter Schüler, ohne zu lernen. Ein brillanter Student, den seine Professoren zur Universitätskarriere überreden wollten. Ein brillanter Journalist, in dem sein Chef Heinrich von Paller (vor Josef Riedler Chefredakteur der Grazer „Neuen Zeit") seinen logischen Nachfolger sah.

Nenning ließ ihn warten. Bei einem zufälligen Wien-Besuch traf er im Café Raimund den Wiener Wortpapst Friedrich Torberg, der schmeichelte, er sähe ihn „schon lange gern beim „Forum". Nenning kam, schrieb und wurde Chefredakteur. Die Elite-Zeitschrift hatte 5.000 Stück Druckauflage, war stramm antikommunistisch und – bald nachdem die Amerikaner ihre Subventionen einstellten – am Rand der Pleite.

Heute hat sie 20.000 Stück Druckauflage, steuert hektisch linkswärts und lebt wiederum von Subventionen: diesmal von milden Krediten der SPÖ*.

Nenning freilich hatte sich, als er von Graz nach Wien übersiedelte, von seiner Partei etwas anderes erwartet: eine politische Karriere. Es ist das Ende der fünfziger Jahre, und die SPÖ, der er schon in Graz beigetreten war, kann ausnahmsweise einen Intellektuellen gebrauchen: Pittermann arbeitet an einem Programm, um die politische Sterilität seiner Partei zu überwinden. Das „junge Genie aus Graz" (Christian Broda) wird an die Brust der Partei gedrückt und darf in ihrer Obhut theoretisieren. In zahlreichen Absätzen des Parteiprogramms von 1958 findet sich Nennings liberale Handschrift.

Er gehörte damals – zusammen mit Professor Norbert Leser, Felix Butschek, dem heutigen Nationalbankdirektor Heinz Kienzl und dem Gewerkschafter Rupert Gmoser – zum Kreis der „Re-

---

* Genaugenommen heißt das „Forum" seit seiner endgültigen Übernahme durch Nenning „Neues Forum". Torberg, der sich seither von Nennings Blatt schärfstens distanziert, legt auf diese Unterscheidung wert.

former“: in Opposition zum dogmatischen Verbalmarxismus, der damals die SPÖ gefangenhielt.

Das Aufackern der ideologischen Verkrustung – Voraussetzung für die heutigen SP-Erfolge – fand auf intellektueller Ebene zuallererst in Nennings „Forum“ statt.

In einem anderen Land (in einer anderen sozialdemokratischen Partei) wäre ein Mann von seinen Talenten nach solchen Leistungen vielleicht Abgeordneter, Partei-Ideologe, Staatssekretär in einem Ministerium geworden. In Österreich (in der Wiener SPÖ) wurde Günther Nenning Subkassier der Bezirksorganisation Döbling im Sprengel Karl-Marx-Hof-Nord. Innerhalb von zehn Jahren Parteiarbeit brachte er es einige Male zum stellvertretenden Leiter einer Sektion.

Er ist zu hochmütig. Sein „bitt gehorsamst“, das er auch heute an allen möglichen und unmöglichen Stellen in seine Argumentation einflicht, ist die dritte Steigerungsstufe seines Ungehorsams: Nenning macht sich vor seinem Gesprächspartner kleiner, nur deshalb, weil er davon überzeugt ist, ihn sonst um allzu viele Haupteslängen zu überragen.

Er fällt auf: Der Steirerhut, den er zwischen den Genossen zu tragen wagt, läßt ihn bei jedem Aufmarsch aus ihrer Mitte stechen. (Nenning-Motto: Wenn man so links ist wie ich, kann man sich einen Steirerhut leisten.)

Und er ist den Funktionären zu selbstgefällig. Aber ebendieser selbstgefällige DDr. Günther Nenning ist immerhin – in einer Art masochistischer Selbstverleugnung – bereit, treppauf-treppab zu steigen und Mitgliedsbeiträge zu kassieren: Er will, trotz allen Hochmuts, vom Apparat geliebt werden.

Die SPÖ stößt ihn zehn Jahre lang zurück.

Nenning wird zum Kritiker des Apparates. Die Reformer, denen er zur Macht verholfen hat (Pittermann wurde als Reformer Obmann der Partei), entlarven sich ihm als bloße Taktierer, die die marxistische Verkrustung nur zur Seite geräumt haben, weil sie die Macht freier gebrauchen wollen. Günther Nenning geht zum zweitenmal in Opposition: Diesmal gegen verbal-reformerische „Realpolitik“, die sozialistische Grundsätze auf Maiaufrufe reduziert. Er forderte im „Forum“ zur „Reideologisierung“ auf.

Den Genossen ist dieser dialektische Prozeß zutiefst suspekt: Nenning gerät in den Ruf, in den in Österreich alle Intellektuellen irgendwann geraten – er sei wankelmütig, wisse nicht, was er wolle, sei letztlich ein „heimatloser Geselle".

Ein heimatloser Geselle auf der hektischen Suche nach einer Heimat: Da er sie in der Partei nicht gefunden hat, sucht er sie in der Kirche.

Für religiös in einem weiten Sinne hält er sich schon immer: eine Sehnsucht, sich mit allem verbunden zu fühlen, den Kosmos durch sich hindurchtreten zu spüren.

„Im Grunde", so eine der vielen Frauen, von denen er sich entfernt hat, als sie ihm näher kamen, „kennt er sowieso nur zwei wirklich große Dinge: das Weltall und sich." Bei Gipfeltreffen duldet er denn auch weder Begleitung noch Störung: Er macht endlose einsame Spaziergänge durch den Wienerwald – steht auch in fremden Wohnungen unvermutet auf, um auf dem Balkon ein wenig All zu schnappen, wird vornehmlich auf Baumstümpfen und Parkbänken von schöpferischen Impulsen überfallen und wertet sie dort am besten aus: Von allen seinen guten Artikeln kann er sagen, auf welcher Wiese des Wienerwaldes er sie geschrieben hat.

Diese weite mystische Sehnsucht engen kirchlichen Glaubensvorschriften unterzuordnen ist ihm ein ähnlich masochistisches Bedürfnis, wie die Unterordnung seines weiten Sozialismus unter das Statut der Döblinger SPÖ. (Außerdem, so meint er mit Recht, müsse es der Kirche ein Bedürfnis sein, Günther Nenning zu empfangen. Und zwar der katholischen, der er nicht angehörte, ein noch größeres als der evangelischen, die in seinem Taufschein steht.)

Obwohl er schon lange mit zahlreichen katholischen Intellektuellen in Verbindung steht – dem Wiener Universitätsprofessor August M. Knoll †, dem Religionsphilosophen Karl Rahner, Kardinal Franz König –, die ihn sämtlich zum Eintritt in ihre Kirche überreden wollen, läßt er sie warten. Bis eines Tages eine Abordnung der „Cursillisten" bei ihm erscheint – innerhalb der katholischen Kirche fast so etwas wie eine Sekte, die sich bei düsteren Riten meditierend auf Jesus konzentriert – und den heimatlosen

Intellektuellen in ihre naive Religiosität einhüllt: Bei flackernden Kerzen tritt Günther Nenning zu ihrem Glauben über.

Eine Woche nach seinem Übertritt tafelt Nenning bereits am Tisch der Bischöfe in Rom. Bei Kardinal König in Wien ist er Stargast.

Er ist dort, historisch gesehen, die Vorhut sozialistischer Spitzenmandatare: Mit jenem feinen Gespür für Aktualität, das ihn bis heute auszeichnet, hat er begriffen, daß die Ideologien näher zueinander rücken: Sozialisten und Christen gemeinsam gegen die Lauen.

In der Bundesrepublik Deutschland gibt es bereit die Paulus-Gesellschaft, die das Gespräch zwischen Christen und Marxisten praktiziert. Nenning komprimiert es in seinem „Forum" zum „Dialog": Für ein paar Jahre versichern einander in seiner Zeitschrift die bedeutendsten christlichen und marxistischen Philosophen in ermüdenden Abhandlungen unermüdlich ihrer zunehmenden gegenseitigen Wertschätzung. Nenning selbst reist von Pfarre zu Pfarre, von Sektion zu Sektion und predigt die neue Zweieinigkeit. Seine katholische Beobachterin Brandstaller: „Ein Mensch, der so monologisiert wie er, hat einfach den Dialog erfinden müssen – schon als Alibi."

Denn privat ist heute das Gespräch nicht Nennings Stärke. Er spricht interessiert von sich, reichlich gerne von Sachfragen und fast nie von anderen. Wo ihm ernstlich widersprochen wird, wird er auf gekonnte Weise spöttisch. Von den wenigen Abendunterhaltungen, die er bestreitet, kehrt er in der Überzeugung heim, seine Zeit verschwendet zu haben.

Ein, zwei Zuhörer sind für ihn zu wenig Publikum.

Ganz anders, wenn er vor einem Auditorium spricht. Dann blüht er auf. Dann verspritzt er Bonmots. Fintiert. Schlägt intellektuelle Salti. Weiß auch – wenn etwa im Fernsehen der Kreis besonders illuster ist –, Bescheidenheit zu mimen: Dann zeigt er auf, ehe er sich bei sich selbst zu Wort meldet, und hört sich mit jener stillen Aufmerksamkeit zu, die ein Großer dem anderen Großen schuldet.

Sobald das Publikum weg ist, schaltet er ab.

Als der Dialog zwischen Christen und Marxisten mangels weiterer Argumente sein Publikum verlor, ließ Nenning ihn sang- und klanglos einschlafen. Heute hat die Österreichische Sektion der Paulus-Gesellschaft vor allem die Aufgabe, das Konferenzzimmer in Nennings feudaler Redaktion zu finanzieren und ihm große Namen für den „internationalen Beirat" seiner Zeitschrift zu leihen.

Ihn fasziniert bereits ein neues Phänomen: jene seltsame, aus Revisionismus, wiederentdecktem Humanismus und neu verstandenem Marxismus zusammengesetzte Strömung in den Ostblockstaaten, die ein paar Jahre später im Prager Frühling gipfeln sollte. (Einer der wichtigsten Vertreter saß in Österreich und hatte schon am Dialog teilgenommen: Ernst Fischer.)

Ein gutes Jahr lang war das „Forum" Kommunikationsmedium zwischen den Intellektuellen diverser Ostblockstaaten, die einander, in philosophischen Aufsätzen verschlüsselt, Botschaften zukommen ließen. Ganz kurz erlangte die Zeitschrift sogar die verlorenen Sympathien energischer Antikommunisten zurück: Man hielt die Männer, die bei Nenning schrieben, für Gegner des Kommunismus – tatsächlich waren sie nur Gegner des Apparates.

Sie kritisierten den Kommunismus nicht von rechts, sondern von links: vorwurfsvoll, was man aus ihrer reinen Lehre in einer korrupten Praxis gemacht hätte.

Von diesen kommunistischen Intellektuellen führt – in der Weltgeschichte und bei Günther Nenning – eine direkte Brücke zur neuen Linken.

Als die russischen Panzer Nennings alte Ostblock-Hoffnung niederwalzten, hatte er die internationale Studentenbewegung längst zur neuen Hoffnung auserkoren.

Nach einer Phase des Theoretisierens kehrte das „Forum" in die österreichische Innenpolitik zurück. Um schleunigst anzuekken: Unter dem Titel „Polizeisozialismus" nahm Nenning im Juni 1968 energisch Partei für ein Häuflein sozialistischer Studenten, die es gewagt hatten, Bürgermeister Marek mitten in einer friedlichen Maiversammlung zu einer Diskussion über Sozialismus herauszufordern. Provokant wie immer diagnostizierte Nenning: „Von Hysterie gepackt ob einer wenig später beginnenden Direktübertragung des Platzkonzertes durch den Rundfunk, ließ der sozialistische Bürgermeister des sozialistischen Wien sozialistisch geführte Polizei auf sozialistische Studenten los. Zusehende sozialistische Platzkonzertbesucher klatschten Beifall. Blasmusik hat Vorrang."

Als Kreisky den Text las, erlitt er einen Tobsuchtsanfall: „Was glaubt denn dieser Nenning eigentlich, was bildet er sich denn ein?" Nenning glaubte – wie immer um eine Phase zu früh –, was wenig später Allgemeingut wurde: „Aus allen etablierten Strukturen schwimmt die Jugend ab – in einen neuen ungeheuren Strudel der Konfusion im doppelten Wortsinn: Verwirrung und Vermischung."

Und er bildet sich ein: „Das wird eine revolutionäre Masse."

Worin er – hoffnungsvoll – irrte: Die internationale Studentenbewegung, die in Paris mit den Maiunruhen ihren Höhepunkt erreicht hatte (und Frankreich revolutionäre soziale Verbesserungen und das modernste Bildungswesen Westeuropas bescherte), versickerte in Österreich in verrauchten Sit-ins mit Ho-Tschi-minh-Geblök. Sie brachte keine Theoretiker hervor (wie etwa in Deutschland Dutschke), keine neue Dramatik (wie etwa in England Bond), und wo sie gegen das Establishment demonstrierte, tat sie's am falschen Platz: Weil die deutschen Studenten gegen Springer zogen, zogen ihre österreichischen Epigonen in Wien vor die Redaktion von Springers „Hör Zu". Dichand und Falk, die mit der „Kronen-Zeitung" perzentuell mehr Leser beherrschen als Springers „Bild", ließen sie ruhig schlafen.

Nennings einziger Versuch, die Linke zu organisieren, schlug fehl: Im Oktober 1969 gab es in Nennings Konferenzsaal in der Wiener Museumstraße zwei, drei Zusammenkünfte ausgeschlossener sozialistischer Studenten, ausgeschlossener Kommunisten (Ernst Fischer, der Herausgeber des „Tagebuch", Franz Marek), linker Katholiken (Adolf Holl, Trautl Brandstaller, Wilfried Daim) und unzufriedener Sozialisten (Josef Hindels), die freilich außer der gemeinsamen Frustration wenig gemeinsame Basis fanden. Anwesende ehemalige kommunistische Betriebsräte – die der Kader einer etwas breiteren Organisation gewesen wären – verließen die Runde eher enttäuscht.

Den theoretischen Ansatz zum einzigen praktischen Erfolg lieferte schließlich der Psychologe Wilfried Daim: Man könne die bestehende Gesellschaft, dozierte er über „Möglichkeit und Unmöglichkeit der Revolution“, nur an ihrem schwächsten Gliede knacken – und dieses sei in Österreich das Bundesheer.

Nenning hatte einen entsprechenden Daim-Artikel durch Monate irgendwo in seiner Redaktion herumliegen, ehe ihm sein unnachahmliches Gespür eingab, daß jetzt, im Vorwahlkampf, für ihn, das „Forum“, die Linke und die Revolution eine Chance bestünde: Über Nacht formulierte er die Gesetzestexte für das Anti-Bundesheer-Volksbegehren und stellte den Österreichern – erstmals in der Zweiten Republik – die Frage nach dem Sinn ihrer Verteidigung.

Wie die meisten Fragen stellte er sie nicht ganz ernst: Es genüge ihm, verkündete er, als das Volksbegehren gestorben war, einen Denkprozeß in Gang gesetzt zu haben.

Selten genug in seiner Karriere erntete der „Forum“-Chef den offiziellen Dank seiner Partei: Bruno Kreisky schmeichelte ihm, er habe zum sozialistischen Wahlsieg beigetragen.

Wenige Wochen später versuchte Nenning zum letztenmal, die Linke links der SPÖ zu organisieren: Gespräche in kleinem Kreis – der in seiner Zusammensetzung etwa dem vom Oktober 1969 entsprach – endeten in neuerlicher Resignation.

Alles, was blieb, war eine Zeitlang Nennings „Kritischer Klub“. Ursprünglich eine Jugendsektion der Paulus-Gesellschaft, die die Räume unterhalb der „Forum“-Redaktion in der Wiener Museumstraße gemietet hatte, wurde sie in der Folge Sammelbecken aller möglichen jungen Leute aus allen möglichen Windrichtungen, die mit allen möglichen Dingen unzufrieden waren.

Man diskutierte ein bisserl.

Aus Nennings wertvoller Bibliothek in der „Forum“-Redaktion verschwanden Bücher von Marx bis Marcuse, um in diversen Stadtbuchhandlungen wiederaufzutauchen: Die Entlehner hatten sie dort zum Verkauf angeboten. „Die meisten“, erinnert sich „Forum“-Mitarbeiterin Ilse Maria Aschner, „haben das Ganze als eine Art Wärmestube aufgefaßt.“ Daneben plünderten sie Nennings Eisschrank. Als eines Nachts – Nenning hat ein Zimmer in der Redaktion, in dem er öfters übernachtet – ein Rothaariger neben seinem Bett auftauchte und nach einem Bad verlangte, wurde der peinlich ordentliche Journalist nervös. Er versuchte zwar weiterhin, den allenthalben zurückgelassenen Schmutz vor seiner Aufräumefrau als „Reaktion gegen autoritäre Strukturen“ zu verteidigen, aber jeder Raum der „Forum“-Redaktion – die Toiletten eingeschlossen – erhielt Zylinderschlösser. Auch das Schloß an der Eingangstüre wurde ausgewechselt: Es sollten nicht mehr alle Leute, die irgendwann Schlüssel bekommen hatten, auch jederzeit hereinspazieren können.

Zu denen, die solche Schlüssel besaßen, zählten auch die Führer der „Spartakisten“. Die männerbündische Vereinigung, die in Kommunen und Zeltlagern ideologisch verbrämter Pfadfinderromantik frönt, konzentrierte sich auf die Probleme von Lehrlingen und Heimzöglingen. In einer ganzen Reihe von Aktionen (die bekannteste: Anketten in einem Zwinger des Tiergartens Schönbrunn) demonstrierte sie erfolglos gegen stadtbekannte Mißstände. Als „Spartakus“ später versuchte, in Eigenregie Heime einzurichten, erlitt die Gruppe Schiffbruch: Während Miete und Essen nicht bezahlt werden konnten, staute sich unter manchen Betten Diebsgut.

Nenning sicherte die Spartakisten gegen die Justiz ab (ließ Entlaufene, wenn es kritisch wurde, zur Bewährungshilfe weiterschicken), demonstrierte für den sinnlos in U-Haft gehaltenen Michael Genner und gab von Zeit zu Zeit Geld. (Ohne sonderlichen Dank zu ernten: „Ham ma dem Scheißliberalen wieder was aussegrissen.“)

Heute sind auch die Spartakisten in Österreich praktisch inexistent. Genner hat sich auf der Flucht vor einer Serie von Strafverfahren in die Schweiz abgesetzt, wo er mit ein paar Freunden die „Hydra“ ins Leben rief, die prompt um eine volle Schraubendrehung aggressiver und radikaler ist als der ursprüngliche Wiener Spartakus: Eine Schweizer Zeitung berichtete von einem Hydra-Waffenlager.

Daß daraus einmal eine Baader-Meinhof-Gruppe werden könnte, leugnet auch Günther Nenning nicht: „Die Leute haben gute Absichten mit einem ehrlichen sozialen Engagement. Diese Absichten werden zurückgestoßen. Statt daß eine demokratische

Bewegung, wie etwa die SPÖ, sie integriert, isoliert sie sie. Und je isolierter sie sind, desto radikaler werden sie. Man darf solche Leute nicht allein lassen."

Mittlerweile isolierte die Gesellschaft Günther Nenning: Gerüchte, vermehrt um versteckte Wunschträume der Bürger, bauschten den „Kritischen Klub" zu einem Hort des Anarchismus auf. Russische Steuerung wurde vermutet – obwohl niemand jene Art der neuen Linken so sehr fürchtet wie die Russen. Internationale Verbindungen wurden gewittert.

Die Staatspolizei „observierte" das Haus in der Museumstraße. Wenn ein paar Mädchen aus dem Haustor kamen, träumte die Nachbarschaft von „Orgien", und wenn ein paar langhaarige Burschen hineingingen, sorgte man sich, es könnten entlaufene Kriminelle sein.

Nennings alter Freund, „Forum"-Autor der ersten Stunde und Mitherausgeber Norbert Leser, stilisierte Nenning und seine verwirrten Buben zur „Gefahr für Österreich" hinauf: „Bei Baader-Meinhof hat es auch nicht anders angefangen. Ich würde mich nicht wundern, wenn es auch hier mit Bomben endet."

Die linke Hälfte des Günther Nenning fühlt sich durch solche Dämonisierung leise geschmeichelt, die rechte kontrolliert die Emotion mit dem Verstand: „Ma könnt's doch auch grad umgekehrt seh'n: Vielleicht is es a bißl mei Verdienst, daß in Österreich keine Bomb'n kommen sind."

Daß er das Chaos bändigen könne – aus Chaos Kosmos machen –, gehört zu seinen festen Überzeugungen. Wenn er sich nicht direkt dem lieben Gott vergleichen will, erzählt er in diesem Zusammenhang gerne die Geschichte von der riesenhaften Bulldogge, die jedermann anfiel, so daß sie der Besitzer hinter Gittern hielt. Er aber, Günther Nenning, forderte, sie nur loszulassen: Und schweifwedelnd leckte ihm das wilde Tier die Hand.

Als sich die verstreute neue Linke anläßlich der Lütgendorf-Demonstration im Juni 1971 noch einmal zusammenfand, übernahm Nenning gegenüber Kreisky die Garantie, daß es „auf keinen Fall gegen die SPÖ als Ganzes" gehen werde. Das Einbremsen gelang so vollendet, daß Wiens Presse mangels Radau dem menschenstarken Aufmarsch nur mäßige Publicity einräumte.

Worauf Nenning für den nächsten Tag eine Vorsprache des Demonstrationskomitees beim Kanzler arrangierte, zu der er die Kollegen herzlich einlud.

Und dieses zweitemal versagte der Dompteur: Einer der Jugendlichen zerriß vor Kreisky seinen Einberufungsbefehl, und ein anderer zerriß das ungeschriebene Gesetz, daß zwar gegen Lütgendorf, nicht aber gegen die SPÖ zu Felde gezogen werden dürfe. Nenning, im Loyalitätskonflikt zwischen Demonstranten und Kreisky, schlug sich zur Linken und eiferte mit. Superdompteur Kreisky hörte eine Weile gelassen zu, dann fuhr er dem Freund jovial über den Mund: „Aber Günther, i bitt di gar schön, wir ham das doch alles vorher abgesprochen."

Michael Siegert, marxbärtiger „Forum"-Ideologe, prägt für seinen Chef das Bild des „Surfer": „Der is ned heiß und ned kalt, a Opportunist, der auf jeder Welle reitet, jetzt halt auf der neuen Linken. Aber er is ned drinn, er gleitet nur ob'n drüber."

Siegerts Spott trifft Nenning in einem Augenblick, da der Wellenreiter erstmals zu stranden droht:

Mit 50, zu einem Zeitpunkt, da er „endlich ohne jeden Druck" schreiben wollte, hat Nenning seine journalistische Unabhängigkeit verloren: Als einzige Zeitung brachte das „Forum" im August/September 1970 einen kritischen Bericht über die Transaktionen der Gewerkschaftsbank BAWAG rund um das Wiener Pressehaus, worauf die BAWAG – bei der Nenning einen günstigen Kredit hatte – und das Pressehaus – bei dem Nenning einen günstigen Druckvertrag hatte – ihre Geschäftspolitik überdachten.

Das „Forum" stand von einem Tag auf den anderen vor dem Konkurs.

Nenning mußte sich demütig an Bruno Kreisky um Hilfe wenden. Kreisky rief Androsch an, und der vermittelte einen 800.000-Schilling-Kredit, der seither ein fester Rahmen für die journalistische Freiheit des „Forum" ist: Nenning kann über das ferne Chile, ferne Gesellschaftsmodelle, autoritäre Strukturen im allgemeinen und sexuelle Wünsche im besonderen schreiben – über Felix Slavik schreiben kann er nicht.

Was Trautl Brandstaller den „erzwungenen totalen Rückzug des ‚Forum' aus der österreichischen Innenpolitik" nennt, versüßt sich Nenning elegisch als „Übergang von vordergründiger Innenpolitik zu Kaderpolitik".

Die Kader indes, für die er Politik macht, sind längst zerfallen: nicht von der Reaktion zerschlagen, sondern einfach abgebrökkelt. Der Verband Sozialistischer Studenten hat seine bärtigen Rebellen entweder ausgeschieden oder in die Organisationsstrukturen rückintegriert. Der „Kritische Klub" lebt nur noch auf dem Papier. Das Aktionskomitee für das Bundesheer-Volksbegehren löste sich auf.

Womit, seit „Spartakus" emigrierte, in Österreich nur noch die „Maoisten und Leninisten" als organisierte neue Linke existieren – und denen gilt Nenning als „Scheißliberaler".

Die einzige Organisation, die die Linke unterwandert, deren „autoritäre Strukturen" sie gebrochen hat, ist Nennings „Neues Forum": An seinem 50. Geburtstag ließ sich der Vorsitzende der Journalistengewerkschaft dazu hinreißen, die aus ihren Schulden und einem guten Namen bestehende Zeitschrift – als erste Europas – „ins Eigentum der Redakteure" überzuführen.

Er tat das zu einem Zeitpunkt, da in der Redaktion gerade noch die Liberalen und Katholiken, wie Professor Leser, dessen Assistent Dr. Anton Pelinka, der ÖVP-Abteilungsleiter Dr. Peter Diem oder Trautl Brandstaller dominierten.

Die heutigen „Forum"-Dominatoren Michael Siegert, Wilhelm Burian saßen als Zaungäste bei den Redaktionskonferenzen und verschönten sie durch ihren Spott. Siegert über Nennings Bundesheer-Volksbegehren: „Don Quichotte reitet wieder."

Doch während Nenning gegen Kritik von rechts so gut wie immun ist, fraß sich ihm die Kritik von links ins Herz. „Er hat es", analysiert Trautl Brandstaller, „ganz einfach nicht ausgehalten, daß jemand noch linker sein sollte als er."

Nenning, der der Anerkennung durch Universitätsprofessoren, Philosophen, Literaten mit erstaunlicher Gleichgültigkeit gegenübersteht – eben weil er sie besitzt –, begann – mit der gleichen masochistischen Neigung, die ihn vergeblich die Anerkennung des SPÖ-Parteiapparates erbetteln ließ – um die Anerkennung durch zwei „nicht ganz ausgegorene Buben" (Brandstaller) zu buhlen. Mit allen Mitteln: Als sie ihm unterschoben, er wage nicht, zwei echte Linke wie sie in seine Redaktion aufzunehmen, gab er ihnen – gegen die Warnung aller seiner Freunde – Sitz und Stimme in der Redakteursgesellschaft.

Die so entstandene revolutionäre Zelle begann zu wuchern und stieß die Liberalen langsam, aber sicher ab: Heute ist Nenning in seiner eigenen Redaktion mit seinen Ansichten in einer hoffnungslosen Minderheit. Denn so sehr die Revolutionäre untereinander um die Macht – Ressorts, Zuteilung von redaktionellem Raum, Spesenvergütung – kämpfen, so einig sind sie gegen ihn.

Da sie weitgehend davon leben, schreiben die Jung-Marxisten das Heft, das ursprünglich von Gastbeiträgen lebte, fast ausschließlich mit ihren eigenen Ergüssen voll. Texte, die Nenning gefallen, werden als „Scheiße" von der Redaktionsversammlung abgelehnt. Mit Vorliebe seine eigenen: Der Chefredakteur kommt seit Monaten in seinem Blatt nur mehr mühsam zu Wort.

Ein einziges Mal begehrte Nenning auf: Er hatte eine Liste in der ČSSR verhafteter Intellektueller erhalten und wollte sie – zusammen mit heftiger Kritik an der tschechischen „Normalisierung" – veröffentlicht wissen. Die Redaktion lehnte den Beitrag als zu antirussisch und zu antikommunistisch ab.

Worauf Nenning kapitalistisch drohte, das Geld zu sperren.

Der Machtkampf endete mit einem Unentschieden: Die Liste wurde abgedruckt, der Begleittext dagegen wurde weggelassen und durch einen Vorspann ersetzt, der den wahrscheinlich wichtigsten Mann des Prager Frühlings, Eduard Goldstücker, aus dem Beirat des „Forum" austreten ließ. Ilse Maria Aschner, eine gläubige Kommunistin, die anläßlich der russischen Invasion aus der KPÖ ausgetreten ist und derzeit das Redaktionssekretariat des „Forum" leitet, kritisiert die neue „Forum"-Linie von rechts: „Wenn der Nenning wegginge, würde das ‚Forum' wahrscheinlich eine echte KP-Zeitschrift. Die halten in Wahrheit den tschechischen Frühling für Konterrevolution, auch wenn sie es nicht offen sagen."

Im Februar 1972 glaubten sich Siegert und Co. stark genug, Nenning zu stürzen: In einer Redaktionsversammlung wurde seine Absetzung beschlossen und sein Reich unter den neuen Herrschern aufgeteilt.

Worauf der von einer Reise Heimkehrende seinen Mantel wieder anzog und der verdatterten Redaktion ankündigte, er gehe jetzt aufs Handelsgericht und melde den Konkurs an. Ohne die von ihm vermittelten Kredite und von ihm mühsam erbettelten Inserate sei das Blatt nicht lebensfähig.

Heftig die Macht des Kapitals verfluchend, nahm ihn seine Redaktion noch einmal gnädig auf.

Der Mann, der als Vorsitzender der Journalistengewerkschaft den härtesten österreichischen Verlegern Zugeständnisse abrang, der durch den „Express"-Streik die SPÖ in die Knie zwang und dabei ist, gegen wilden Widerstand ein neues Presserecht durchzusetzen, steht dem Sadismus der Revolution, die er in Gang gesetzt hat, hilflos gegenüber.

„Wenn die Gesellschaft einmal käme" – so Aschner – „die die wollen, dann ist der Nenning der erste, den sie liquidieren." Nenning lächelt: „Das is alles a Lernprozeß, für die Bub'n, und für mich auch, ma muß a bisserl Geduld hab'n."

Manchmal verliert er sie. Er beginnt dann – um seine Nervosität zu dämpfen –, Bücher zu ordnen. Manchmal auch seinen Schreibtisch. Bis in die Nacht hinein. Denn der Bohemien ist pedant: Für alles, was er zu erledigen gedenkt, schreibt er sich kleine Kärtchen in verschiedenen Farben und verschiedenen Schriften, die er in einem speziellen Kästchen aufbewahrt und die nach einem komplizierten System abgehakt, vorgeordnet und aufeinander bezogen werden. Nenning sieht es psychoanalytisch: „Wahrscheinlich eine übertriebene Reinlichkeitserziehung." Und: „Mein Vater pflegte nach dem Reinemachen Flankerln vom Teppich aufzuheben." Seine Angestellten sehen es schärfer: „Ein Mensch, der so viel Unordnung in seinem Leben hat, muß einfach einen ordentlichen Schreibtisch haben."

Wenn er high ist – die Nixon-Demonstration etwa, die ihn für ein paar Stunden mit offenem Hemd und wehendem Haar an den Blutkreislauf der Jungen anschloß, versetzte ihn kurzfristig in diesen Zustand –, dann glaubt er auch heute noch – mehr denn je und hektischer denn je –, er sei der beste Nenning, den es je gab: „Ich glaube, daß ich letztlich die Rolle spiele, die ich spielen wollte."

Aber in den immer länger werdenden Pausen, die solche Höhepunkte voneinander trennen, kehrt sich Nennings Kritik an den gesellschaftlichen Verhältnissen in angstvolle Selbstkritik. Wenn wieder einer der alten Freunde das „Forum“ verlassen hat, wenn die Redaktion sich an Artikeln begeistert, die ihm wirr und albern erscheinen, wenn er, mit seinen 51 Jahren Wiener Charme mimend, in deutschen Verlagen um spärliche Inserate betteln muß, wenn sein Sohn Leopold, den er über alles liebt, sich ein Zuhause statt eines Vaters auf der Suche nach sexueller Befreiung wünscht, und die Mädchen, mit denen er „mit 29“ geschlafen hätte, finden, daß er nun eigentlich schon 51 sei – wenn sich das Bild, das Günther Nenning von sich selber malt, mit dem der anderen schmerzhaft überschneidet –, dann kann es vorkommen, daß den „ewigen Optimisten“ Depressionen überfallen: „Manchmal“, gestand er in einem solchen Augenblick Trautl Brandstaller, „hab' ich das Gefühl, ich habe in meinem Leben nicht das Geringste erreicht.“

Franz Jonas

Wie durch Glas

Franz Jonas *stieg vom Wiener Bürgermeister zum Bundespräsidenten auf.*

Der folgende Text erschien 1971 im profil, *als er sich zur Wiederwahl für seine zweite Amtsperiode stellte.*

Wenn er in einen Ballsaal tritt, gerinnt der Faschingslärm zum Schweigen eines Schulhofes, an dessen Ende der Direktor sichtbar wird. Sein kerzengerades, unbeirrtes Schreiten nimmt überall eine Parade ab. Ehe er Platz nimmt, scheinen seine Augen die Wartenden zu überprüfen: Haarschnitt, Haltung, Hände in den Hosentaschen, dann zeigt das ausgeprägte und bewußte Neigen seines Kopfes dem Volke an, daß er gestattet: Weitermachen.

Franz Jonas ist ein Mann, der Ehrfurcht weckt. Sprachanalytisch: Furcht, die ehrt.

Sein Bruder Josef, der ihn besser kennt, ist überzeugt, es wären nur das Amt, die Sorgen, Pflichten, Rechte, Zwänge, die sein Gesicht verhärtet haben. Aber dieser ganz bestimmte Zug um seinen Mund, die strenge Linie der kargen Lippen, war schon immer da. Auf Jugendbildern sogar noch ausgeprägter: als Entsagung.

In einem der wenigen Augenblicke, in denen er sich gehenließ, entrang sich Jonas in den Prunkräumen der Hofburg ein lauter Satz, den sein Pressereferent „fast einen Aufschrei" nannte: „Ich habe gehungert – gehungert."

Nach dem Tod einer Schwester das älteste von sieben Kindern, beherrschte ihn der Zwang, „vernünftig" und „erwachsen" zu sein, seit er denken konnte. Mit vierzehn ging er neben der Lehre verdienen. Mit siebzehn zog er in den Ersten Weltkrieg. Als er zurückkehrte, war der Zug um seinen Mund endgültig geworden.

Glück und Unglück sind für Franz Jonas nicht subtile Seelenzustände, sondern Zustände des Körpers. Glück ist: Arbeit, Essen, eine Wohnung haben. Unglück ist: Arbeitslosigkeit, Obdachlosigkeit, Hunger.

Ähnlich elementar ist sein Sozialismus: nicht intellektuelle Auseinandersetzung mit einem Weltbild, sondern die einzige konkrete Hoffnung seiner Zeit, die Lebensbedingungen erträglicher zu gestalten.

Schon der Vater war aktiver Sozialdemokrat. Eigentlich der Prototyp des Arbeiters, den das Bürgertum sich wünschte: fleißig, katholisch, lernbegierig, zäh; daß er dennoch den sozialen Aufstieg nicht schaffte, war das historische Versagen eines Systems, das seine besten Leute zu Gegnern machte.

Durch diesen Vater erfuhr Franz Jonas jene doppelte Prägung, die die Sozialdemokratie seiner Epoche kennzeichnet: die bürgerlich puritanische (ein Arbeiter trinkt nicht, raucht nicht, faulenzt nicht, bildet sich weiter) und die humanitär sozialistische (der Kampf des einzelnen wird erst sinnvoll als Kampf für alle).

Je älter er wird, desto mehr blättert die sozialistische von der puritanischen Schicht im Wesen des Franz Jonas ab: „Streng, aber gerecht“, nennt ihn sein Bruder Josef mit jenen gleichen Worten, die man zu Jonas' Kindheit für den Kaiser fand. Je schlechter er sieht, desto minuziöser liest der Präsident jede Zeile seiner Akten, jeden Beistrich seiner Ernennungen, ständig auf der Suche nach der vollkommenen Entscheidung: „Prüfen Sie“, so sagt er mit voller Überzeugung in einem Interview, „jede einzelne Handlung, die ich als Stadtrat, als Bürgermeister, als Bundespräsident gesetzt habe; Sie werden sehen, daß keine davon unrichtig war.“

Franz Jonas begnadigt weniger und vorsichtiger als seine Vorgänger: nicht aus geringerer Bereitschaft, sondern aus der Sorge, einen Unwürdigen auszuwählen. Die beiden Delikte, die in seinen Augen eine Begnadigung grundsätzlich ausschließen, sind die Brandmarken des Puritanismus: Sittlichkeitsverbrechen und Trunkenheit am Steuer. Gnade, wie er sie sieht, ist nicht die Bereitschaft, auch einmal grundlos zu verzeihen, sondern nur eine verbesserte, genauere Gerechtigkeit – seine.

Die Witze, die man in der ersten Zeit seiner Kanditatur über die Umgangssprache im Hause Jonas machte, trafen ihn nicht zuletzt deshalb so bitter, weil sie ungerecht waren: Jonas spricht jenes selbstverständliche Hochdeutsch, das man nur von Jugend an erlernen kann. Denn nicht die Verachtung der Sprache, die Funktionäre der SPÖ heute gelegentlich auszeichnet, sondern gerade umgekehrt, deren Bewunderung kennzeichnete die Sozialdemokratie, in der er aufwuchs: Es war die große Zeit der Volkshochschulen, an denen er Renner, Bauer und Austerlitz hörte, die Zeit der Arbeiterbibliotheken und Abendkurse – der faszinierende Versuch des Arbeiters, sich am eigenen Schopf aus der Verelendung zu ziehen.

Franz Jonas wurde Korrektor: der Arbeiter in einer Druckerei, der besser Deutsch können muß als der Bürgerliche, der es schreibt. Soziologisch: der Versuch der Arbeiterschaft, die Macht aufzubrechen, die die gemeinsame Sprache dem Bürgertum verlieh. Jonas hat sich nie davon lösen können: Auch heute noch verbessert er mit Rotstift und Akribie – „das sollten wir, glaub' ich, besser so sagen" – die Manuskripte seiner dem Bürgertum entstammenden Pressereferenten, verunsichert mit erhobenem Zeigefinger seine Mitarbeiter, um – immer noch – intellektuelle Sicherheit zu gewinnen. (Professor Ostry: „Er streicht mit tödlicher Sicherheit die letzte Pointe heraus.")

Alle Aufgaben, die ihm seit dem Kriege gestellt wurden, schienen seine Kenntnisse, sein Talent und sein Format zu übersteigen: Daraus, daß er sie dennoch löste, bezieht er sein immer noch wachsendes Selbstwertgefühl. Wo sein Vorrang in Frage gestellt wird, reagiert er ärgerlich: Die mühsame, immer wieder hinausgeschobene Ernennung des seinerzeitigen Kontrollamtsdirektors Dr. Lachs wird im Rathaus immer noch damit in Zusammenhang gebracht, daß jener auf einer Amerikareise dank seiner Kenntnis des Landes und der Sprache dem damaligen Bürgermeister Jonas, ohne es zu wollen, die Show gestohlen hat. Ein Jonas-Mitarbeiter: „So etwas ist tödlich."

Auch die Würde der Präsidentschaft vermochte nicht, Jonas zu einem legereren Verhältnis zur eigenen Bedeutung zu verhelfen: Als er auf seinem Englandbesuch die National Gallery betrat, ließ er einen Herrn seines Gefolges zu den Besuchern schicken, um ihnen auszurichten, sie brauchten sich durch seine Anwesenheit nicht stören zu lassen. Die Engländer begriffen nicht. Sie wußten nur vage, wer Franz Jonas ist.

Der „erste Bürger des Staates" zu sein, ergibt sich für ihn nicht so sehr aus einer autoritären Interpretation der Verfassung, sondern viel eher aus der Logik der Gerechtigkeit: Er verdient diesen Rang, weil er „nach reiflicher Überlegung" festgestellt hat, daß er die Pflichten dieses Amtes ohne Tadel ausfüllt. Letztlich ist es die alte Vorstellung des bürgerlichen Puritanismus calvinischer Prägung: Reichtum, Erfolg oder ein Amt sind zwar nicht an sich verehrenswert, aber sie sind äußere Zeichen dafür, daß ihr Träger innerlich zu den Auserwählten gehört.

Die Vorbedingung dazu ist „Selbstdisziplin". Das beginnt beim Frühsport, den Jonas noch bis vor kurzem an jedem Morgen betrieb – „Körperkultur" ist ein Wort aus seinem Vokabular –, setzt sich fort in der Haltung des Sitzens (den Rücken stets kerzengerade einige Zentimeter von der Lehne entfernt) und mündet in die minuziöse Einteilung des Tagesablaufes, die nur gelegentlich eine Pause für Spaziergänge läßt.

Jonas ist niemals krank und niemals müde. Vergeßlichkeit des Alters gestattet er sich nicht. Andere Anzeichen seiner zweiundsiebzig Jahre sind nicht zu bemerken. Obwohl er das Rauchen erst im Alter aufgegeben hat und „zu festlichen Anlässen oder Geburtstagen" – so sein Bruder Josef – „durchaus ein Gläschen trinkt", gilt er rundum als abstinent: Man meint den ganzen Menschen, wenn man seine Trinkgewohnheit ausspricht. Selbst noch aus seinen Hobbys spricht ein Streben nach Genauigkeit: Fotografieren, bestenfalls noch Markensammeln.

Hätte er Kinder, die ihm – wie so vieles – vorenthalten blieben, er täte sich vermutlich schwer mit ihnen. Aus „Spaß", aus purer Lust heraus zu handeln, vielleicht sogar: nicht zu handeln, sich gehen und treiben zu lassen, fände er so unbegreiflich wie sein Vater. Gammeln, Rauschgift, neue Linke – das führt geradewegs in jene Anarchie, die dem aufgeklärten Puritaner die Hölle ersetzt. Ihm ist schon die SPÖ zu diffus geworden: Das ist nicht mehr die Geradlinigkeit, die sein Leben beherrscht, nicht mehr das Streben nach Bildung, das die Bewegung ausgezeichnet hat, nicht mehr die Sauberkeit. Die Sozialistische Partei entspricht nicht mehr den bürgerlich-puritanischen Idealen, die auch die seinen sind.

Der Gegensatz zwischen ihm und Bruno Kreisky wird sicherlich manchmal von der Presse hochgespielt, aber es gibt ihn: die verwirrend komplexe und differenzierte Gedankenwelt Kreiskys ist das Gegenteil der rechtwinkeligen Gedankengänge Jonas'. Kreiskys spielerische Art zu entscheiden ist das Gegenteil vom peniblen Aktenstudium des Bundespräsidenten. Politik, die für Kreisky auch Spaß ist, ist für Jonas nur Pflicht: „Der Heimat treu zu dienen."

Es gibt Politiker, denen Jonas innerlich nähersteht: Krainer, den er bei jedem seiner Urlaube im kaiserlichen Jagdschloß Mürzsteg besucht. Selbst Klaus, mit dem er zwar nicht das Messianische, wohl aber das Puritanische gemein hat. Zu den Jungen, die ihm gefallen, zählt der Vorzugsschüler Androsch.

Zu Jonas' liebsten ausländischen Gästen gehört der Buhmann der jungen Sozialisten, Schah Reza Pahlevi; vor die Wahl zwischen einem autoritären und einem chaotischen Staat gestellt, wählt Franz Jonas zweifellos die Ordnung.

Wer, fragte er in einer seiner letzten Fernsehansprachen, sollte denn die Autorität im Land hochhalten, wenn nicht der Bundespräsident? Jonas' Zuneigung für die Große Koalition ist nicht zuletzt Ausfluß einer gewissen Abneigung gegen das geringere Maß an „Ordnung", das im Prinzip der Opposition enthalten ist: Besser, daß die Parteien gemeinsam zum Wohle des Volksganzen ihre Pflicht erfüllen, wobei vorausgesetzt wird, daß das „Volkswohl" eine meßbare Größe ist. „Bei meiner Entscheidung über den Auftrag zu einer Koalition beurteile ich die politische Situation und wäge ab, was dem Wohl des Volkes am besten dient."

Gelegentlich plagt den Bundespräsidenten im Sommer ein schmerzhafter Ausschlag. Dann stürzt er sich mit brennenden Händen in die Begrüßungsorgien seines Amtes, denn „die Pflicht" geht vor. Solche Nervosität der Haut und schon früher des Magens – seit einer Operation darf Jonas nur noch Diät essen – weist darauf hin, daß die ständige Anspannung, Selbstkontrolle und Besinnung auf das Wohl der anderen nicht ganz ohne Verlust erkauft sind. Jonas, sagt man in seiner Umgebung, möchte manchmal aus seiner Haut heraus, möchte gelöst und locker sein, sich in Gespräche verlieren, aber gleich, oft mitten im Satz, senkt sich schon wieder das, was man in der Präsidentschaftskanzlei „die Glaswand“ nennt, zwischen ihn und seine Gesprächspartner. Es gibt unter seinen Mitarbeitern keinen, der sich anmaßt, ihn wirklich zu kennen. Sein zwanghafter Versuch, zu seiner Umgebung „absolut gerecht“ zu sein, schafft um ihn die Distanz, aus der allein „Gerechtigkeit“ praktikabel wird. Selbst seine Brüder, mit Ausnahme jenes einen, Josef, sieht er nur jedes halbe Jahr. Es heißt manchmal, daß seine Frau sich nach der Zeit zurücksehnt, wo er noch nicht in der Wiener Hofburg, sondern in einem Floridsdorfer Schrebergartenhäuschen wohnte.

In der Soziologie gibt es das Modell des „innengeleiteten Menschen“, der, ohne Beeinflußbarkeit von außen, im Besitze eines eingebauten Kompasses, nicht nach rechts und nicht nach links schauend, seinen Weg geht. Vorbei auch manchmal an den Menschen. „Jonas“, sagt einer seiner Pressereferenten, „geht immer wie durch Glas.“

Je älter er wird, desto deutlicher wird dieser Zug. Die alten Kampfgefährten begraben, umgeben von Politkern, die seine Lehren nicht verstehen wollen, überrollt von einer gesellschaftlichen Entwicklung, die beginnt, seine Ideale von Selbstdisziplin und Pflichterfüllung ad absurdum zu führen, wird der Sohn des Schleusenarbeiters aus Floridsdorf auf gespenstische Weise immer ähnlicher jenem alternden Kaiser, dessen Namenstag eine Verwandte durch eine Fälschung im Taufbuch zu Jonas' Geburtstag machte: Die Zeit, in die Franz Joseph Jonas ragt, ist nicht mehr die seine.

Begegnungen im Medienschungel

Zwangsläufig bin ich in den letzten fünfundzwanzig Jahren ununterbrochen Journalisten begegnet, die eine mehr oder minder große Bedeutung für die österreichische Medienlandschaft hatten oder auch jetzt noch haben. Porträtiert habe ich, schon aus Befangenheit, fast nur die, die als Medienmanager beziehungsweise Eigentümer überragenden Einfluß gewonnen haben und heute eigentlich nicht mehr unter die Journalisten gezählt werden.

Gerd Bacher war der ORF, Franz Kreuzer stieg bis zum Minister auf, Hans Dichand schuf zusammen mit Kurt Falk die relativ größte Zeitung der Welt. Die beiden Newcomer zwangen damit einen Mann zur Aufgabe, der den Medienmarkt der Nachkriegszeit dominiert hatte: 1972 verkaufte Ludwig Polsterer den „Kurier".

So lange diese Porträts zurückliegen, so aktuell wirken sie überraschenderweise sowohl in bezug auf die handelnden Personen als auch in bezug auf die involvierten Zeitungen.

Gerd Bacher

Ein Tiger in der Spanischen Hofreitschule

Gerd Bacher *war der erste Generalintendant des ORF nach dem Rundfunk-Volksbegehren, wurde dann von Bruno Kreisky aus innerparteilichen Erwägungen in die Wüste geschickt, um durch den „Verrat“ zweier Kuratoren zurückzukehren und den Rundfunk bis 1994 zu führen.*

Der folgende Text erschien anläßlich seines Abgangs im Standard.

Das Rundfunkmonopol fällt und Gerd Bacher geht – das ist eine Koinzidenz, die Parapsychologen jubeln ließe.

Alle, selbst die, die Bacher aus sämtlichen Hinterhalten angegriffen haben, weinen ihm dieser Tage nach – alle, selbst die, die das Rundfunkmonopol aus den lautesten Motiven angeprangert haben, werden es demnächst vermissen.

Ja irgendwann werden vielleicht sogar die Meinungsmacher begreifen, daß die Gestaltung der medialen Umwelt mehr ist als ein Geschäftszweig der freien Marktwirtschaft:

Denn es war immer ein fundamentaler Irrtum, zu meinen, daß ein gutes mediales Angebot auch ein gutes Geschäft sein müsse.

Dergleichen kommt vor.

Aber in der überwältigenden Mehrzahl der Fälle gilt das Mediengesetz des Karl Kraus: Je größer der Stiefel, desto größer der Absatz.

Markt ist optimal für Seife oder Kühlschränke. Aber im kulturellen Bereich produziert er im günstigsten Fall Musicals, im Normfall Tutti-Frutti. Und im Bereich der Information liefert er die stündliche „Sensation“, die an ihre Stelle tritt.

Gerd Bacher weiß das wie kein anderer – und hat das Glück zu gehen, ehe die neuen Geschäftszeiten kommen.

So war die Epoche, in der er den ORF unter dem Schutz des Monopols zu einer Rundfunkanstalt fast britischen Formats ausbauen konnte, wahrscheinlich ein einmaliger historischer Glücksfall: Gerd Bacher brauchte keine Rendite zu erwirtschaften, sondern „nur" die von Gesetzes wegen fließenden Gelder sinnvoll einzusetzen.

Das erlaubte selbst in schlechten Zeiten – wenn die Gebühren aus politischen Gründen eingefroren wurden – eine Qualität, die der „Markt" in seinen besten Zeiten nicht bieten wird.

Gerd Bacher war für diesen vom Staat getragenen und daher stets ein wenig staatstragenden, gleichermaßen volkshochschulhaften wie bildungsbürgerlichen, überaus österreichischen Österreichischen Rundfunk wie geschaffen. Denn er verhielt sich grundsätzlich unösterreichisch: der Tiger, der eine Spanische Hofreitschule in Trab halten konnte.

So gehörte er zu den wenigen Mächtigen dieser Republik, die zugeben, Macht zu besitzen und lustvoll zu gebrauchen. Ahnungslose (und Zyniker) haben ihm das angekreidet. In Wahrheit ist das Wissen um die eigene Macht die unverzichtbarste Voraussetzung für das Erkennen der eigenen Verantwortung: Weil Bacher mehr als jeder andere um seine Macht-Lust wußte, hat sie ihn weniger als jeden anderen zum Macht-Mißbrauch verführt.

Für Anfänger: Der Medienmacher, der am lautesten behauptet, weder Macht zu haben noch zu wollen, ist Hans Dichand.

Wie das Herz Hans Dichands, schlägt das Herz Gerd Bachers rechts. Dichand verneint das – Bacher hat es zeitlebens eingestanden. Zusammen mit dem verstorbenen Clemens August Andreae war er einer von drei, vier Rechtsintellektuellen dieses Landes, und wagte selbst im Out der 68er Jahre auszusprechen, was heute „in" ist.

Ahnungslose (und zynische) Linke haben ihn dafür einen Reaktionär gescholten statt zu begreifen, daß jeder, der ein „Rechts"-Bekenntnis ablegt, implizite zugesteht, daß es ein „Links" geben muß.

Linke Intellektuelle, die im ORF Fuß faßten, von Trautl Brandstaller bis Peter Turrini, waren immer erstaunt, daß Gerd Bacher sie zwar manchmal bedrängte, aber immer am Leben ließ. In Wirklichkeit entsprach es der Logik dieser Symmetrie – und Bachers Sympathie für Menschen, die überhaupt wahrnehmbare Herzschläge haben.

Weil er über einen brillanten Intellekt verfügt, hat Gerd Bacher die intellektuelle Brillanz anderer, von Kreuzer über Lendvai bis Portisch, nie gefürchtet, sondern geschätzt. Als Ursula Pasterk, damals noch Redakteurin des „profil“, wieder einmal eine ebenso brillante wie vernichtende Kritik des „bürgerlichen Lagers“ zu Papier gebracht hatte, reagierte der bürgerliche Generalintendant mit dem Ausbruch: „Widerlich – aber leider glänzend.“

Anders als bei Kreisky war es ehrenvoll, nicht gefährlich, von Bacher als Gegner anerkannt zu werden.

Weil er wußte, daß jeder Journalist politische Wurzeln und Emotionen hat, war Bachers entscheidendes Kriterium nie die politische Herkunft, sondern die journalistische Redlichkeit: Gentlemen must agree on facts.

Das hat den ORF in guten Zeiten zu einem Auffanglager unbotmäßiger Journalisten aller Couleurs gemacht und ist in schlechten Zeiten zum alten Proporz verkommen. So wie Bachers ständige Forderung nach Objektivität in schlechten Zeiten dazu führte, daß ORF-Reporter jedem Politiker, der zwei mal zwei fünf sein ließ, einen gegenüberstellten, der für „drei“ plädierte. In guten Zeiten freilich (vor allem den Zeiten Alfons Dalmas) resultierte aus dieser Anbetung der objektiv erhobenen, redlich dargebotenen Fakten die beste politische Berichterstattung des deutschen Sprachraums.

Gute und schlechte Zeiten wechselten nicht zuletzt mit den politischen Machtverhältnissen: Das Rundfunk-Volksbegehren, das den ORF erschaffen hat, war das erste und entscheidende Aufbegehren der Österreicher gegen den allumfassenden Proporz. Die Alleinregierung Klaus/Widhalm (die beste, die das Land je hatte) entsprach diesem neuen Bewußtsein durch ein Rundfunkgesetz, das den ORF zur unabhängigsten unter allen öffentlich-rechtlichen Anstalten des Kontinents machte.

Größter Nutznießer dieser neuen medialen Unabhängigkeit und geistigen Öffnung (so Hugo Portisch in seiner Bacher-Laudatio) war das Mediengenie Bruno Kreisky.

Der Alleinregent bedankte sich dafür, indem er Bacher hinausschmiß und das Rundfunkgesetz so reformierte, daß die Regierungspartei wieder entscheidend mehr und der Generalintendant entscheidend weniger Einfluß erhielt.

So ist die Gesetzeslage bis heute.

Niemand außer Gerd Bacher wäre imstande gewesen, die nötigste Unabhängigkeit des ORF selbst über diese rote Reform hinwegzuretten. Denn Bacher ist nicht nur von einer bis zur Unberechenbarkeit gesteigerten inneren Unabhängigkeit, sondern er verbindet sie mit ebenso erstaunlicher politischer Geschmeidigkeit, taktischer Geschicklichkeit und unerschöpflicher Kampfkraft: Durch einen Anruf bei Helmut Schmidt vermochte Kreisky zwar Bachers Karriere bei einem deutschen Sender zu vereiteln – aber dafür kehrte der Tiger durch ein bis heute nicht geortetes Loch in der Phalanx der roten Kuratoren in den ORF zurück.

Bacher hat übrigens nie versucht, sich an Kreisky zu rächen, weil das zwar seinen Gefühlen entsprochen, aber seinem Berufsethos widersprochen hätte. In dieser Hinsicht überragte er den Sonnenkönig um Haupteslänge.

Wahrscheinlich ist das eigentliche Geheimnis, das hinter der Selbstkontrolle des Machtmenschen, hinter der politischen Toleranz des Rechtsintellektuellen, der Versöhnlichkeit des so lange Gejagten und so oft Verletzten steht, sein bis zur Eitelkeit übersteigertes Selbstbewußtein.

Denn nur der Selbstbewußte vermag das Selbstbewußtsein des anderen zu schätzen. Nur der Selbstbewußte vermag auf dem für richtig gehaltenen Weg zu bleiben, auch wenn alle in eine andere Richtung deuten. Nur der Selbstbewußte vermag zuzuhören, sich von den besseren Argumenten überzeugen lassen, einem übergeordneten Ziel zu dienen.

Obwohl er im Applaus zu baden weiß, hat es Gerd Bacher letztlich immer genügt, Gerd Bacher zu imponieren. Er kann zum Abschluß seiner Laufbahn behaupten, daß ihm das gelungen ist.

Franz Kreuzer

Die Unmöglichkeit, ein liberaler Fernsehintendant zu sein

Franz Kreuzer, *letzter erfolgreicher Chefredakteur der „Arbeiter-Zeitung", war in der ersten Ära Bacher Intendant von FS 2 und verlor die letzten Reste seines Einflusses auf das Fernsehprogramm erst in der Ära Zeiler. Er absolvierte ein kurzes politisches Zwischenspiel als Minister für Gesundheit und Umwelt.*

Der folgende Text erschien 1978 im profil.

Ich bin kein glühender Anhänger von Franz Kreuzer als Intendant. Ich habe ihn in der „Arbeiter-Zeitung" einige Jahre als Chef erlebt, und er war dabei zur sogenannten „Menschenführung" noch weniger fähig als ich.

Das will etwas heißen.

Er war außerstande, Verantwortung zu delegieren, wollte jede Zeile selber schreiben und war von peinigender, kräfteverzehrender Pedanterie.

Selbst seine überragende journalistische Qualifikation war stets in zweierlei Hinsicht begrenzt: Er war völlig amusisch. Und von so brillanter Intelligenz, daß er nicht selten seinen eigenen Argumenten hereingefallen ist.

Sicher hat er in den zwanzig Jahren, die seit damals vergangen sind, eine Menge dazugelernt – aber ein irritierender Rest dieser Charakterstrukturen wird ihm auch von seinen heutigen Untergebenen bescheinigt. Franz Kreuzer ist sicher nicht die „Idealbesetzung" für seinen Posten.

Er besitzt auch nicht primär Mut. Als primären Mut würde ich die Selbstsicherheit Gerd Bachers bezeichnen. Jede Handlung instinktiv so zu setzen, wie man es selbst für gut hält, und erst nachher darüber nachzudenken, ob sie den Mächtigen im Lande paßt (und wie man sie allenfalls dazu bringen kann, sie zu akzeptieren).

Kreuzer denkt immer vorher nach.

Nirgends ist er so brillant wie in den Analysen dessen, was ihm schaden könnte: Er wußte vorher, warum ihm die „Staatsoperette“ schaden würde, er wußte vorher, warum man den „Minus-Mann“ nicht einladen sollte, und er weiß, warum er es besser unterlassen hätte, Günther Nenning im Club 2 mit Dutschke und Cohn-Bendit diskutieren zu lassen.

Weil er das weiß, zögert er meist sehr lange, und seine Mitarbeiter empfinden das als Mangel an Enscheidungskraft.

Darin liegt eine große Ähnlichkeit mit seinem FS-1-Zwilling Gerhard Weis. Allerdings auch der entscheidende Unterschied: Weis wendet seine ganze Energie auf, um (fast) alles, was er als schädlich für sich erkannt hat, sorgsam zu vermeiden – Kreuzer tut es doch.

Richtiger: Er läßt es passieren.

Ich möchte das Kreuzers sekundären Mut nennen. Und meine, daß es eine menschlich unendlich sympathische Eigenschaft ist: Mut, der aus der Überwindung von Angst geboren ist.

Leider liegt es in der Natur dieser Art von Mut, daß der Gegner die Angst darunter wittert.

Wenn sich Gerd Bacher einem großen, dräuenden Hund gegenübersieht, geht er ohne zu zögern auf ihn zu.

Wenn Gerhard Weis sich einem großen, dräuenden Hund gegenübersieht, so geschieht das durchs Fernrohr.

Wenn Franz Kreuzer sich einem großen, dräuenden Hund gegenübersieht, bleibt er ängstlich stehen, denkt nach und bewegt sich dann mit zögernden Schritten weiter.

Solche Leute werden immer gebissen.

In der Vergangenheit hat Kreuzer dergleichen (wenn auch mit Narben) überlebt: Auch das Fernsehen braucht ja schließlich einen, dem irgend etwas einfällt.

Und alles, was das Fernsehen seit der Reform an Neuem geboren hat, stammt von Franz Kreuzer: von der ZIB 2 bis zum Club 2.

Das Kritische der augenblicklichen Situation besteht darin, daß er in eine ganze Meute geraten ist: Selbst Leute, die normalerweise einander beißen, beißen gelegenheitshalber ihn.

Die eigenen Genossen von der SPÖ beißen ihn ersatzweise: immer dann, wenn sie sich wegen der ganzen von ihnen mutwillig vom Zaune gebrochenen Reform selbst in den Hintern beißen müßten.

Die Berechtigung ihrer Vorwürfe ist dem angemessen:

Bekanntlich war es das erklärte Ziel der Reformer, zwei gleichberechtigte, gleichwertige Vollprogramme nebeneinander zu schaffen. Ebendies hielten alle Branchenkenner ebenso bekanntermaßen für ausgeschlossen, weil dafür sowohl die Gelder wie die kreativen Menschen fehlen.

Bis das auch die SPÖ begriff, dauerte es ziemlich lange Zeit, aber dann war sie sachbezogen genug, den Käse, der ohne sie gar nicht entstanden wäre, wenigstens still und leise wieder zurückzureformieren: Unter ausdrücklicher Billigung aller befaßten Gremien wurde FS 1 wieder zum unbestrittenen Hauptprogramm gemästet, während FS 2 als Kontrastprogramm abgemagert wurde und die Sendungen für die Minderheiten samt den minderen Mitteln dafür erhielt.

Es ist Kreuzers historisches Verdienst, daß es ihm gelungen ist, diesen heiklen Prozeß der Rückbildung ohne allzu großen Gesichtsverlust der SPÖ und sogar unter Entwicklung einer eigenen 2-Programm-Philosophie über die Bühne zu bringen.

Deshalb wirft die SPÖ ihm jetzt vor, daß sein Programm ein Minderheitenprogramm mit kleineren Einschaltziffern ist. (Wobei ihm das unter anderen auch jene „unabhängigen Zeitungen" vorwerfen, die seinerzeit heftig – und richtig – kritisiert hatten, daß die Reform zwei gleichberechtigte Vollprogramme wünsche.)

Am heftigsten beißen aber natürlich Kreisky und Blecha: Sie können Kreuzer nicht verzeihen, daß sie ihm das alles eingebrockt haben.

Einer muß schließlich schuld sein, daß die SPÖ diese Reform verbrochen hat: Warum nicht der Kreuzer – der kann sich am wenigsten wehren.

Taus, Steinbauer und Co. finden das auch und beißen Kreuzer, weil sie Kreisky nicht erwischen.

Zu seinem Unglück beißen sie ihn – wie alles – schwächlich: Er kann nicht einmal vor die SPÖ hintreten und sagen: „Seht her, welch blutende Wunden mir die ÖVP gerissen hat."

Damit versäumt er den Keller-Effekt: daß sich die Partei trotz aller inneren Oppositionen „voll und ganz" hinter ihn stellt, bloß weil die äußere Opposition sich auf ihn einschießt.

Dafür bilden sich zu seinem Nachteil die seltsamsten Koalitionen: Das linkslinke „Extrablatt" beißt ihn, weil er seine Redaktion nicht von Konservativen gesäubert hat oder Reaktionäre wie mich in den Club 2 preßt*. (Wie man argwöhnte: anstelle Nennings.)

Und „Kronen-Zeitung"-Staberl beißt ihn, weil er Nenning seine linkslinken Gesprächsrunden und mir meine Einwände gegen Staberls Sicherheitshysterie gestattet.

Im Grunde ist Franz Kreuzer das Schlimmste, was man in diesem Lande des neuentdeckten „liberalen Wählers" sein kann: ein Liberaler.

Das ist: einer, der versucht, den Hunden, die ihn hetzen, das Recht auf Bellen und Beißen zu garantieren.

---

* Angesichts des Umstandes, daß Kreuzer, FS 2 und Club 2 in unerwartet heftigem Ausmaße Gegenstand der Berichterstattung geworden sind, habe ich Franz Kreuzer mein Ausscheiden aus der Runde der Gastgeber des Club 2 mitgeteilt.

Hans Dichand und Kurt Falk

Demütigung verleiht Flügel

Hans Dichand *und* Kurt Falk *schufen mit der „Kronen-Zeitung" die relativ größte Zeitung der Welt und auch in absoluten Zahlen eine der größten Europas.*

Das folgende Doppelporträt erschien 1971 im profil.

Gelegentlich befällt den Chefredakteur der „Kronen-Zeitung", Hans Dichand, ein Alptraum: Er könnte alles, was er sich in Jahren geschaffen hat, mit einem Schlag verlieren.

Dichands Alptraum findet eine seltsame Entsprechung in einer fixen Idee seines Partners Kurt Falk: Bis er 40 sei, vertraute Falk Freunden an, müsse er alles im Leben erreicht haben, denn er würde, so wie sein Vater, früh an einem Herzinfarkt sterben.

Beide kennen die Bitterkeit des Mißerfolgs: Dichands Vater begann als Schuhmacher bei Humanic, schuf sich durch Erfindungen ein kleines Vermögen und verlor alles, als Aktien der Bagdadbahn, in denen er sein Geld angelegt hatte, beim Börsenkrach unter die Räder kamen. Nach dem Sturz des Vaters zog die Familie aus Haus und Garten ins ärmste Gebiet von Graz: ins „Glasscherbenviertel".

Es war mehr als bloß Armut: Es war der Sturz zurück in ein Milieu, dem sich die Familie endgültig entkommen geglaubt hatte.

Hans Dichand war nie bereit, weder politisch noch menschlich, sich mit dieser seiner neuen Umgebung zu identifizieren: Er war – fast demonstrativ – konservativ, katholisch, bürgerlich, trotz Bassena und abgetragener Hemden. Er war es um so mehr, je krasser sein Lebensstandard von diesem Weltbild abwich: bis fast zu einem leisen Monarchismus hin, der im Titel der „Kronen-Zeitung" keinen rein zufälligen Ausdruck fand. Die „Kronen-Zeitung" ist darum auch keine Zeitung der Arbeiter und Unterprivilegierten geworden, sondern eine Zeitung der Sehnsucht dieser

Schicht nach Bürgerlichkeit: Tierecke, Sonntagsbraten und fünfzig Zeilen mit Gott.

Dieser massiven Sehnsucht Dichands nach „geordneten Verhältnissen" stand der vom Vater ererbte Hang zum Abenteuer als ständige Antithese entgegen: Es gibt in Dichands Leben seine „Matrosenzeit", von der er, wenn er ein bißchen getrunken hat, begeistert wie von einer früheren Geliebten erzählt. Von tollen Streichen, für die er degradiert und beinahe eingesperrt wurde, von Bräuten in jedem Hafen und Männern, auf deren Freundschaft man sich verlassen konnte. Er verstand es stets, etwas von diesem Klima in seine Redaktion zu verpflanzen. Als die „Kronen-Zeitung" ihre ersten Gewinne abwarf, kaufte Dichand in Schweden eine sündteure Jacht, die für wilde Redaktionsfeste dienen sollte. In der ungewohnten Enge des Winterhafens rammte die Jacht Pfeiler und Mauern, begann sich aufzulösen und wurde nach ziemlich kurzer Zeit verkauft: Der Realist in Hans Dichand hatte wieder die Oberhand gewonnen.

Eigentlich hatte er das Setzerhandwerk gelernt: den intellektuellsten und chancenreichsten Beruf derer, die für ein Studium kein Geld haben. Es sollte ihm später eine Menge helfen: nichts ist schwerer für den Chefredakteur, als der Umgang mit dieser mimosenhaften und bestorganisierten Arbeitergruppe einer Zeitung. Vom Setzer stieg er auf zum Redakteur, bereits bald nach dem Krieg zum Chefredakteur der Grazer „Kleinen Zeitung". Dennoch hat er stets einen intellektuellen Minderwertigkeitskomplex behalten: Dichand ging und geht nicht auf Presseempfänge. Er meidet Diskussionen. Daß er an Fernseh- und Rundfunksendungen nicht teilnimmt, liegt nicht, wie die „Kronen-Zeitung" immer behauptet, daran, daß man ihn nicht eingeladen hat, sondern daran, daß er nicht kommt: Er hält sich innerlich vielleicht für klüger – und ist es manchmal auch – als die Leute, die da reden, aber im Gespräch ist er ihnen nicht gewachsen: so sagt er es ihnen in seiner Zeitung.

1955 holte ihn Haeusserman für Polsterer zum „Kurier". Die Zeitung, die der Mühlenbesitzer eben von den Amerikanern gekauft hatte, befand sich, wie seinerzeit die „Kleine Zeitung", auf einem absteigenden Ast. Dichand katapultierte sie zur größten Zeitung Österreichs in die Höhe.

Man sagt heute, die Wandlung des „Kurier" vom Revolverblatt zur letztlich seriösen Pseudo-Boulevardzeitung sei Portischs Werk. Das stimmt nicht: Dichand war mindestens ebensosehr ein Feind wilder Aufmachung und übertriebener Revolverstories.

Nur daß Portisch von der blutigen zur politischen Zeitung wollte und Dichand von einer kriminellen, gefährlichen Welt zur bürgerlichen Idylle. „Menschlich gesehen" war seine liebste Rubrik.

Im Grunde ist der Unterschied zwischen diesen beiden Männern und damit den Zeitungen, die sie prägten, der zwischen einem politischen und einem apolitischen Menschen: Was sich in der „Kronen-Zeitung" als politische Auseinandersetzung gebärdet, ist eine Auseinandersetzung des Apolitischen mit der Politik.

Zwischen Dichand und Portisch gab es im „Kurier" einen langen Machtkampf, der damit endete, daß sich der Herausgeber Dr. Polsterer für den Mann mit dem größeren Horizont – und wahrscheinlich schon damit für die Zeitung mit der kleineren Auflage – entschied. Portisch wurde neuer Chef.

Dichand war wieder einmal abgestürzt. Er sollte sich bitter rächen: mit seiner „Kronen-Zeitung".

Es ist typisch für Dichand, daß er es nie absurd fand, sich über seine Pläne mit der SPÖ zu unterhalten. Es ist typisch für die SPÖ, daß es sie in keinem Augenblick störte, daß er ein konservativer Rechter war.

Verhandelt wurde im Hernalser Café Resch mit Olah, Broda und Pittermann. Gefunden haben sich Dichand und Olah: Mehr als nur Zufall verbindet den Setzerlehrling aus dem Grazer Glasscherbenviertel mit dem Klaviermacherlehrling aus Hernals: der gleiche Hang zum Abenteuer, der dennoch fern von allen revolutionären Ambitionen ist. Der gleiche Hang zur kleinbürgerlichen Idylle: Apfelstrudel im Kirschgarten seiner Frau war die größte Gunst, die Olah seinen Freunden erweisen konnte. Die gleiche Treue zu den alten Kampfgefährten – statt Dichands Matrosenfreundschaften die KZ-Freundschaften Olahs. Die gleiche Sympathie für Nationale und der gleiche unreflektierte Haß gegen die Kommunisten.

Beide, Dichand und Olah, besitzen das intuitive Gespür für das, was das Volk zu hören wünscht: Ist der eine die publizistische, so ist der andere die politische Galionsfigur jenes enttäuschten „kleinen Mannes“, der meint, er wäre nur deshalb kein „großer Mann“ geworden, weil ihn „die oben“ ums Ohr gehauen haben.

Wenn zeitweilig manches dafür sprach, daß Olah die „Kronen-Zeitung“ teilweise besaß, so wäre es doch ein Fehler, die Übereinstimmung seiner Politik mit der der „Kronen-Zeitung“ nur in diesen Besitzverhältnissen zu sehen: Erst die innere Übereinstimmung des Hans Dichand mit Franz Olah hat ermöglicht, daß die „Kronen-Zeitung“ in ihrer Agitation nie käuflich wirkte. Nur dadurch wiederum konnte sie eine große Zeitung werden.

Franz Olah brachte Kurt Falk. Wäre er tatsächlich, wie immer wieder – ohne sachliche Basis – gemunkelt wird, Olahs illegitimer Sohn, er hätte ihm nicht ähnlicher sein können: Olahs politisches Abenteurertum ins geschäftliche Abenteurertum umgeschlagen. Olahs Machtwille zur fast schon körperlichen Aggressivität gesteigert: Wenn Falk spricht, dann brechen die Worte zwischen seinen Zähnen wie Maschinengewehrfeuer hervor. Eine lächerliche Auseinandersetzung mit dem Bürgermeister von Wildungsmauer, wo Falk auf dreitausend Quadratmeter Grund ein Mittelklassehaus besitzt, brachte ihn dazu, seinem Lokalchef Plaue tausend Schilling anzubieten, nur damit dieser noch schnell an einem Feiertag einer Geschichte nachginge, die den Oberen in Wildungsmauer ungelegen wäre.

Olahs politische Geltungssucht ist in Falk gewandelt zum verbissenen Willen, finanziell hinaufzukommen. Denn Falk ist wie Dichand ein Deklassierter: War es bei Dichand der Zusammenbruch der Börsenspekulationen des Vaters, der die Familie zum sozialen Abstieg verdammte, so war es bei Falks Vater der Zusammenbruch der politischen Spekulationen: „Weil er a Nazi war“, so Falk, „hat er nach’m Krieg für die andern den Schutt aufräumen müssen.“

Kurt Falk hat seine Lehren daraus gezogen: niemals politisch engagiert, das lohnt nicht, man kriegt nur eine auf den Kopf. „Ich bin noch nie einer politischen Organisation nahegestanden.“ Wäre Falk nicht ihr Geschäftsführer, er wäre schon aus dieser Einstellung heraus ein Leser der „Kronen-Zeitung“.

Sosehr hatte der Krieg die Falks aus ihrer kleinbürgerlichen Existenz geworfen, daß Kurt Falk in den Ferien auf dem Bau und am Abend als Aushilfsbuchhalter arbeiten mußte, um bis zur Matura zu gelangen.

Morgens saß er mit Wiens reichen Söhnen im humanistischen Gymnasium, abends ging er von Tür zu Tür Mäntel verkaufen: eisern entschlossen, sich nie wie sein Vater Ideen, sondern Geschäften zu verschreiben, eisern entschlossen, durch diese Geschäfte hinaufzukommen. Wie Dichand: es ihnen allen zu zeigen.

Daß diese beiden Männer, Dichand und Falk, einander – im Schatten Olahs – fanden, ist tatsächlich, wie „Staberl“ immer schreibt, das wichtigste Ereignis in der zehnjährigen Geschichte der „Kronen-Zeitung“.

LUDWIG POLSTERER/HUGO PORTISCH

EIN GUTER HERR

LUDWIG POLSTERER *und* HUGO PORTISCH *beherrschten als Eigentümer beziehungsweise Chefredakteur des „Kurier" die Medienszene Nachkriegsösterreichs. Ihre Ära endete, als die bis dahin größte Tageszeitung des Landes von der „Kronen-Zeitung" überflügelt wurde. Um sie für das bürgerliche Lager zu retten und zu verhindern, daß sie in die Hände von Dichand und Falk überginge, verkaufte Polsterer den „Kurier" 1972 an eine Art Bietergemeinschaft bürgerlicher Unternehmer, die von der Industriellenvereinigung angeführt wurde.*

Im Vorfeld dieser Transaktion entstand der folgende Text, der 1972 im PROFIL *erschien.*

Heute gehört der „Kurier" mehrheitlich der Raiffeisengruppe mit dem deutschen WAZ-Konzern als Minderheitspartner und ist über die „Mediaprint" mit der „Kronen-Zeitung" verschränkt.

Wenn er auf dem kurzen Weg vom Haupteingang des „Kurier" in der Wiener Lindengasse zu seinem Privatlift einem seiner Redakteure begegnet, senkt er blitzschnell den Kopf und starrt angestrengt auf die Planquadrate des Kunststeinbodens. Grüße erwidert er mit einem erschrockenen Auffahren und einem kaum hörbaren „Guten Tag", dann suchen seine Augen Hilfe beim roten Licht der langsam näher kommenden Kabine.

Das war schon immer so. Aber heute legen es seine Mitarbeiter anders aus.

Im 12. Stock seines Hochhauses verhandelt Dr. Ludwig Polsterer über das Schicksal des „Kurier". Er verhandelt alleine, so wie er der Überzeugung ist, er habe diese Zeitung, die zu den größten und reichsten Europas zählt, alleine geschaffen. Doch zum erstenmal in seinem Leben scheint der 45jährige bis zur Stunde entschlossen, gegen die Logik des Geschäftes zu entscheiden: Er schlägt das weit höhere Angebot der „Kronen-Zeitung"-Zaren

Dichand und Falk aus und ist dabei, sein Imperium um 400 Millionen Schilling einer Industriellengruppe um den Grazer Verleger Dr. Hans Sassmann und den Geschäftsführer der „Süd-Ost-Treuhand", Dr. Walter Jakobljevich, zu überlassen.

Für seine Umgebung geht es um die Entscheidung des liberalen Demokraten gegen das relativ größte Meinungsmonopol der Welt. Für ihn selbst geht es um die Antwort auf eine Lebensfrage:

Ob er nun schon so schwach sei, sein Lebenswerk den ärgsten Konkurrenten auszuliefern – gleichsam bedingungslos zu kapitulieren –, oder doch noch stark genug, zu handeln wie jene ländlichen Feudalherren, denen sich seine Familie von Mühlenbesitzern seit Generationen zuzählt: einfach auf fünzig, sechzig Millionen verzichten, nur um den Gegner noch einmal ohnmächtig verlieren zu sehen.

Dieses „Mühlenbesitzer" klebt an ihm, obwohl es heute nur für einen Bruchteil seines Reichtums steht*. Sein Urgroßvater war Müller, sein Großvater war Müller, sein Vater war Müller – eine mahlende Dynastie, in der sich Bauernschläue, Grundbesitzerstolz und der Unternehmergeist ländlicher Kaufleute zu industrieller Dynamik verbanden. Reich seit Generationen – längst mit Hausbeitz gesegnet und in die Stadt gezogen –, aber dennoch weit weniger dem städtischen Bürgertum als ländlichem Adel verwandt: „Ein guter Herr", erläuterte der 25jährige Ludwig Polsterer einem Freund sein Lebensprinzip, „ist wie ein Herzog. Er vergibt Lehen und Positionen. Er regiert streng, aber er kennt die Sorgen seiner Mitarbeiter. Er läßt sich beraten, aber alle Entscheidungen trifft er allein."

Zehn Jahre später hatte er auf diesem Credo ein Verlagsimperium errichtet. 20 Jahre später drohte dasselbe Verlagsimperium daran zu scheitern: Der Mann, der alles entscheiden sollte, entschied nicht mehr.

---

* Polsterer ist lediglich Miteigentümer der familieneigenen Mühlen und hat die Geschäftsführung schon in jungen Jahren vollkommen seinem jüngeren Bruder überlassen. Zum Vergleich: Die Polsterer-Mühlen stehen mit einer Vermahlmenge von 8,5 Tonnen nur an 14. Stelle der österreichischen Mühlen-Rangliste, die von der Vonwiller-Mühle in Schwechat mit einer Vermahlmenge von 75.000 Tonnen angeführt wird.

Sein eigener Vater entspricht den patriarchalischen Vorstellungen nur in der Fantasie: ein eher weicher Mann, der von der Energie der Ehefrau vorangetrieben wird. Als die Russen 1945 einmarschieren, sperren sie den vermeintlichen Mitläufer in einen Keller seines Gutes, wo er erkrankt und elend zugrunde geht. Von da an muß sich der sensible Achtzehnjährige noch stärker an der Mutter orientieren: Die geschäftliche Durchschlagskraft, die ihn später auszeichnet, ist weniger primäre Härte als sekundäre Überwindung eines eigentlich weichen, scheuen Naturells.

Polsterers Autorität ist immer zwiespältig: übermächtig aus der Entfernung seines Konferenzbüros im 12. Stock des „Kurier"-Hochhauses, aber zerbrechlich, wenn er nur drei Stockwerke tiefer seinen Redakteuren gegenübersteht; dann suchen seine Finger nervös die Tischplatte, er verliert den Faden, sagt einen Bruchteil dessen, was er sagen wollte, und ist körperlich erlöst, wenn ihn das Netz der Blicke in die Anonymität des Stiegenhauses entläßt.

An Stelle des toten Vaters führt sein Onkel die Mühlen weiter. In Enzersdorf an der Fischa, wo sich die Polsterersche Stamm-Mühle befindet, geht die Legende, daß er so sparsam war, daß er die Kleider für sich und seine Familie nur in der „Chance" kaufte. Eine Familientugend, die Ludwig Polsterer geerbt hat: Im „Kurier" konnte er sich darüber erregen, daß der Fotograf Peter Lehner bei einer Hochwasserkatastrophe zu viele Bilder geschossen hatte. Als sein Jugendfreund Gino Wimmer in einem Polstererschen Filmlagerraum in Klein-Neusiedl ausrangierte Möbel entdeckte und sich ein Bett davon erbat, reiste der Konzernherr eine Stunde weit an, um es zu besichtigen. Wimmers mehr rhetorisch gedachte Frage, was das Bett denn kosten solle, beantwortete der Millionär präzise: „Normalerweise 200 Schilling, aber für Freunde 150."

Polsterers eiserner Sparwille ließ ihn Filme billiger drehen als die gesamte Konkurrenz und sein Verlagshaus so billig bauen, daß später die Fugen zwischen Fenstern und Mauern mit Isolierband abgedichtet werden mußten – aber er zählt auch zu den Ursachen der heutigen Stagnation: Als der „Kurier" 1963/64 eine regionale Ausgabe für Linz herausgab – den „Linzer Kurier" – und die Inserateneinnahmen nur geringfügig hinter den Erwartungen zurückblieben, ließ Polsterer das Unternehmen gegen alle Einwände der Redaktion sofort zurückpfeifen. Die „Kronen-Zeitung“, die Jahre später das gleiche Experiment startete, überwand die Durststrecke: Ihr Vorstoß auf den Bundesländermarkt war der Beginn der Überrundung des „Kurier“.

Wenn Polsterer Geld ausgibt, dann höchstens, um zu demonstrieren, daß er es hat. Nicht neureich oder prasserisch, sondern eben nach Art der Herzöge: Er hat zwar eine große Villa (in der Gehlengasse in Ober-St. Veit), aber beileibe keine so große, wie er sich leisten könnte. Er fährt zwar ein teures Auto (lange Jahre einen Ford-Thunderbird, jetzt ein goldfarbenes Mercedes-Coupé), aber beileibe kein so teures Auto wie „gewöhnliche reiche Leute“. Es gab Zeiten, in denen er nur drei Paar Schuhe besaß: Er ging dann mit braunen Sämischschuhen zu Abendeinladungen und hielt es für amüsant, daß manche Leute das komisch fanden.

Seine Autos fährt Polsterer immer selbst. Er fährt gern, gut und schnell. Den einzigen schweren Unfall hatte er vor 15 Jahren auf der Bundesstraße 17: Ein Radfahrer bog plötzlich quer über die Straße, und Polsterer, der ausweichen wollte, schlug einen dreifachen Salto. Polsterers Reaktion ist seinen Beifahrern bis heute in Erinnerung: „Lebt's noch?“ fragte er, „dann steigt's schleunigst aus, denn der Benzintank tropft.“ Nachdem er sie als Warnposten an die nächste Kurve vorgeschickt hatte, untersuchte er den Radfahrer: „Er atmet noch, wir müssen schau'n, daß wir die Rettung und ein paar Zeugen auftreiben. Das kann ein harter Prozeß werden.“ Polsterer wurde vollinhaltlich freigesprochen.

Seine gespenstische Ruhe in Extremsituationen zählt zu den Grundlagen seines Erfolges: Als sich Polsterer im Jahre 1958 stark genug fühlte, die Druckerei Waldheim-Eberle, in der der „Kurier“ hergestellt wurde, aufzukaufen, schien er in einer aussichtslosen Position. Der Betrieb, der zur Ullstein-Gruppe gehört hatte, war als NS-Vermögen in die Verwaltung der Republik Österreich gefallen, deren ÖVP-Finanzminister Kamitz es durchaus sympathisch fand, den „Kurier“-Herausgeber unter dem leisen Druck des Druckers zu wissen. Auch die Belegschaft stand unter sanfter ÖVP-Kuratel: Sie war in einer Interessengemeinschaft namens „Kreis“ zusammengeschlossen, die ihrerseits von der ÖVP-Unterorganisation ÖAAB dominiert wurde. Über den „Kreis“ besaßen Arbeiter und Angestellte in einer aus der Nachkriegssituation gewachsenen und heute überaus aktuellen Form Miteigentum am Unternehmen.

Polsterer knackte den schwarzen Riegel von mehreren Seiten: Er wußte den stellvertretenden Betriebsratsobmann Heinz Holzbach davon zu überzeugen, daß nur der Verkauf an ihn die Arbeitsplätze sichern könnte. Holzbach überzeugte seinerseits die Belegschaft. Was Polsterer später zu schätzen wußte: Er übernahm den Betriebsrat als Direktor.

Um die weiterhin zögernde öffentliche Verwaltung weich zu bekommen, bediente sich Polsterer der gleichen Taktik, die zehn Jahre später „Kronen-Zeitung“-Falk zum Pressehaus verhelfen sollte: Er drohte, Waldheim-Eberle mit dem Druckauftrag des „Kurier“ zu verlassen. Scheinbar fest entschlossen, begann er seinen Auszug vorzubereiten: Er erwarb die sogenannten Scala-Gründe auf der Wieden, ließ Baupläne zeichnen und besichtigte Druckmaschinen. Bis Waldheim weichgepokert war: Polsterer verwendete die Neubaupläne mit kleinen Retuschen für den Bau des heutigen „Kurier“-Hauses, das sich in der Lindengasse an die alte Druckerei in der Seidengasse anschließt. Die Scala-Gründe verkaufte er mit beachtlichem Gewinn der Gemeinde Wien, indem er den besten Makler des Landes einspannte: Josef Machek, an dessen Talenten der „Kurier“ bis heute nie etwas auszusetzen fand.

Am 7. April 1960 übergab Finanzminister Kamitz dem neuen Eigentümer Dr. Ludwig Polsterer persönlich Österreichs damals modernste Druckerei.

Doch lange bevor er so zum mächtigsten Verleger und Drucker des Landes aufsteigt, hat der damals 31jährige Polsterer bereits eine komplette Karriere als Filmproduzent hinter sich. Sie hängt auf sehr banale Weise mit seiner Autoleidenschaft zusammen. Dank seines Mühlenerbes besaß Polsterer schon als 18jähriger gleich nach dem Kriege eines der wenigen Wiener Autos: einen Steyr 12, der den zu jener Zeit beruflich noch keineswegs Festgelegten mitten in seine Filmkarriere fuhr.

Polsterer lebte damals bei seiner Mutter in der Sechskrügelgasse im Bezirk Landstraße (die meisten großen Müller hatten dort – an der Zuzugstraße vom Land – ihre Stadtwohnungen). Die Jeunesse dorée aus dem feineren Diplomatenviertel bis hinüber zur Prinz-Eugen-Straße war zu jener Zeit noch ohne Porsche und scharte sich um den Steyr des wohlhabenden Mühlensohnes, um nach Baden zum Baden und abends in die ersten Bars zu fahren. Die Bohemiens unter ihnen imponierten ihm am meisten: eine Clique feinnerviger, unsteter junger Burschen, die zusammen mit ein paar ausnehmend hübschen Mädchen vom Filmemachen träumten. Ludwig Polsterer schließt sich ihnen an. Die Mädchen nutzten ihn als Chauffeur und Begleiter, die Burschen nannten ihn „nett und angenehm", und er selber fand sich lächelnd damit ab, daß sie ihn hin und wieder „Mehlbua" riefen.

Freilich nie ganz: Im Kündigungsschreiben, mit dem er im Jahre 1958 seinen Chefredakteur Hans Dichand aus dem „Kurier" jagte, findet sich als besonders erschwerender Umstand, daß der heutige „Kronen-Zeitung"-Eigentümer den „Kurier"-Eigentümer „in Gegenwart von Zeugen einen Nudldrucker nannte".

„Filmproduzent" gefiel Polsterer besser. Während seine Freunde sich ihren Film-Fernzielen dadurch zu nähern suchten, daß sie das Metier erlernten – einer lernte Regie, der andere wurde Kameramann, der dritte Filmarchitekt –, macht der junge Welthändler, der sich zu dieser Zeit schon seine ersten Sporen an der Mehlbörse verdient hat, nie auch nur den kleinsten diesbezüglichen Versuch. Er ist von Anfang an entschlossen: „Ich mache den Film."

Der Führer der Gruppe, Carl Szokoll (er spielte als „Major Szokoll" eine entscheidende Rolle im Widerstandskampf), trieb das Thema auf: die wahre Geschichte eines deutschen Arztes, der von jugoslawischen Partisanen gefangen wird, sie gesund pflegt und am Ende darauf verzichtet, ausgetauscht zu werden. Polsterer macht den Arzt zur Krankenpflegerin: Maria Schell in ihrem Welterfolg „Die letzte Brücke".

Mit gewohnter Sparsamkeit gründete er im Dienstbotenzimmer seiner Mutter die notwendige Filmfirma: Cosmopol – von POLsterer und COSMO polit. Sein erster und lange Zeit einziger Angestellter heißt Gino Wimmer. Als dieser Polsterer erklärt, daß

Filme zu mindestens zwei Dritteln in Ateliers gedreht werden, sah sich der Mühlenmann die Atelierpreise an und entschied dann obenhin. „Die letzte Brücke“ sei eben ein realistischer Film und werde sich nur im Freien ereignen. Diskussionen darüber ließ er nicht zu, obwohl er „nicht einmal wußte, daß Filme eine Tonspur haben“ (Wimmer). Er wohnte einem einzigen Drehtag in Jugoslawien bei, dann sah man ihn erst wieder, als die fertiggestellte Fassung Staatschef Tito vorgeführt werden mußte, um die Ausfuhrerlaubnis zu erhalten.

Kunst sagt ihm nichts. Er hat kein Organ und kaum Interesse dafür. Der heutige „Kronen-Zeitung“-Chef Hans Dichand erinnert sich, daß es unmöglich war, mit ihm über ein Buch zu sprechen. Von Oper und Theater liebt er vor allem das Flair der Logen. Sein Haus in der Gehlengasse ist mit einem Sammelsurium verschnörkelter Möbel zwischen holzgetäfelten Wänden angefüllt und blickt über eine pompöse Hollywoodterrasse eher stillos in einen nierenförmigen Swimmingpool. In New York, wo der frischgebackene Filmproduzent mit der Witwe Oskar Karlweihs’ zu Abend aß, ließ er sich eine Stunde lang das Projekt auseinandersetzen, „Undine“ zu verfilmen – um beim Heimweg unter Freunden eine einzige Frage zu stellen: „Sagt’s, Undine, was is denn das eigentlich? A Stück, a Roman oder a Oper?“

Mit ähnlich souveräner Gleichgültigkeit steht er später den Fachproblemen seiner Zeitung gegenüber. Rotationsmaschinen sind für ihn teure Dinge, bei denen oben Papier hinein- und unten eine Zeitung herauskommt. Er mag sie nicht und betritt die heißen, häßlichen Produktionsräume der „Kurier“-Druckerei nur, wenn es sein muß. Um bei seinen Angestellten dennoch den Eindruck allumfassender Informiertheit zu erzeugen, hat er eine eigene Methode: Er greift ein winziges belangloses Detail heraus und blufft seinen Gesprächspartner an die Wand. Als er bei einem seiner Mitarbeiter zufällig drei Straßenbahnfahrten verrechnet fand, lud er ihn zu einer „ernsten Unterredung“, woher denn die dritte Strecke käme. Als der Angestellte ihm zu erklären sucht, er sei von A nach B, von B nach C und erst von dort wieder nach A zurückgefahren, fand er das so „verdächtig“, daß er unbedingt die Lochung sehen wollte.

Der Erfolg gab ihm recht. Die Kosten für die „Letzte Brücke" drückte er mit solchen und ähnlichen Methoden auf die Niedrigrekordmarke von vier Millionen Schilling (von denen zwei von einem jugoslawischen Verleih getragen wurden). Die Einspielergebnisse werden – für Polsterer allein – auf das Zehnfache geschätzt. Als bisher einziger österreichischer Film wurde der Polsterer-Erstling in Cannes mit der „Goldenen Palme" ausgezeichnet. Maria Schell begann mit der Wahl zur „besten Schauspielerin" eine Weltkarriere. Von einem Tag auf den anderen stand der „Mühlenbesitzer" aus Enzersdorf an der Fischa im internationalen Rampenlicht.

Er genoß es. Es begann die Zeit, in der er sich mit Filmsternchen schmückte (Nadja Tiller, Margit Saad), Stars in sein Filmhaus in der Gehlengasse lud und sein blendendes Exterieur nächtelang durch „Splendid" und „Eden-Bar" trug. Sein Selbstgefühl braucht ständig Nahrung: Als er viel später auf die beschriebene Weise die Druckerei „Waldheim-Eberle" übernimmt, läßt er sie sogleich in „Waldheim-Eberle Großdruckerei und Verlagshaus Nfg. Dr. Ludwig Polsterer" umtaufen und schreibt seinen Namen in großen Leuchtbuchstaben über das Portal des neuen Verlagsgebäudes. Aber im Gegensatz zu seinem langjährigen Konkurrenten Fritz Peter Molden, dessen „Molden" zu jener Zeit über dem Pressehaus prangt, ist der sparsam erzogene Müllersohn außerstande, sich seinen Wunsch nach Geltung einzugestehen. Über seine Chefredaktion ließ er etwa dem Fotografen, den der „Kurier" alljährlich auf den Opernball entsendet, folgende Anweisung geben: „Dr. Polsterer will nur einmal fotografiert werden, und zwar knapp vor Mitternacht. Aber es soll nicht so aussehen, als ob es absichtlich geschieht, sondern ganz routinemäßig, so wie bei anderen Gästen. Das Bild soll auf Seite drei, aber nicht zu hoch oben erscheinen. Es soll weniger den Herausgeber als seine Gäste zeigen. In der Bildunterschrift will er nicht direkt erwähnt werden. Sondern nur: ‚In der Loge des Kurier-Herausgebers vergnügten sich . . .'"

Zu den wenigen Menschen, die es Jahre hindurch verstanden, ihre Bewunderung so zu dosieren, daß Polsterer gerade noch kein schlechtes Gewissen hatte, sie zu genießen, gehört ein Mann, der in seinem Leben eine entscheidende Rolle spielt: Professor Dr. Ernst Haeusserman.

Haeusserman ist in den Nachkriegsjahren Theateroffizier der Amerikaner (mit dem heutigen „Opernführer“ Marcel Prawy als Adjutanten). Wie alle Leute, die damals mit „Kultur“ etwas zu tun hatten, lernt er irgendwann im „Sacher“ den „ungemein begabten“ Ludwig Polsterer kennen. Und weiß seine Zuneigung gut zu inszenieren: Als sich Polsterer vor einer Josefstadt-Premiere entschuldigt, daß er leider um zehn Minuten zu spät kommen müsse, schmeichelt ihm der Sohn eines großen Burgmimen lächelnd: „Dann fangen wir halt zehn Minuten später an.“

Haeusserman besitzt die Leichtigkeit, die Polsterer so vergeblich sucht. Das Flair des Intellektuellen, die warme Ausstrahlung des väterlichen Freundes, der die Richtung weist. Nicht Haeusserman hält Polsterer, aber Polsterer hält Haeusserman für ein Genie.

Leute, die anderer Meinung sind, fallen in Ungnade: Als Carl Szokoll sich dagegen wehrt, daß der Theateroffizier als Filmberater bei der Cosmopol auftritt, kommt es zum Krach.

Szokoll geht.

Damit ist die Zeit der „großen“ Polsterer-Filme – nach der „Letzten Brücke“ hatte er mit dem „Letzten Akt“ neuerlich Lorbeeren, wenn auch weniger Geld geerntet – vorbei. Denn Polsterers Produkte sind immer nur so gut wie sein bester Mann. Er selbst hat keine Meinung – weder zum Film noch zur Zeitung –, er will nur beide produzieren.

Haeusserman rät ihm zu Unterhaltungsware (etwa: „Laß die Bombe platzen“), die den künstlerischen Ruhm der Vergangenheit bald aufzehrt, ohne deshalb sonderlich viel Geld einzuspielen. Doch die Qualitäten des Theateroffiziers erweisen sich auf einem anderen Gebiet: Auf Grund seiner guten Beziehungen zu den Amerikanern gelingt es ihm, der Cosmopol die Vertretung des amerikanischen Verleihs „United Artists“ zu verschaffen.

Der Zufall will es, daß „United Artists“ zwei Jahre später der Welt größter Filmverleih ist.

Dieses sagenhafte kommerzielle Glück gehört zu den festen

Bestandteilen in Polsterers Dasein. Gleich Axel Springer fühlt sich der Unsichere, stets um seine Wirkung Besorgte als ein Auserwählter, der fest an seine „goldenen Hände" glaubt. Wenn er nach Kitzbühel Schi fahren ging – er ist ein blendender Schifahrer –, pflegte er am letzten Abend ins Casino zu gehen, um sich „schnell noch den Urlaub zu verdienen". Sein Freund Gino Wimmer erlebte, wie er während der Stunde, die er sich dazu Zeit nahm, viermal auf Schwarz setzte, gewann, und beim fünftenmal aufbrach, um sich schon anzuziehen: „Die werden uns den Gewinn schon nachtragen." Was geschah.

Auch der „Kurier", dessen Titel Polsterer heute mit mehr als 200 Millionen beziffert, wurde ihm nachgetragen.

1954 kam Kommunistenfresser McCarthy zu dem Schluß, daß die Amerikaner in Europa zu viel Geld ausgeben. Eine der geplanten Einsparungen war die Einstellung des größten österreichischen Besatzerblattes „Wiener Kurier". Es gibt – unter vielen anderen – die Gründungslegende, daß einer der österreichischen Redakteure des Blattes, Hans Heinz Hansen (später als „Adabei" im „Express"), als erster von der beabsichtigten Einstellung Wind bekam, zu Haeusserman ging und ihm die Idee vortrug, ein Nachfolgeblatt zu gründen. Wahrscheinlicher ist, daß Haeusserman dank seiner amerikanischen Verbindungen von vornherein von der Einstellung wußte und den Amerikanern längst den Mann präsentiert hatte, der das Blatt in ihrem Sinne und mit seinem Geld weiterführen sollte: Dr. Ludwig Polsterer.

Polsterers Tageszeitung „Neuer Kurier" erscheint jedenfalls an dem Tage (18. Oktober 1954), an dem der „Wiener Kurier" als Tageszeitung eingestellt wird. Das amerikanische Blatt wird zwar noch einige Zeit als Wochenzeitung weitergeführt, aber als sich herausstellt, daß es damit Polsterers „Neuem Kurier" die fetten Inserate vorenthält, verschwindet es nach einer Haeusserman-Amerikareise endgültig von der Bildfläche.

Der ganze „Kurier", schätzt Hans Dichand, kostete Polsterer „zwischen drei und fünf Millionen", die er als Kaution beim Drucker hinterlegen mußte.

Dieser „Drucker" ist die schon zitierte Druck- und Verlagsanstalt Waldheim-Eberle mit ihrer seltsamen öffentlichen Verwaltung und ihrem ÖAAB-nahen „Kreis“. Es gilt als offenes Geheimnis, daß sich der ÖAAB bei der Gründung des „Neuen Kuriers“ seinen Anteil gesichert hat. Dr. Hugo Portisch, der wenige Monate später zur Zeitung stieß, erinnert sich, daß der „Kreis“-Anteil allgemein bekannt war und „vermutlich sogar im Handelsregister steht“. Was er nicht tut. Dort gibt es neben Polsterer einen Rechtsanwalt Dr. Josef Tafler und den Chefredakteur der ÖVP-nahen „Wochenausgabe“, Franz Karmel, die beide ein Viertel des Gründungskapitals einzahlen, wobei Tafler schon im Jahr darauf den Karmel-Anteil übernimmt.

Polsterers erster Chefredakteur Hans Dichand erinnert sich um so deutlicher an einen Vertrag, der in den Tresoren der Volkspartei in der Kärntner Straße gelagert war und den „Kurier“ verpflichtete, „stets die Politik des Bundeskanzlers zu unterstützen“, wobei sich die ÖVP damals kaum vorgestellt haben dürfte, daß das jemals ein Roter wäre.

Trotz dieser schwarzen Nabelschnur steht Polsterer der ÖVP nie näher, als ein Jahrzehnt später „Kronen-Zeitung“-Gründer Falk der SPÖ: Es ist eine Zweckgemeinschaft, die er eingehen muß, um sein Ziel zu erreichen, und die er fallenläßt, sobald er es sich leisten kann. Der ehemalige Außenpolitiker des „Kurier“, Dr. Peter Eisler, datiert diesen Zeitpunkt mit 1958: Damals habe Polsterer energisch gefordert, der ÖAAB möge sich abfinden lassen. Als das bei den damals wichtigsten ÖAAB-Leuten Hurdes und Maleta auf taube Ohren stieß, fanden die beiden Herren ihren Namen immer häufiger in kritischem, wenn auch durchaus korrektem Zusammenhang in der Zeitung. „Bis“, so Eisler, „die ÖVP-Beteiligung verschwunden war.“

Aber schon bis dahin ist der „Kurier“, weniger durch schwarzen Druck als aus freien Stücken, auf bürgerlichem Kurs gesegelt. Hans Dichand entsinnt sich, daß ihn der Vertrag mit der ÖVP „eigentlich nie gestört hat, denn die konnten den sowieso nicht vorzeigen, und damit war's ein Stück Papier“. Aber: „Es war ja sowieso die Richtung, die uns damals sympathisch war.“

Polsterer hatte Dichand von der Grazer „Kleinen Zeitung“ geholt, die heute in der neuen Eigentümerkonstruktion eine führende Rolle spielt. Der kleine Mann aus der Provinz, der selbst nicht schreiben konnte und sein „G'spür" für das, was ankommt, längst nicht wie heute zu artikulieren verstand, sah sich einer festgefügten Wiener Front gegenüber, in der die ehemaligen Redakteure des amerikanischen „Kurier" – insbesondere Lokalchef Robert Fischer – zum Kampf bliesen.

Fischer war Jude. Er hatte sich im Konzentrationslager nur dadurch vor den Selektionen retten können, daß er sich – 16jährig – eine Schleife mit der Aufschrift „Melder" um den Arm band und wie wild durch das Lager zu laufen begann. Dichand kam aus Graz und war deutscher Marineoffizier gewesen. (Freilich weniger aus politischen Überlegungen als aus romantischer Sehnsucht.) Die beiden waren wie Hund und Katz'.

Dichand, der sein Blatt stets den Wünschen des Publikums anpaßt, hatte bald heraus, daß die Zeitung, die als erste einen versöhnlichen Kurs gegen ehemalige Nazis einschlug, damit Sympathien erwarb. Er dämmte die damals übliche Großberichterstattung über Kriegsverbrecherprozesse drastisch ein. Fischer suchte sie zu forcieren. Es kam soweit, daß Dichand die Maschinen stoppte, um einen Fischer-Bericht aus dem Blatt zu nehmen.

Um sich behaupten zu können, holte Dichand nach und nach seine ganze Mannschaft aus Graz nach Wien: den heutigen stellvertretenden Chefredakteur der „Kronen-Zeitung", Ernst Trost, den heutigen stellvertretenden „Kurier"-Chefredakteur, Hermann Stöger, den heutigen Verlagsdirektor des „Sozialistischen Verlages", Harald Egger, und einige mehr.

Einen weiteren Kampfgefährten holte er sich aus Amerika: Dr. Hugo Portisch.

Portisch und Dichand waren gemeinsam Außenpolitiker bei der ÖVP-Zeitung „Neue Tageszeitung" gewesen. Als das Raab-Leibblatt einging, war Portisch Fritz Molden als stellvertretender Direktor des österreichischen Informationsdienstes in New York nachgefolgt.

Dichand rief den Freund per Telegramm: „Hugo, ich brauche Dich . . . Schon die Türken fanden, daß es sich auszahlt, von weit her zu kommen, um Wien zu erobern." Portisch kam – und wurde mit 6.000 Schilling Monatsgehalt Dichands Stellvertreter.

Die Redaktion umfaßte zwei Zimmer – erst viel später ein Stockwerk – im alten Waldheim-Eberle-Gebäude in der Seidengasse. Wenn jemand telefonieren wollte, gab ihm Dichand das einzige Telefon durch ein Schiebefenster. Man saß auf Coca-Cola-Kisten und stellte die Schreibmaschine auf die Zentralheizung oder auf die Knie.

Aber das Blatt hatte Erfolg. Von Anfang an war es nicht als Boulevardzeitung, sondern als Bürgerpostille konzipiert. Schon damals kamen die Schlagzeilen zumindest an jedem zweiten Tage aus Portischs Außenpolitik. Freilich in wohldosierter Mischung mit Dichands Stories fürs Gemüt:

„Israel will Versöhnung mit Deutschland"

„Menge will Gewalttäter schützen"

„Rückschlag für Partei Eisenhowers"

„Schönbrunndirektor ließ Tiere verenden" (was im übrigen eine Falschmeldung war).

Dichands Kunst bestand darin, dem Leser die leckeren Meldungen fürs Gemüt so mit hoher Politik zu garnieren, daß er sich nie dafür genierte, die Zeitung aufzuschlagen. Was, trotz aller äußerlichen Ähnlichkeit, das Gegenteil des späteren Portisch-Konzepts war: Dort war es die Politik, die mit leckeren Lokalmeldungen garniert wurde, um an den Mann gebracht zu werden.

Anders als Dichand, der seinen Weg ertastet, seine Vorstellungen ständig an denen der Leser mißt und korrigiert, hat Portisch ein festes redaktionelles Konzept: dem Leser in der äußeren Aufmachung eines Boulevardblattes seriöse politische Informationen zu verkaufen. Denn Portisch ist – wieder im Gegensatz zu Dichand – ein durch und durch politischer Mensch. Als einer seiner Lokalredakteure in einem Artikel schreibt, ein Wiener habe am Grabe Schärfs bewundernd davon gesprochen, daß der Tote „nicht bloß ein Politiker" war, hält Portisch seinem Mitarbeiter anderthalb Stunden lang einen Vortrag über Demokratie: Österreichs Versagen gegenüber dem Faschismus sei nichts anderes gewesen als die Folge eben dieser Abwertung des Begriffes „Politik". Die raunzerische Überzeugung, daß „die da oben" letztlich „tun, was sie wollen" und der „kleine Mann" sowieso nur „zuschaun und den Mund halten" kann.

So versucht der „Kurier“, die Handlungen derer „da oben“ transparent zu machen: Die innenpolitische Berichterstattung ist bei größeren parlamentarischen Ereignissen oft ausführlicher als die der großformatigen „Presse“. In einem Land, in dem fast alle großen Tageszeitungen – damals „Volksblatt“, „Arbeiter-Zeitung“, „Express“ und das „Neue Österreich“ – politische Maulkörbe umgebunden haben, erweist sich schon das bloße Darstellen der Argumente beider Seiten als ein Fortschritt, den die Leser täglich am Kiosk honorieren. Eine Informationspolitik, die in angelsächsischen Ländern eine Selbstverständlichkeit wäre, verschafft dem „Kurier“ das Image der Zeitung, die schreibt, „wie es wirklich ist“. Später entwickelte sich daraus jene immer etwas schulmeisterliche Schiedsrichterrolle, die Portisch vor allem in den TV-Diskussionen der Chefredakteure zur „Kurier“-Masche ausbaut. Und noch später, nach Abgang Portischs, wird daraus Meinungslosigkeit: jene seltsame „Einerseits-andererseits“-Berichterstattung der letzten Jahre, die Lob und Tadel selbst dort noch gleichmäßig dosiert, wo die Argumente höchst ungleich über die politischen Gegner verteilt sind.

Damals hingegen ist der „Kurier“ noch ungeheuer kämpferisch. Bis hin zur Opposition gegen die eigenen Leser: Obwohl Portisch genausogut wie Dichand weiß, daß die Berichterstattung über Kriegsverbrechen und Neonazismus Käufer kostet, stellt er der Redaktion dafür ganze Seiten zur Verfügung. Als während des Falles Borodajkewicz Studenten den „Kurier“ auf offener Kärntner Straße verbrennen, steht Portisch eisern zu seiner Kampagne, die den Bereich bloßer Berichterstattung längst überschritten hat.

In diese Kampagne – es ist das einer der ganz wenigen Fälle – greift auch Polsterer ein. Er spricht einen Satz, der ihn erstmals nicht als Kaufmann zeigt: „Und wenn es uns fünfzigtausend kostet, wir machen weiter.“

Faschismus, der kleinliche Apparat des Dritten Reiches, der psychopathische Neonazismus – das gehört in den Bereich dessen, was Polsterer verachtet: so wie ein „guter Herzog“ eine „üble Herrschaft“. Dazu kommt eine tiefe, ehrliche Liebe zu Österreich: sein bäuerliches, bodenverbundenes Erbe, das der grauenhafte Tod des Vaters zum Haß gegen alle Eindringlinge gesteigert hat. Auch das spielt später in den Verkaufsverhandlungen eine Rolle: Obwohl kurzfristig auch Springer-Leute im „Kurier"-Haus auftauchen, steht die Forderung, der „Kurier" müsse in österreichischen Händen bleiben, ganz oben auf einer Schreibmaschinenseite, die sich Polsterer als Richtschnur für seine Verhandlungen zusammentippt.

Wenn man vom Fall Borodajkewicz absieht, können sich sowohl Portisch wie Dichand nur ganz weniger Fälle erinnern, in denen Polsterer größeren Einfluß auf die Berichterstattung nahm. Sein Kaufmannssinn verlangte, daß ihm alle den Mehlpreis, die Bäckereiarbeiter- oder die Mühlengesetzgebung tangierenden Berichte vorgelegt wurden, und solange er in größerem Ausmaße Filme verlieh, verlangte er, daß sie in seinem Blatt nicht schlecht kritisiert würden. Daß das, wie Dichand und Portisch unisono meinten, „unmöglich" sei, ging ihm nicht ein.

Niemand weiß, ob diese weitgehende Nichteinmischung Polsterers verlegerische Tugend oder bloß sein Desinteresse an den „Details" seines Machtbereiches widerspiegelt. Als Portisch einmal in einem Interview sagte, das höchste Lob, das er seinem Herausgeber ausstellen könne, sei, daß er seine Funktion kaum wahrgenommen habe, reagierte Polsterer gekränkt: Er wollte durchaus der sein, der seiner Zeitung die Linie gibt – er war nur viel zu gehemmt, es in der Praxis ernsthaft zu versuchen.

Er hat schon Schwierigkeiten, wenn er mit mehr als einem Menschen verhandeln soll. Sein gesellschaftliches Leben ist mit den Jahren immer karger geworden. Die Hecke um sein Haus in der Gehlengasse wuchert so dicht und so hoch, daß die Nachbarn die Gemeinde verständigen, damit sie gestutzt wird. In zunehmendem Maße entspricht Polsterers Nichteinmischung einem Abkapselungsprozeß: Obwohl er es niemals eingestehen würde, ist es ihm ganz angenehm, daß Portischs ständige Aktivität seine wachsende Inaktivität verdeckt. So wie eine Zeitlang von Haeusserman, läßt er sich nun von seinem Chefredakteur dominieren: bewundert Portischs Rednergabe, die ihm so völlig fehlt, Portischs Fähigkeit, Freunde zu machen, und in großen Gesellschaften, die Polsterer stets ein wenig bedrücken, glänzender Mittelpunkt zu sein.

Polsterer verhindert nicht einmal, daß Portisch sich schützend vor den schärfsten Konkurrenten stellt: Als die „Kronen-Zeitung" 1966 durch den sogenannten „Kronen-Zeitung"-Putsch von einem Tag auf den anderen unter Hausarrest gestellt wird, nimmt Portisch in einem seiner besten Leitartikel mit Voltaires Worten für sie Partei: „Ich verabscheue jedes Wort, das sie sagen, aber ich werde mein Blut dafür geben, daß sie es sagen dürfen."

Er leitet damit einen Stimmungsumschwung ein, der wesentlich dazu beiträgt, daß die öffentliche Verwaltung der „Kronen-Zeitung" schon nach wenigen Tagen aufgehoben wird: Das Dichand-Blatt kann seinen Sturmlauf gegen den „Kurier" unversehrt fortsetzen.

So wie in der Informationspolitik, orientiert sich Portisch auch in seinen Vorstellungen von Demokratie an den angelsächsischen Ländern: Sehr früh schon – gleich nach dem Staatsvertrag – geht der „Kurier" in Opposition zur Großen Koalition. Dutzende seiner Leitartikel haben immer den gleichen Aufbau: Die Koalition war sinnvoll als Verteidigungsbastion gegen den Druck der Besatzer, sie war sinnvoll als Ausdruck der Versöhnung der einstigen Klassengegner und vielleicht noch als demokratische Gehschule. Aber sie ist nur eine Vorstufe zur eigentlichen Demokratie. Obwohl es die SPÖ bis heute nicht wahrhaben will, entspringt das nicht so sehr Portischs Wunsch nach einer ÖVP-Alleinregierung, als seiner Sorge, der „kleine Mann" könnte sich – wiederum resignierend – einer geschlossenen rot-schwarzen Phalanx derer „da oben" gegenübersehen. Daneben bringt es dem „Kurier" Leser: um so mehr, je mehr die Koalition in den sechziger Jahren suspekt wird.

Höhepunkt dieser Entwicklung ist das Rundfunk-Volksbegehren: eine der größten politischen Aktionen, die je von einer Tageszeitung ausgegangen ist. Es beginnt mit einem Portisch-Leitartikel gegen die Einbeziehung von Rundfunk und Fernsehen in den Koalitionspakt, in dem die Leser – damals noch ohne eine Vorstellung von der tatsächlichen Resonanz – eingeladen werden, der Zeitung ihre Meinung zu diesem Thema mitzuteilen. Drei Tage später hat der „Kurier" 170.000 Unterschriften. „Wochenpresse" und „Kleine Zeitung“ Graz schließen sich der Kampagne an. Und nach fünf Tagen müssen Pittermann und Gorbach Portisch im Parlament zugestehen, eine neue Lösung für den Rundfunk zu suchen. Als die Parteien später glauben, sich über dieses Versprechen hinwegsetzen zu können, blasen die unabhängigen Zeitungen zum Rundfunk-Volksbegehren: Mit 832.353 Unterschriften wird Gerd Bacher – damals vom „Express“ längst ins Management des Molden-Verlages gewechselt – zum Generalintendanten des ORF gekrönt.

Der stellvertretende Chefredakteur des „Kurier“, Hermann Stöger, nimmt für die Organisation des Volksbegehrens den Renner-Preis entgegen.

Das ist der „Kurier“ auf dem Höhepunkt seiner Macht. Befreit von seinen allzu engen Bindungen an die ÖVP, Herr über die beste und größte Redaktion, überquellend von Inseraten – und eben dadurch auch unabhängig vom Druck der Inserenten –, eine Institution des öffentlichen Lebens, mit einem Chefredakteur, der in der Bevölkerung populärer ist als mancher Minister. Was fast schon zur „Kurier“-Partei ausartet, wird von Portisch zur „Kurier“-Familie heruntergespielt: maximale Identifikation zwischen Leser und Blatt, die mit den berühmten „Kurier-Aktionen“ ständig aufs neue gefestigt wird.

Portisch, mit seinem Organisationsleiter „Baci“ Traintinger auf einer Anhöhe stehend, während die Lastwagen der „Kurier-Hochwasserhilfe“ über die Strengberge rollen: „Baci, das ist einer der schönsten Augenblicke meines Lebens.“

Mit dem „Kurier-Dorf“ setzt sich die Zeitung in Kärnten ihr eigenes Monument.

Zu diesem Zeitpunkt hat der „Kurier“ freilich bereits begonnen, selbst zum Monument zu erstarren. Es ist ein ähnlich unmerkbarer Abnützungsprozeß wie der, dem große Parteien nach langen Jahren des Alleinregierens unterliegen: ein ganz allmählicher Verlust der Dynamik. Bei manchen Ressortleitern Gleichgültigkeit, fast Überheblichkeit der Konkurrenz gegenüber. Irgendwann einmal, bei einem Mord, einem Erdrutsch oder einer politischen Katastrophe die Überzeugung, daß man das alles auch vom

Schreibtisch her recherchieren könne. Müdigkeit ausgelaugter Redakteure, die sich damit tarnt, daß man ja schließlich „bei keinem Sensationsblatt" angestellt ist.

Der „Kurier" ist so groß geworden, daß er beginnt, an seinem eigenen Gewicht zu schleppen. Jedes Wort, jeder Beistrich wird von den Politikern, von den Interessenverbänden, von den Standesvertretungen auf die Goldwaage gelegt. Die Redakteure beginnen, noch bevor sie schreiben, zu überlegen, ob sie in Portischs Augen richtig liegen, und das bremst ihren Schwung um so mehr, je eigenständiger sie sind.

Der vom Fernsehen erzwungene Übergang von der „informierenden" zur „geschriebenen" Zeitung (im Extrem: zur „Kronen-Zeitung", in der eine Ansammlung von Kolumnen notdürftig durch ein paar Meldungen zusammengehalten wird) vollzieht sich im „Kurier" nur zögernd. Kurzfristig proklamiert Portisch eine Reform der Samstag-Beilage, in der er die langen Geschichten „durch ganz kurze" und „möglichst aktuelle" Stories ersetzt sehen will, während man selbst bei der „Bildzeitung" in Deutschland zu langen „Lesestories" übergeht.

Etwas in Portisch wehrt sich gegen den Übergang von dem, was er „objektive Information" nennt, zum subjektiven Geschichtenschreiben: Das Hantieren mit Gefühlen in Zeitungen ist ihm im Grunde suspekt. Es widerspricht seinem Ideal vom „informierten Bürger".

Dazu ist er fast in dem Maße, in dem er ein politischer Mensch ist, ein amusischer Mensch: Der Kulturteil seiner Zeitung gehört durch Jahre zu den Bereichen, in denen er zwar heftig, aber glücklos um Reformen kämpft. Kulturchef Herbert Schneiber ist einfach – wie andere auch – schon „zu lange da", um sich „etwas sagen zu lassen". Alle Führungspositionen des Blattes sind eisern besetzt, und bei den nachstoßenden Jungen beginnt sich ein Gefühl der Frustration breitzumachen. Der „Kurier" beginnt, Fett anzusetzen.

Freilich auch kommerziell: Polsterer sieht von Abrechnung zu Abrechnung unverminderte Gewinne, und da sie der Maßstab seines verlegerischen Handelns sind, sieht er keinen Grund zu Reformen. Portisch, der weiter schaut und weiß, daß auf die Dauer verlegerische Maßnahmen unausweichlich sind, um die Expansion der Zeitung aufrechtzuerhalten, kämpft vergeblich um langfristige Investitionen.

Schon 1959 hatte er dem „Kurier“-Chef vorgeschlagen, auch den siebenten Tag der Woche mit einer „Kurier“-Ausgabe zu covern. Als die Sonntagssperre der Trafiken am Horizont auftauchte, begann Portisch zu drängen. Aber die Kaufleute des Verlages errechneten, daß die durch Diebstahl verminderten Einnahmen aus dem Verkauf die Kosten nicht decken könnten: Auf kurze Sicht hatten sie recht, auf lange Sicht zwangen sie jeden „Kurier“-Leser, sich am behaglichsten Tag der Woche die „Kronen-Zeitung“ zu kaufen.

Hatte die Redaktion ursprünglich eisern zu Portisch gehalten, so begann mit der Zeit doch eine leise Entfremdung: Ärger, daß die Gehälter hinter denen der Konkurrenz zurückblieben – „Der Portisch setzt beim Maluschka nix durch“ –, aber auch der leise Neid, daß der Chef weite Reisen unternahm, während seine Mitarbeiter um Taxispesen feilschen mußten. Kommt hinzu, daß Portisch viel weg ist. Für seine großen Serien ist er oft sechs bis acht Wochen unterwegs, dann folgen vier Wochen „Klausur“, in denen er schreibt. Wenn man sechs Wochen Urlaub dazurechnet, ist er oft ein Drittel des Jahres nicht im Hauptquartier.

Seine Abwesenheit gibt Zeit zu Intrigen.

Wenn er zurückkehrt, ist er randvoll mit Ideen, schwärmt von Layout-Reformen, neuen Rubriken, zusätzlichen Seiten, Regionalausgaben, stürmt jedesmal in Polsterers Konferenzzimmer in den 12. Stock – und kehrt unverrichteter Dinge wieder zurück.

Manchmal scheint es, Polsterer spare seine Energien für ein neues Projekt: Er träumt von einer privaten Fernsehstation – für die er in seinem Haus einen ganzen Trakt freihält – und unternimmt – bis hinauf in die Gegenwart – eine Reihe diesbezüglicher Vorstöße bei diversen Bundeskanzlern. Sein politischer Fürsprecher ist dabei der ÖVP-Abgeordnete Ing. Leopold Helbich, mit Polsterer auch privat befreundet: Er besaß bis zuletzt eine stille „Kurier“-Teilhaberschaft in der Höhe von 400.000 Schilling.

Aber dann folgen, unmittelbar auf Phasen heftiger Aktivität, immer häufiger Phasen einer gewissen Apathie. Es wird für Polsterers Mitarbeiter immer schwieriger, mit ihm Kontakt zu finden. Oft läßt er sich von seiner Sekretärin Eva Markus tagelang gegen alle Unterredungen abschirmen. Man kann dann nur über sie mit ihm verkehren: „Wenn ich jetzt hineinginge und ihn fragen würde, ob er die neue Telefonanlage bewilligt, was glauben Sie, würde er sagen?" fragt Lokalchef Reinald Hübl. Und zwei Stunden später ruft Markus ihn zurück: „Ich glaube, wenn Sie hineingegangen wären, hätten wir ja gesagt."

Eva Markus spricht von ihrem Chef fast immer als „wir": „Wir sind heute krank" – „Wir haben einen Schnupfen und sind kaum anzusprechen." Und derzeit: „Man sagt, wir hätten einen Zusammenbruch hinter uns, doch wir sind sehr gesund." Die 42jährige ist der einzige Mensch im „Kurier", der Polsterer wirklich nahesteht. Ohne jeden Beigeschmack: Als sie nach ihrer zweiten Heirat ein Kind bekam und beim Diktat einschlief, ließ er eine Ottomane aufs Zimmer kommen, deckte sie zu und wartete ihr Erwachen ab. Als sie kurzfristig krank war und man ihm eine der hübschesten und schnellsten Sekretärinnen des Hauses zum Diktat schickte, warf er sie nach wenigen Tagen hinaus.

In seiner Familie war es eine überlieferte Regel, daß der Chef stets seine beste Mitarbeiterin heiraten sollte: keine reiche, keine schöne, sondern eine tüchtige, mütterliche Frau. Auch Polsterers Vater hatte seine Sekretärin geheiratet. Als Polsterer selbst die Hetzendorfer Modeschülerin Liz Mistlbauer zur Frau nahm, sagte er Eva Markus zum ersten Male, seit sie miteinander arbeiteten, kein Wort. Das war nicht abwertend – wie sie es in ihrer ersten Kränkung auffaßte –, sondern ein Zeichen seiner Zuneigung: Als er in jüngeren Jahren mit den Mädchen vom Film herumflirtete, pflegte er seine Mutter – die er an jedem Mittwoch zum Mittagessen trifft – zu bitten: „Frag mich nur nicht, was ich tu'."

Eva Markus konnte den „Herzog" und Herrn über ein Milliarden-Vermögen behandeln wie ein kleines Kind: „Heut gehst aber heim, du schaust ganz schlecht aus. Und daß d'mir ja ned vor zwei Tagen wiederkommst."

Anderen gelang es nur mehr auf dem Umweg über die Medizin, sich dem Konzernherrn zu nähern: Mit einer neuen Theorie über seine Kopfschmerzen, einem neuen Präparat konnte man seine Interessen ungleich stärker wecken als mit Vertriebsvorschlägen für den „Kurier“.

Portisch – alles eher als ein Psychologe – sieht die Veränderung im Wesen seines Chefs nicht. Für ihn ist Polsterer immer noch der energiegeladene, beinharte Geschäftsmann, bei dem man „mit gesenkten Hörnern“ (Portisch) losgehen muß, um etwas durchzusetzen. Mit immer drastischeren Worten fordert der „Kurier“-Chefredakteur, der Konzern möge wenigstens einen Bruchteil seiner Gewinne in Regionalausgaben investieren. Als Polsterer immer wieder ablehnt – richtiger: sich nicht wie früher zu einer Entscheidung aufraffen kann –, bietet Portisch – zuletzt in Monatsabständen – seine Kündigung an.

Er glaubt, sich das leisten zu können, denn der „Kurier“ steht optisch besser da als je: Er hat die Schlacht gegen den „Express“ – die eine Zeitlang auf des Messers Schneide stand – für sich entschieden, und die „Kronen-Zeitung“ liegt noch um gute 15.000 Exemplare zurück.

Aber ebendiese Selbstsicherheit fordert Polsterer heraus. Der Konzernherr muß sich selbst – gerade weil er längst viel schwächer ist, als Portisch ihn sieht – beweisen, daß er auf nichts und niemanden angewiesen ist: auch nicht auf Hugo Portisch.

All das bleibt unartikuliert. Als Portisch im Frühsommer 1967 auf Urlaub geht, verabschiedet ihn Polsterer mit Champagner (was er noch nie getan hat) und gratuliert ihm zum anhaltenden finanziellen und politischen Erfolg des Blattes. Er ist freundlich wie schon lange nicht.

Kurz darauf reist Portisch ab.

Als er im September in die Lindengasse zurückkehrt, ist Polsterer noch nicht im Hause. Erst nach ein paar Tagen ruft der Herausgeber an und bestellt seinen Chefredakteur zu sich. Portisch kommt wie üblich mit einem Paket voller Reformpläne für den Herbst. Polsterer hört sich alles an, sagt „großartig“, macht eine Pause und sagt dann, ohne die Tonlage zu verändern: „Aber ich bin doch der Meinung, daß unsere Wege sich trennen sollten.“

Die Nachricht verbreitet sich wie ein Lauffeuer durch die Redaktion. Der „Kurier“ erscheint mit 20 Minuten Verspätung. Am folgenden Tag wartet die einberufene Redaktionskonferenz auf eine Erklärung: Polsterer kommt, sagt in abgerissenen Sätzen ein paar Worte des Dankes, über die Gründe der Trennung sagt er nichts. Reinald Hübl, der wie so oft als einziger zu fragen wagt, bekommt keine Antwort.

Portisch muß die Situation retten: Er hält eine seiner großen Reden – von den großen Dingen, die man miteinander vollbracht hat, von den großen Erfolgen, die hinter einem liegen, wie man – er reibt sich die Augen – gemeinsam durch dick und dünn gegangen sei. Dann geht er hinaus, und eine ganze Menge Leute heulen. Ein paar Tage später holt Portisch einen Koffer mit seinen Sachen aus der Chefredaktion. Er trägt ihn alleine zum Lift und fährt hinunter.

Eberhard Strohal, der Portisch nachfolgt, sieht hilflos das Auseinanderbrechen seiner Redaktion mit an. Er wäre durchaus ein Mann, dem man auf der Autobahn einmal das Steuer des Wagens überläßt, um sich für ein paar Minuten auszuruhen, aber das absolute Gegenteil des Menschen, der einen Karren, der in einer Steilkehre ins Stocken gekommen ist, wieder in Schwung bringt. Anständig, liebenswert, innen- wie außenpolitisch fundiert, beginnt er – vielleicht gerade, weil er sich der Verantwortung des Journalisten so sehr bewußt ist – zu schwitzen, wenn er Entscheidungen treffen soll. Das fängt an bei der Formulierung der Schlagzeile, die er mit Konsequenz um eine halbe Stunde zu spät an die Setzerei liefert, und setzt sich fort in Personalverhandlungen, in denen er, aus lauter Angst, jemandem Unrecht zu tun, am Ende gar nichts unternimmt. Wenn es ihm zuviel wird – eben in den Situationen, in denen man ihn am meisten brauchte –, schaltet er das rote Licht an seiner Türe ein und ist – manchmal für Stunden – nicht zu sprechen.

Als die amerikanische Mondlandung mit allen ihren zeitungstechnischen Problemen drohte, verreiste er in die Schweiz, um Uhrenfirmen anzuschauen.

Den letzten Rest seiner Autorität untergraben seine eilig ernannten Stellvertreter Reinald Hübl und Hermann Stöger. Auch sie nicht absichtlich, sondern weil sie ganz einfach ein Führungsvakuum vorfinden, in dem sie sich ausbreiten. Wobei sie sich gegenseitig heftig bekriegen: Wenn Hübl bei Strohal-Absencen das Blatt führt, läßt Stöger kein gutes Haar daran, und umgekehrt.

Die Ressortchefs der Innen- und Außenpolitik, gewohnt, sich der Linie Portischs unterzuordnen, können eine eigene Linie nicht finden, zumal auch dort die wichtigsten Männer, Dr. Dieter Lenhardt und Arnold Klima, in einen heftigen Konkurrenzkampf verstrickt sind.

Eine Reihe von Kündigungen dezimiert die Redaktion. Als Höhepunkt: Reinald Hübl, dem der Sportredakteur Franz Fahrnsteiner als Chef der endlich – und um Jahre zu spät – geschaffenen Sonntagsausgabe vorgezogen wird, wechselt zur „Kronen-Zeitung“ über.

Damit ist das Lokalressort – im Leserinteresse immer noch weit vor der Politik – nicht nur seines letzten Schwunges, sondern auch seiner bisherigen Präzision und Hübls schreiberischer Qualität beraubt.

Nicht einmal, daß der bürgerliche „Kurier“ einer roten Regierung gegenübersteht und damit eine ideale Oppositionsrolle vorfindet, rüttelt das Blatt aus seiner Lethargie. „Der ‚Kurier‘“, so Dr. Peter Eisler, „ist zahnlos geworden.“

Das Blatt beginnt jetzt immer deutlicher, seine schon unter Portisch angeknackste Homogenität zu verlieren: hie noch alter, trockener Informationsstil, dort eine gefühlsbeladene Gerichtssaalballade, hie eine breite Backgroundstory, dort die Wiederholung einer außenpolitischen Meldung, die man längst aus dem Fernsehen kennt. Ansätze zu Reportagen, die wieder verschwinden. Ansätze zu einer Qualitätszeitung, die tags darauf von wildem Boulevard unterbrochen wird – zeitweise drückt das strukturlose grafische Bild der Zeitung die redaktionelle Verunsicherung aus.

Strohal agiert nicht mehr, er reagiert: auf den unaufhaltsamen Aufstieg der „Kronen-Zeitung“.

Anfangs hatte man das Kleinformat belächelt. Später lenkte der erbitterte Kampf mit dem „Express“ von der Aufwärtsentwicklung der Dichand-Gründung ab. Der „Express“ war ein Gegner, den man begriff: im Grunde nur ein schlecht gemachter, knalliger „Kurier“ mit weniger Politik. Die „Kronen-Zeitung“ dagegen war etwas völlig Neues, Rätselhaftes. Sie ließ sich nicht an den Maßstäben messen, die bisher im „Kurier“ gegolten hatten. Nämlich: Hat die Konkurrenz irgendeine Nachricht, die wir nicht haben?

Die „Kronen-Zeitung“ hatte nie eine Nachricht, die der „Kurier“ nicht hatte. Sie legte auch gar keinen Wert darauf. Es konnte vorkommen, daß ein Spionagefall, eine Fälscheraffäre, die den „Kurier“ bereits tagelang mit Schlagzeilen beschäftigte, in der „Kronen-Zeitung“ noch nicht einmal erwähnt worden war. (Und öfters blieb sie auch unerwähnt.) Aber wenn sie doch aufgegriffen wurde, dann in einer völlig neuartigen Form: nicht als Information, sondern von vornherein als breite, mit persönlicher Meinung des Autors durchwebte Human-Interest-Story.

Der „Kurier“ lieferte die Meldungen, aus denen die „Kronen-Zeitung“ Geschichten machte.

Im „Kurier“ begann man, sich mit der eigenen Seriosität gegenüber der Unseriosität der „Krone“ zu trösten, obwohl die Kolumnen im Lokalteil des verhaßten Gegners auch nicht hausmeisterlicher waren als die primitiven Detaildarstellungen primitiver Verbrechen, die der „Kurier“ gelegentlich auf den entsprechenden Seiten servierte.

Und die „Kronen-Zeitung“ wuchs: Irgendwann kam der Augenblick, in dem die Verachtung, die manche Redakteure im „Kurier“ dem kleinformatigen Emporkömmling entgegenbrachten, in eine niemals artikulierte, doch ständig gegenwärtige Angst umschlug. Während Strohal in den großen Redaktionskonferenzen noch immer verkündete: „Wir halten den Gegner sicher in Schach“, waren die kleinen Redakteure, die Fotografen und Reporter längst überzeugt: „Die ‚Kronen-Zeitung‘ überholt uns.“

Vor allem im Marketing erweist sich die „Krone“ zunehmend als dynamischer, denn der Mann, der sie kaufmännisch führt, steht im Zenit seiner Kraft: Kurt Falk.

Trotz der verschiedenen Images, die sie in der Öffentlichkeit haben, sind sie einander ungeheuer ähnlich: Wie Polsterer kaschiert Falk mit seiner berüchtigten Härte etwas Weiches, Verletzliches.

Eine beiden eigene Angst vor einem frühen Tod deutet an, daß sie sich in anderen als den geschäftlichen Bereichen dem Leben weit weniger gewachsen fühlen, als es nach außen hin scheint. Auch Falk laboriert, wie Polsterer, trotz seiner Jugend an hundert kleinen Leiden, die er wie jener in Medikamenten zu ersticken hofft. Beide sind scheu. Falk tritt, wie Polsterer, niemals im Fernsehen auf und scheut Interviews. Er verhandelt immer alleine und wird unsicher, wenn er – wie etwa bei der Übernahme des „Express" – einer größeren Menschengruppe gegenübersteht. Bei Polsterer ist diese Menschenangst in manchen Phasen so übersteigert, daß er es nicht erträgt, mit mehr als einem Partner in einem Konferenzzimmer zu sitzen. Falk wie Polsterer erschrecken, wenn sie zufällig im Lift einem ihrer Angestellten begegnen: Dann drehen sich die Konzernherrn, als hätte man sie bei einer unanständigen Handlung ertappt, mit dem Kopf zur Wand und erwidern Grüße mit leichtem Stottern.

Das Komplement dieser Unsicherheit ist bei beiden die übersteigerte Eigentumsphilosophie: Falk wie Polsterer wollen ihre Regierung mit niemandem teilen. Nicht einmal Dichand wagt es, einem Redakteur des Motorteiles – der damals bei der „Kronen-Zeitung" wie beim „Kurier" voll der Inseratenabteilung zugezählt wurde – den kleinsten Auftrag zu geben. Das wäre ein unerlaubter Eingriff in das Königreich Falks.

Polsterer und Falk sind von der gleichen Kaltblütigkeit und der gleichen Dynamik, von der gleichen Sparsamkeit im Detail und der gleichen Sehnsucht nach Größe: „Wenn Falk gegen Polsterer antritt", formulierte es beider Freund Gino Wimmer kronenzeitungsreif, „dann ist das so, wie wenn einander zwei Löwen ganz alleine in der Wüste treffen und wissen wollen, wer stärker ist."

Nur daß Polsterer, als dieser Kampf stattfinden sollte, zehn Jahre älter war als Falk: Dieses brennende Etwas, das Falk noch vorantrieb, hatte Polsterer schon ausgebrannt. Die Angst, zu erkranken, die Falk zu immer rascherem Handeln antreibt, war in Polsterer so stark geworden, daß er ihr nicht mehr zu entfliehen versuchte, sondern sich ihr hingab. Das Verlangen, sich durch jede neue Entscheidung selbst zu bestätigen, das bei Falk noch andauert, hatte sich bei Polsterer seit Jahren in Entscheidungsangst verwandelt: Er sieht dem Verfall seines Reiches zu und tut gar nichts.

Strohal, der immer deutlicher sieht, daß der „Kurier" das Auflagen-Wettrennen mit der „Kronen-Zeitung" unter diesen Umständen zwangsläufig verlieren muß, sucht auf ein anderes Konzept umzusatteln: Der „Kurier" soll die „Kronen-Zeitung" auflagenmäßig ziehen lassen und sich dafür mit einem qualitativ besseren Produkt auf die gehobenen Leserschichten konzentrieren. Das ist nicht bloß Resignation, sondern nüchterne Einschätzung der Realität: In allen Ländern sind die Zeitungen mit den meisten Konzessionen an die Leser irgendwann auch die größten geworden. Aber ihre finanziellen Gewinne sind oft wesentlich geringer als jene der auflagenschwächeren Qualitätsblätter, die den Inseratenmarkt beherrschen.

Doch Polsterer war zu lange „der Größte". Er ist psychisch nicht fähig, sich rückhaltlos hinter das neue Konzept zu stellen. Obwohl er mit dem Verstand zustimmt, sind sowohl er wie sein kaufmännischer Generaldirektor Dr. Alfons Maluschka doch jedesmal entsetzt, wenn sie den vorerst noch gegebenen Auflagenabstand zur „Kronen-Zeitung" sich verkleinern, ja langsam, aber sicher verschwinden sehen. Dann fordern sie instinktiv: mehr Boulevardelemente, mehr Unterhaltung, mehr Zugeständnisse nach unten – und Strohal, der kein Mann des Widerstandes bis zum letzten Atemzuge ist, lenkt ein.

An die Stelle der früheren Überheblichkeit ist bei der Redaktion Resignation getreten, hinter der sich Angst verbirgt. Denn während man sich in den kaufmännischen Abteilungen immer noch mit den Rieseneinnahmen aus den Inseraten beruhigt, wissen die Journalisten aus der hautnahen Erinnerung an das „Neue Österreich", das im gleichen Hause gedruckt wurde, wie schnell gerade ein Koloß ins Rutschen kommen kann.

Strohal, der im Grunde für das alles nichts kann, der einfach hineingeriet, und nun gezwungen ist, die Rolle des Sündenbocks zu spielen, weiß es selbst am besten und beginnt eine verzweifelte Rettungsaktion: Er ist es, der Ludwig Polsterer in immer neuen Anläufen zuredet, Portisch zurückzuholen.

Kurzfristig schien es, als habe Polsterer mit Portisch auch seine Spannkraft und seinen Schwung zurückgewonnen. Er steckte voller Pläne. Hörte sich begeistert Portischs Konzepte für Regionalausgaben, zusätzliche Seiten und verstärkte Werbung an und schien bereit, auch die nötigen Taten zu setzen.

Geplant war eine Art Schocktherapie: Portisch sollte „seine Reformen durchziehen", „die Redaktion auf Touren bringen", „dem Blatt ein neues Gesicht geben" und sich dann – vielleicht schon nach einem halben Jahr – wieder aus dem „Kurier"-Getriebe zurückziehen, um an anderen Projekten zu arbeiten. Was man heute auch so sehen könnte: Portisch sollte das Blatt in möglichst kurzer Zeit für einen möglichen Verkauf aufmöbeln.

Die Branche erwartete zumindest ein Wunder: Der „Kurier" werde – von Portisch zur anspruchsvollen Qualitätszeitung umgewandelt – innerhalb von ein paar Monaten die „Kronen-Zeitung" auch als Massenzeitung wieder in die Schranken weisen.

Die Wirklichkeit erwies sich als kleinmütiger und zähflüssiger: Es begann beim Verhältnis des „Generalbevollmächtigten" Portisch zum verbliebenen nominellen Chefredakteur Eberhard Strohal: Die Konstruktion war – unter anderem – erdacht worden, um Strohal nicht weh zu tun – und er selbst hatte sie ja am meisten herbeigesehnt –, aber nun tat sie ihm dennoch weh: Portischs erste Aktion war eine große Konferenz der leitenden Redakteure, in der er die augenblickliche Zeitung (eben jene, die Strohal und diese leitenden Redakteure seit Jahren herstellten) in Grund und Boden kritisierte. In den täglichen Redaktionskonferenzen wiederholte sich diese Frustration: Portisch, der theoretisch nur in beratender Funktion teilnahm, kritisierte, und Strohal und seine Redakteure hörten belämmert zu. Der scheinbar ganz nebensächliche Umstand, daß Portisch ein Stockwerk über der Redaktion, im ehemaligen Haeusserman-Büro residierte, trug dazu bei, seine Kritik in der Empfindung kritikentwöhnter Redakteure zur „Kritik von außen" zu machen. Vielfach wußten die Redakteure auch einfach nicht, wem sie nun verantwortlich waren: Strohal, der nach wie vor im Zimmer des Chefredakteurs saß, oder Portisch, der – beratend – von auswärts anrief und Titelzeilen geändert wissen wollte.

Es war nicht schlechter Wille – Portisch und Strohal sind bis heute Freunde –, es war ganz einfach eine schlechte Konstruktion: ein Zwitterdasein zur Potenz. Denn Portisch war nicht nur kein eindeutiger Chefredakteur, er durfte auch kein wirklicher Herausgeber sein: Schon nach wenigen Wochen stellte sich heraus, daß sich Polsterer alle verlegerischen Entscheidungen so eisern vorbehielt wie eh und je – nur daß er sie noch weniger zu treffen bereit war als in Portischs erster Amtszeit.

„Ich weiß, daß Sie recht haben“, antwortete der Konzernherr dem wieder und wieder wegen Regionalausgaben Vorsprechenden, „aber ich kann nicht.“ Man kann es heute als Symptom seiner zunehmenden Erkrankung sehen. Aber auch ganz prosaisch: Wenn Polsterer zu diesem Zeitpunkt vielleicht schon so gut wie entschlossen war, zu verkaufen, dann lehnte er mit Recht Investitionen für die Zukunft ab.

Was Portisch letztlich blieb, war die Funktion eines Chefredakteurs, der über einen anderen Chefredakteur hinweg regieren mußte.

Auch in all den anderen kleinen Königreichen, die sich in den Jahren von Strohals sanfter Herrschaft herausgebildet hatten, wurde Portisch notgedrungen als ein Eindringling empfunden: Forderte er seine Reformen behutsam, wurden die Grenzen des Reiches verbissen gegen ihn verteidigt, forderte er sie energisch, machte er sich – aus simpel psychologischen Gründen – unbeliebt.

Mit der gleichen Kritiklosigkeit, mit der sie ihn verehrt hat, begann die Branche, Portisch abzukanzeln. Ein gewisser Genuß, den Fernsehhelden in Schwierigkeiten zu sehen. Eine Art Entzauberung: Auch er kann keine Wunder wirken. Dazu eine – in der politischen Gesamtentwicklung begründete – zunehmende Kritik an dem, wofür er zum Symbol geworden ist: Patriotismus, massives Eintreten für ein österreichisches Bundesheer, energische Abgrenzung gegen den Kommunismus, enge Freundschaft mit Amerika. Die beiden wichtigsten Worte, mit denen er jahrelang durch die Redaktion gestürmt war – „positiv“ und „konstruktiv“ –, haben für eine neue Generation einen anderen Klang bekommen.

Auch Portisch erlebt – politisch und in seiner Redaktion – die Krise der Autorität.

Ironischerweise trifft ihn der Vorwurf, ein Konservativer zu sein, in einem Augenblick, in dem er innerlich weiter denn je nach links gerückt ist: Portisch glaubt längst nicht mehr so fest an Amerika, ist längst nicht mehr so überzeugt von der Leistungsgesellschaft, ist milder gegen die, die sich nicht anpassen können. In seiner ersten Phase im „Kurier" ging es ihm stets ein wenig gegen den Strich, wenn in einem Gerichtssaalbericht allzuviel Psychologie zugunsten Asozialer lockergemacht wurde – in seiner zweiten Phase schreibt er Leitartikel zugunsten einer humanen Strafrechtsreform und verteidigt jugendliche Haschischraucher.

Portisch ist menschlicher – man kann auch sagen: weicher – geworden.

Das Zeitungsgeschäft ist hart geblieben: Von Anfang an war klar, daß für die Neuengagements auch Entlassungen durchgeführt werden mußten. Falk war im Pressehaus nach der Übernahme des „Express" von Schreibtisch zu Schreibtisch gegangen, hatte gefragt: „Was machen Sie?" Und wenn die Antwort nicht befriedigt hatte: „Brauchen wir nicht." Der Mann war gekündigt. Portisch hatte Skrupel. Er bat Polsterer, behutsam vorgehen zu dürfen, und der war einverstanden. Erst wurde nicht gekündigt, weil man doch gerade erst mit solchem Elan begonnen hatte. Dann wurde nicht gekündigt, weil Weihnachten vor der Tür stand. Und zuletzt wurde nicht gekündigt, weil sich mit Polsterers Erkrankung im März „sozusagen eine Naturkatastrophe" (Portisch) ereignet hatte. Die Redaktion umfaßte mehr Menschen, als sie sinnvoll beschäftigte. Die Unterbeschäftigten – meist die, die Portisch schonte – fanden Zeit zum Intrigieren.

Der alte Kampf ums Konzept wurde wieder ausgegraben: ganz Qualitätszeitung oder doch Konzessionen an den Boulevard, um der „Kronen-Zeitung" nachzukommen?

Ludwig Polsterer, von dem die letzte Entscheidung abhing, zog sich mehr und mehr in sich selbst zurück: Er ist immer ausschließlicher auf der Suche nach jener rätselhaften Krankheit, der er seit Jahren nachläuft – sooft er sie ertappt zu haben meint, wechselt sie die Symptome und entzieht sich ihm in eine tiefere Schicht. Er hat sich angewöhnt, sich nach jedem Händedruck die Hände zu waschen, sich manchmal sein eigenes Essen mitzubringen, um von jenen ständigen Infektionen verschont zu bleiben, denen er seine Sinusschmerzen zuschreibt. Die Ärzte begriffen ihn immer weniger, und er wechselte sie immer schneller: Nur er allein wußte, wie krank er war.

Im März dieses Jahres behielt er auf tragische Weise recht: Er erlitt einen physischen und psychischen Zusammenbruch, der ihn für längere Zeit in Spitalsbehandlung zwang. Als ihn die Ärzte aus ihrer Obhut entließen, traf er mit der alten Energie, der alten Zielstrebigkeit und Schnelligkeit eine schon lange hin- und hergewälzte Entscheidung, deren kaufmännische Weitsicht sich in den nächsten Jahren noch weisen wird: Ludwig Polsterer entschloß sich, noch in diesem Sommer zu verkaufen.

Muster-Begegnung

Thomas Muster ist ein eigenes Kapitel. Sein Porträt paßt in keine der Kategorien, in die dieses Buch unterteilt ist.

Aber ich bin ein Tennisnarr.

Seit zwanzig Jahren betreibe ich diesen Sport ebenso schlecht wie engagiert.

Normalerweise habe ich mich daher nur satirisch damit beschäftigt: Indem ich mein eigenes Bewegungs-Untalent zu beschreiben versuchte („Wir Tennisnarren" – Orac Verlag). In diesem Kapitel beschreibe ich das Bewegungstalent des Thomas Muster und freue mich darüber, wie sehr meine Einschätzung, die immerhin sechs Jahre zurückliegt, durch die weitere Entwicklung dieses Supersportlers bestätigt wird. Er, den die Zeitungen mit Vorliebe als „Tennisroboter" bezeichnen, spielt seine angeblich so viel begabteren Tennisgefährten, Alex Antonitsch und Horst Skoff, heute technisch an die Wand. Aber auch in menschlicher Hinsicht ist die Bezeichnung „Roboter" völlig unzutreffend, auch wenn er gelernt hat, mit dieser Punzierung zu leben.

Thomas Muster

Die Punze des Roboters

Thomas Muster ist der beste Tennisspieler, den Österreich je hervorgebracht hat und zum Zeitpunkt der Endredaktion dieses Buches der beste Sandplatzspieler der Welt.

Das vorliegende Porträt entstand 1989 anläßlich des Davis-Cup-Länderkampfes gegen Spanien und erschien im Sportmagazin.

Einmal, während des Davis-Cup-Länderkampfes gegen Australien, scheint er seine Seele zu offenbaren: Sein Gegner Mark Woodforde hat einen Passierschlag nur mit letzter Mühe abwehren können, und nun fällt der Ball kraftlos etwa einen Meter hinter dem Netz in Thomas Musters Spielfeld.

Der Steirer braucht nur noch vorzulaufen und abzuschließen: Selbst ein Hobbyspieler macht aus dieser Situation vermutlich einen Punkt.

Im Profi-Tennis muß es ein Punkt sein, und so hämmerte selbst ein Horst Skoff diesen Ball wohl ohne Mätzchen in irgendeine Ecke. Noch Hans Kary hätte vielleicht einen genußvollen Lob riskiert und sich gefreut, wie sein Gegenüber chancenlos den Arm in die Höhe reißt. Und der legendäre Ilie Nastase hätte gewaltig ausgeholt, gewartet, bis sein Gegner ihm angstvoll den Rücken zuwendet, und den Ball dann seidenweich über das Netz tröpfeln lassen.

Auch Thomas Muster holt gewaltig aus – und knallt dem Australier den Ball mit aller verfügbaren Kraft aus höchstens zwei Meter Entfernung gegen die Brust.

Mark Woodforde, ein ungemein ruhiger, beherrschter Spieler, ist einen Augenblick lang fassungslos, dann beginnt er rot anzulaufen und wirft dem Österreicher einen Blick zu, in dem sich Wut und Verachtung mischen: Selbst im Profi-Tennis spielt man einen solchen Ball zumindest im Einzel nicht mit solcher Wucht auf den Mann.

Aber Thomas Muster ist „der professionellste Profi, den ich jemals kennengelernt habe" („Krone"-Tennis-Kolumnist Hermann Fuchs). Er betreibt Tennis im Stile eines Mafiakillers: Der Ball auf den Mann bedeutet mit 99,9 Prozent Wahrscheinlichkeit den Punkt, während es bei einem Schlag an ihm vorbei nur 99,5 Prozent gewesen wären. „Außerdem schüchtert ein solcher Ball den Gegner ein. Er zeigt ihm, wie stark ich bin und daß ich nicht die geringste Rücksicht auf ihn nehme. Das ist dann ein enormer Vorteil für den nächsten solchen Ball: Er wird Angst davor haben und sich mit dem Schläger zu schützen versuchen. Damit ist es für mich noch leichter geworden, den Punkt zu machen."

Es gibt nichts, was Thomas Muster „dem Punkt" nicht unterordnet. Als Horst Skoff nach seinem Sieg von Kindern um Autogramme bedrängt wird, möchte er sie am liebsten umarmen, so glücklich ist er. Thomas Muster läuft, die Kinder zur Seite schiebend, ohne sich umzusehen in die Garderobe: „Man braucht nach einem Match eine gewisse Regenerationsphase – die muß man genauso einhalten wie die Zeit, in der man sich vorbereitet."

Sportler dieses Zuschnitts sind dem Publikum selten sympathisch. Als die Tennisillustrierte die Österreicher kürzlich nach dem beliebtesten Tennisspieler fragte, lag Muster so weit hinter Horst Skoff, wie er in der Weltrangliste vor ihm liegt.

„Jeder kann nicht der Klammer sein", kommentiert Muster kühl, „ich weiß, daß ich nicht der Sonnyboy des Tennis bin – aber dafür gewinn' ich."

Er weiß auswendig, was man ihm vorwirft: daß er ein Streber sei, der sich seine Siege erlaufen müsse; daß sein Spiel der Eleganz und des Witzes entbehre; daß es ihm an Talent fehle.

„Ich bin eben ein Arbeiter", sagt er in jedem zweiten Interview, und ich bin stolz darauf."

Ohne es zu merken hat er die öffentliche Meinung über ihn verinnerlicht und sie zu seiner Trademark gemacht: Er ist der pflichtbewußte Leistungssportler, der seinen Erfolg nicht der Laune seines verschwenderischen Schicksals, sondern dem eigenen asketischen Charakter verdankt. „Es gibt auf der Welt dreitausend Tennisspieler, die so gut spielen wie ich. Um unter die ersten

Zwanzig zu kommen, mußt du dich in irgend etwas von ihnen unterscheiden. Ich glaube, es ist die Einstellung."

In Wirklichkeit, so steht uneingestanden hinter diesen Worten, ist diese „Einstellung" ja viel mehr wert, als ein zufällig besonders gutes Ballgefühl, denn „Einstellung" zeugt von „Charakter".

Thomas Muster wünschte sich, trotz seiner scheinbaren Kühle, sehr wohl Anerkennung – er braucht sie nur nicht unbedingt: weil sie ihm in seinem Elternhaus im Überfluß zuteil wurde.

Thomas' Spiel, die roboterhafte Perfektion seiner Schläge, die unerschöpfliche Kondition, die Kaltschnäuzigkeit, mit der er seine Punkte macht, vermitteln eine ganz bestimmte Vorstellung von diesem Elternhaus. Sie wird noch verstärkt, wenn man erfährt, daß sein Vater Vizeleutnant beim Bundesheer ist und selbst ein guter Fußballer in der Regionalliga war.

Da steckt von klein auf Drill dahinter, denkt man. Da projiziert einer den eigenen Ehrgeiz in den Sohn und will aus ihm den Spitzensportler machen, der er selbst nicht zu werden vermochte: ein Vater, der seinen Sohn täglich auf den Tennisplatz hetzt, um ihm aus einem Kübel so lange Bälle zuzuspielen, bis die Dämmerung dem Kind die Sicht und die Erschöpfung die Kraft nimmt. Man kennt das von anderen Großen des Sports – den Girardellis, den Palls, den Hinterseers –, und Thomas' Eltern sehen genauso aus.

Aber es stimmt nicht. Der Vater war zwar ein leidenschaftlicher, aber nie ein übermäßig ehrgeiziger Fußballspieler. Er hat Thomas nie zum Sport getrieben, sondern nur freudig zur Kenntnis genommen, daß er sich gerne sportlich betätigt. Mit dem Tennis haben beide Eltern erst zusammen mit ihrem Sohn begonnen, und ihn zu trainieren lag schon deshalb außerhalb ihrer Möglichkeiten: „Ich glaub', das war sein größtes Glück, daß wir so wenig vom Tennis verstanden haben. Dadurch hat er nie einen Vater erlebt, der alles besser gewußt hat."

Wahrscheinlich ist dies das wichtigste Element seines außergewöhnlichen Erfolges: Thomas Muster hat nie die geringsten Probleme mit seiner Familie.

Die Familie hatte nie die geringsten Probleme mit ihm. „Ich habe mein Leben lang keine Ohrfeige bekommen", sagt er. „Ich hatte keinen Grund, ihm jemals eine Ohrfeige zu geben“, sagt sein Vater. Als Thomas als Zwölfjähriger einmal auf dem Tennisplatz raucht und der Vater ihn erwischt, fordert er ihn auf, die restlichen Zigaretten der Schachtel auszurauchen, damit ihm ordentlich schlecht wird, und lacht ihn dann – wie ein älterer Freund – ein bisserl aus.

Thomas hat seither zu keiner Zigarette mehr gegriffen.

Wenn das typische Sportler-Zuhause in Österreich dadurch gekennzeichnet ist, daß die Eltern dem Kind mit all ihrer Autorität ihr Ziel vorschreiben, dann ist es in Musters Elternhaus genau umgekehrt: Er ist derjenige, der sein Ziel verfolgt, und die Eltern freuen sich, ihn dabei zu unterstützen. Nicht er richtet sein Leben zunehmend nach ihren Vorstellungen, sie richten ihr Leben zunehmend nach seinen Vorstellungen aus.

Anfangs ist er für jede Sportart begeistert. Er spielt Fußball, er läuft Schi, er würde am liebsten Autorennfahrer. Mit sieben bekommt er einen Tennisschläger geschenkt, mit acht gewinnt er sein erstes Turnier unter den Teilnehmern eines Kinderkurses. Danach ist es ausschließlich die eigene Begeisterung, die ihn ständig auf den Tennisplatz treibt. „Haben Sie zehn Minuten Zeit für mich“, bettelt er jeden Erwachsenen an, der sich nach einem Match ein wenig ausruhen will. Und wenn er keinen Partner hat, dann spielt er eben stundenlang gegen die Wand. Tennis macht ihm unglaubliche Freude, und natürlich ist er – im Gegensatz zu einer weitverbreiteten Legende, die er selber nährt – unglaublich begabt dafür. Mit zwölf spielt er in der Leibnitzer Mannschaft, gewinnt die ersten regionalen Turniere und wechselt schließlich zum größeren Grazer Parkclub.

Hätte es damals schon die Tennisförderung von heute gegeben, er wäre längst in eine Tennis-Hauptschule aufgenommen oder erhielte finanzielle Unterstützung. So sind es die Eltern, die sich abrackern, ihrem einzigen Kind die Freizeitbeschäftigung zu ermöglichen, die es am meisten liebt. Nicht, weil sie, trotz der zunehmenden Erfolge, eine Sekunde lang glauben, es könnte aus ihm einmal ein Weltklassespieler werden, der Millionen scheffelt, sondern weil sie eigentlich nicht wissen, was ihnen mehr Freude macht, als ihrem Kind Freude zu machen.

Die Mutter, die die längste Zeit in einer Drogerie gearbeitet hat, wechselt als Verkäuferin in ein Sportgeschäft, weil sie ihm dort die teuren Bespannungen für seine Schläger billiger beschaffen kann. Der Vater nimmt einen Kredit auf, um Trainer, Hallenstunden und die Fahrten zu den Turnieren zu finanzieren.

Später, als schon klar ist, daß Thomas' berufliche Zukunft im Tennis liegen wird, kaufen die Eltern das Leibnitzer Tennisstüberl, damit er auch am Tennisplatz sein könnte, wenn er sportlich nur Mittelmaß bliebe. Wenn Thomas sagt, „ich weiß, was ich meinen Eltern verdanke", dann meint er das ebenso ehrlich wie unpathetisch, und es findet seine Entsprechung in der Formulierung seiner Eltern: „Thomas weiß, was er uns verdankt. Deshalb wird er immer ein guter Sohn für uns bleiben."

Es gibt Sportkarrieren, die ihren Antrieb aus den Neurosen der Beteiligten beziehen. Im Internat der Südstadt trainieren zahlreiche Jugendliche, die Probleme mit ihrem Elternhaus haben und die im Sport jene Selbstbestätigung und jenen Beifall suchen, die sie in ihrem privaten Dasein nicht bekommen. Bei Thomas Muster ist das umgekehrt: Er ruht in seiner Familie und bezieht von dort jene mentale Kraft, die ihn den anderen überlegen macht.

Entsprechend ungern besucht er das Internat in der Südstadt, in das er nach der Hauptschule übersiedelt. Er fühlt sich aus der Wärme, die man ihm gegeben hat, herausgerissen und Aggressionen ausgesetzt, die ihm fremd sind. Er war zwar immer ein hervorragender Sportler, aber nie ein Raufer. Sosehr er am Tennisplatz in der Rangordnung weit vorne sein will, sowenig Verständnis hat er für die Hackordnung eines Heims. Er leidet darunter, daß sie ihn „Gscherten" nennen. Und noch mehr leidet er darunter, daß plötzlich nicht mehr alle rund um ihn herum begeistert sind, wie gut er Tennis spielt, wie rasch er neue Schläge begreift, sondern daß sie genau umgekehrt ständig auf seinem Tennis herumhacken und darauf hinweisen, was er alles noch nicht kann.

„Wir sind ununterbrochen", erinnert sich Muster, „unter Druck gestanden. Wir haben viel trainiert, und auch das Konditionstraining mit Gunnar Prokop war erstklassig. Aber eine menschliche Betreuung hat es nicht gegeben."

In Wirklichkeit ist übertriebener Druck das Kennzeichen heimischer Sportausbildung. Ständig mit dem Vorurteil konfrontiert, in Österreich würde nicht hart genug trainiert, könnten die Sportler sich alles erlauben, zelebrieren Trainer und Sportfunktionäre am Sportplatz deutsche Kasernenhöfe: In einer Zeitspanne, in der Amerikas Mahre-Brüder oder Schwedens Ingemar Stenmark zwei, drei Zeitläufe absolvierten, wurden Österreichs Slalomspezialisten fünfzehnmal über den Kurs gehetzt; Staatsliga-Fußballer trainieren trotz bürgerlicher Berufe mindestens so kräfteraubend wie in der Bundesliga; in Sportgymnasien und Sporthauptschulen wurden lange Zeit Zwölfjährige mit Bleiwesten zum Training befohlen. Und fast immer sah der jeweilige Trainer seine Hauptaufgabe in der Demonstration seiner „Härte". Fast nirgends im österreichischen Sport fehlt die Peitsche – es fehlt im Gegenteil das Zuckerbrot.

„Die Trainer haben von 14 bis 16 Uhr mit uns trainiert. Davor und danach haben wir sie nicht gesehen. Es ist nicht einmal vorgekommen, daß einer uns gefragt hätte: ‚Wie gefällt euch das Training?' Oder: ‚Wie geht's euch eigentlich?' Vielleicht sogar: ‚Ihr ward's heute so gut, da sollten wir auf ein Eis gehen.' Es gibt in der Südstadt für fünfzig Kinder drei Erzieher. Da kann man sich vorstellen, wieviel Zuwendung auf jeden einzelnen kommt."

Der erste, der die Buben danach fragt, wie es ihnen geht, ist ein Holländer. Wenn er jemandem im Rahmen des Tennisverbandes etwas zu verdanken hätte, sagt Thomas Muster, dann sei es Stan Franker. Er, nicht Jan Kukal, sei der Vater des österreichischen Tenniswunders. „Der Kukal hat nur dafür gesorgt, daß der Franker gehen mußte – deshalb haben wir jetzt zwischen uns und dem Nachwuchs auch ein entsprechendes Loch."

Mit Stan Franker fahren die besten österreichischen Jugendlichen auch zum ersten Mal längere Zeit ins Ausland. „Damit wir erleben, wie es im Profi-Tennis zugeht."

Als Thomas von einer Südamerikareise zurückkommt, ist er entschlossen, Profi zu werden.

Die Schule ist ihm dabei im Weg. Er ist nie gerne in die Schule gegangen. Aber nicht, weil er zu wenig Begabung mitgebracht hätte, sondern weil er nicht so lange stillsitzen wollte. Später, weil ihm der Sport lieber war und am Ende auch wichtiger wurde. In der Südstadt ging man von der scheinbar vernünftigen Idee aus, daß die Jugendlichen neben der sportlichen auch eine schulische Ausbildung haben sollten, die es ihnen möglich machte, sich auch dann durchs Leben zu schlagen, wenn es nicht zur großen Sportkarriere reichte.

„In Wirklichkeit wäre es notwendig, viel stärker zu sieben. Man muß den Mut haben, einem Jugendlichen zu sagen: ‚Du wirst es nicht schaffen, laß das Tennis und lern etwas anderes. Das kann natürlich nur jemand sagen, der auch wirklich etwas vom Tennis versteht, und das sind in der Südstadt nur ganz wenige. So schleppt man Leute viel zu lang mit, schaut zu, wie sie bei schwachen Turnieren noch Schwächere schlagen, hört ihnen schweigend zu, wenn sie von einer Profikarriere träumen, und dann läßt man sie von einem Tag auf den anderen fallen. Es ist nicht menschlich, wenn man einem Spieler verheimlicht, daß er zu schwach fürs Profi-Tennis ist, sondern es ist verantwortungslos."

Diejenigen allerdings, die sich fürs Profi-Tennis entschieden hätten, müßten mit voller Kraft und vollem Risiko einsteigen. Es ginge nicht, daß sie nebenher auch noch eine höhere Schule fertig machten. „Das kostet entscheidende Jahre. Man kann nur bis ungefähr 28 Spitzentennis spielen, da ist jede Stunde kostbar."

Was er heute in dieser Weise analysiert, das begreift Thomas Muster mit seinen 15 Jahren aus Instinkt und findet bei seinen Eltern nicht automatisch Ablehnung, sondern Verständnis. Sie wissen, daß es nicht Faulheit ist, die ihn vor der Schule kneifen läßt, sondern genau umgekehrt, der Wunsch, sich für seinen Beruf so gut wie möglich auszubilden.

Der Direktor der Handelsschule, in die er damals geht, droht mit der Polizei, falls Thomas „unentschuldigt" zum Orange-Bowl-Turnier (dem wichtigsten Jugendturnier) fahren sollte. „Schule oder Amerika!" erklärt er.

„Amerika!" sagt Thomas und kehrt nicht mehr an die Schule zurück. Nach der Turnierserie, die ihn durch Mittelamerika führt, ist er Nummer eins der Jugendweltrangliste.

Mit Muster reisten Skoff und Antonitsch. Ursprünglich galt Antonitsch, später der um ein Jahr jüngere Skoff als das größte österreichische Tennistalent. Beide sind schon ein Jahr in der Südstadt, als Thomas Muster zu ihnen stößt. Und anfangs genießen es alle Beteiligten, ihm diesen Abstand vor Augen zu führen.

Dabei ist er in seiner technischen Entwicklung nur einfach etwas später dran. Mit jedem Monat, den er im Tenniszentrum verbringt, holt er auf, und physisch ist er sowieso der stärkste. Nicht erst jetzt, sondern damals schon, als Jugendlicher, besiegt er seine beiden späteren Konkurrenten (von denen Skoff körperlich zwangsläufig der schwächste ist, denn er ist der jüngste, und in diesem Alter macht ein Jahr enorm viel aus). Aber die Siege werden Thomas Muster nicht gutgeschrieben. Man spricht immer nur von seiner Kraft und seiner Kondition, stellt seine „Holzhand" der „goldenen Hand" des Horst Skoff gegenüber. Ein ganz klein wenig mag daran stimmen. Muster trainiert tatsächlich schon damals mehr als die anderen. Er sieht nicht ein, warum das Training nach zwei Stunden zu Ende sein soll, obwohl er noch genügend Kraft hat. Und Horst Skoff ist vielleicht wirklich das größere Tennistalent. Aber auch er hat enorme Kondition, und auch er trainiert wie ein Berserker.

Der Unterschied in Begabung und Physis der derzeit besten österreichischen Tennisspieler ist in Wirklichkeit minimal. Es ist die Dynamik des Sportjournalimus und des Showgeschäftes, die diesen kleinen Unterschied zum großen Gegensatz aufbauscht: hie Skoff, das schlampige Genie, das jeden Schlag im Handgelenk hat; der laxe Trainierer, der zur Weltklasse zählte, wenn er nicht abends so gerne in die Discos ginge und sich des Lebens freute – dort Thomas Muster, der mäßig Talentierte, der durch Kraft und Trainingsfleiß wettmacht, was ihm an Begabung fehlt; der Tennisroboter, dem der Spielwitz abgeht und dessen Schlagrepertoire sich auf seine aufgerissene Vorhand beschränkt.

In Wirklichkeit ist Thomas Muster heute der komplettere Tennisspieler. Sein erster Aufschlag ist mindestens so gut wie der des Horst Skoff. Sein zweiter ist deutlich besser. Die Vorhand-Schläge des Horst Skoff sind noch härter, treiben den Gegner noch weiter aus dem Platz hinaus – aber sie gehen auch öfter ins Out. Das liegt an der unterschiedlichen Art des Schlages: Skoff spielt vor allem einen „Drive“ das heißt, sein Schläger vollführt eine starke waagrechte Vorwärtsbewegung und eine geringere Aufwärtsbewegung. Muster spielt einen extremen „Topspin“, das heißt, daß die Aufwärtsbewegung die Vorwärtsbewegung dominiert. Das verleiht dem Ball einen enormen Drall, durch den er sich nach einer hohen Flugbahn rasch wieder zu Boden senkt. Dadurch gehen Topspin-Schläge seltener als Drive-Schläge ins Netz und noch seltener out.

Es ist Geschmackssache, ob man Musters perfekten Topspin oder Skoffs perfekten Drive vorzieht.

Dagegen ist Muster derzeit auf der Rückhand um eine Klasse stärker als Horst Skoff. Er gehört zu den ganz wenigen Spielern, die gegen einen Ivan Lendl mit der Rückhand Punkte machen können. Er spielt sie mit ungeheurer Kraft, aus jeder Lebenslage und longline so gut wie cross. Gegen Mark Woodforde, der ihn mit einem perfekten Slice auf der Rückhand angespielt hat, hat er gezeigt, daß er diesen Ball auch zu schlagen vermag, wenn er nur wenige Zentimeter vom Boden aufspringt. Denn seine Beinarbeit ist perfekt. Es ist nicht so, daß Muster den Backhand-Slice nicht spielen könnte, sondern er braucht ihn bei Grundlinienduellen nicht, weil er fast immer im Vormarsch ist.

Was er eigentlich bräuchte, das wäre ein Longline-Backhand-Slice als Angriffsball, um danach ans Netz vorzustürmen. Hier mag Horst Skoff einen kleinen Vorsprung haben, aber das wiegt seine Unterlegenheit bei allen anderen Rückhandbällen (den Rückhand-Volley mit eingeschlossen) nicht auf.

Wer Muster zusammen mit Antonitsch im Doppel gegen Cash-Fitzgerald gesehen hat, der weiß, daß auch sein Volley-Spiel Weltklasse ist. Mit einer Schwäche im Vorhand-Volley, die freilich eine logische Folge der Stärke seiner Vorhand-Topspin-Schläge ist: Muster hält den Schläger mit einem extremen Vorhand-Griff, mit dem man überhaupt nicht vollieren kann. Um zu einem volleyfähigen Vorhandgriff zu gelangen, muß Muster sehr weit umgreifen und braucht dafür vergleichsweise viel Zeit. Die geht ihm dann beim Schlag gelegentlich ab.

Skoff mit seinem normalen Vorhand-Griff ist daher beim Vorhand-Volley stärker. Daß er überhaupt häufiger ans Netz geht und daher spektakuläre Punkte erzielt, liegt am grundsätzlichen Unterschied der Spielweisen. Da Skoff nicht so sicher spielt, muß er sich bemühen, den Punkt rasch zu machen. Muster braucht nur vorzugehen, wenn er den Punkt ohne Risiko machen kann, denn bei langen Grundlinienduellen bleibt er fast immer Sieger.

Allerdings wird sein Fortschritt auf dem Weg zur absoluten Weltklasse davon abhängen, wie weit auch er sich häufiger als bisher ans Netz wagt. Denn auch alle seine Gegner machen hinten kaum Fehler.

Daß er in Österreich noch immer als monotoner Roboter gilt, dankt Muster vermutlich dem Umstand, daß er einen Ball nur ganz selten spielt, der hierzulande als die Spitze der feinen Tennisklinge gilt: den Stop.

Mark Woodforde hat im Davis-Cup-Kampf gegen Thomas Muster die perfektesten Stops gespielt, die man sich vorstellen kann: Einer war ein Punkt, fünf hat Muster erlaufen und zu Punkten für sich gemacht.

Er selbst hat einen einzigen perfekten Stoppball gespielt, der ein Punkt war.

Das sagt eigentlich alles: Der Stop ist ein Ball, den die heutige Weltklasse nur mehr in Ausnahmefällen spielt. Nicht, weil die Spieler ihn nicht mehr so gut beherrschen wie ein Ilje Nastase oder ein Hans Kary, sondern weil alle Weltklassespieler läuferisch so stark sind, daß sie auch den besten Stop erlaufen.

Gespielt, von den technisch schwierigen Bällen, wird hingegen der Lob, und abermals ist Musters Topspin-Lob dem Lob des Horst Skoff im Zweifel überlegen.

Horst Skoff mag noch vor ein, zwei Jahren der technisch bessere Spieler gewesen sein, derzeit ist ihm Muster auch technisch überlegen.

Das ist sicherlich zum Teil das Verdienst seines Managers Ronald Leitgeb. Jedenfalls beginnt der Aufstieg des Thomas Muster mit dem Abschluß seines Vertrages mit dem Journalisten.

Für Thomas' Eltern sind diese beiden Männer „unheimlich ähnlich – jeder weiß ganz genau, was er will".

Für den Außenstehenden ist diese Ähnlichkeit weniger sichtbar. Muster ist letztlich sehr einfach und geradlinig. Leitgeb dagegen schillert (ohne den negativen Beigeschmack, den diese Formulierung auch haben könnte). Er nennt sich selbst den „schwierigsten Fall" seines Vaters, eines erfolgreichen Psychologen: er hat ein Medizinstudium angefangen und nicht fertig gemacht: er hat sich „ohne besonderen Erfolg", wie seine Exkollegen sagen, im Journalismus versucht. Während Thomas Muster wahrscheinlich auch mit einem anderen Manager Karriere gemacht hätte, beginnt die Karriere des Ronald Leitgeb erst mit Thomas Muster: Heute ist er Geschäftsführer der „Ziel-Werbung" mit 80 Millionen Schilling Umsatz. Doch Thomas Muster ist von Leitgebs sonstigen Geschäften nicht loszulösen. Hat Leitgeb etwa die Generalvertretung für Lotto-Sportbekleidung und Sportschuhe in Österreich übernommen, so besitzt er in Thomas Muster bereits den optimalen Werbeträger.

Daß er freilich die Chance einer solchen Kombination sofort erkennt, ist ein Zeichen sowohl seiner Cleverness wie seiner Risikofreude und seines Selbstbewußtseins.

Wahrscheinlich wäre Ronald Leitgeb die bessere Geschichte. Aber vorerst genießt er es, die Geschichte des Thomas Muster zu schreiben. Keine der Formulierungen, die Muster in Interviews gebraucht, wären denkbar ohne das ständige Gespräch mit Leitgeb. Aus dem „Gscherten" hat der Wiener zwar keinen Dichter wie Guillermo Vilas gemacht, wohl aber jenen unter Österreichs Spitzensportlern, der sich am besten artikulieren kann. Wenn er nicht gerade Tennis spielt und in der Emotion in sein angestammtes steirisches Idiom zurückfällt, spricht Thomas Muster ein tadelloses Hochdeutsch – und ein sehr viel besseres Englisch als Kurt Waldheim. Obwohl er sich von 365 Tagen 300 im Ausland aufhält, ist Muster erstaunlich informiert über die östereichische Innenpolitik und besitzt darüber hinaus verblüffenden politischen Instinkt. (Ich habe mich leider verpflichtet, seine politischen Äußerungen – sie betrafen vor allem Jörg Haider – vertraulich zu behandeln, weil es Muster widerstrebt, Partei zu nehmen, wo er sich nicht völlig kompetent fühlt. Aber die innenpolitischen Kommentatoren der Nation wären vermutlich überrascht.)

Thomas Muster ist zweifellos überdurchschnittlich intelligent – und Ronald Leitgeb ist es gelungen, in kürzester Zeit ein Maximum aus ihm herauszuholen.

Ähnlich wie im Tennisspiel. Die beiden haben einander 1983 in Paris kennengelernt. Leitgeb war damals freier Tennisjournalist und arbeitete teils für Zeitungen, teils für den ORF. Da er sich von seinen Honoraren die vielen Reisen nicht leisten konnte, hatte er sich dem Polen Wojtek Fibak als ein besserer Kofferträger angeboten. „Inzwischen", so Leitgeb, „ist daraus eine herzliche Freundschaft geworden."

Fibak zählt zu den herausragenden Persönlichkeiten im Tennisgeschäft. Als er in Österreich mit dem „Casino-Preis" sein erstes größeres Turnier gewann, brachte ihm das 200 Dollar ein. Heute wird sein Vermögen auf 200 Millionen Dollar geschätzt. Die Differenz hat er selbst geschaffen, obwohl sein bester Rang „nur" die Nummer neun der Weltrangliste war. Aber Fibak spekulierte am Stock-market und handelt mit Bildern, von denen er eine spektakuläre Sammlung besitzt. Außerdem managte er den jungen Ivan Lendl. Und so lernte er auch Ronald Leitgeb kennen: Wenn der 16jährige Lendl nach Wien kam, suchte Fibak für ihn einen Platz und einen Trainer, der Tschechisch konnte. Den gab es beim BMTC, wo Ronald Leitgeb spielte. Das brachte die beiden Männer zusammen und sollte sie in Paris auch mit Thomas Muster zusammenbringen.

Lendl wurde damals nämlich gegen Leconte ausgelost und suchte einen Linkshänder als Trainingspartner. Fibak und Leitgeb präsentierten dem Weltranglisten-Ersten einen Jugendspieler aus Österreich, der das Jugendturnier bestritt: Thomas Muster.

Der Pole erkannte in wenigen Stunden, woran man in der Südstadt jahrelang gezweifelt hatte: daß er eine große Tennisbegabung vor sich hatte. „Um den solltest du dich kümmern", sagte er Ronald Leitgeb. Und nachdem er 1984 in Kitzbühel selbst mit Muster trainiert hatte (der Steirer kam damals in die zweite Runde des Hauptbewerbes, nachdem er den Amerikaner Borowiak geschlagen hatte), ging er noch einen Schritt weiter: „Du solltest sein Manager werden."

So sprang Ronald Leitgeb in seine neue Karriere.

Muster war rasch überredet. Er hatte schon immer eine Profikarriere angestrebt, und er war schon lange von der Provinzialität des österreichischen Tennisverbandes überzeugt. Schwieriger war es bei Thomas' Eltern. „Ich habe ihnen gesagt, sie sollen sich keine Sorgen machen: Mit 24 wird Thomas jede Menge Geld haben, und nach einer Stunde haben sie mir's geglaubt."

Heute hat Thomas jede Menge Geld. Seine Jahreseinkünfte werden auf etwa 10 Millionen Schilling geschätzt. Zu den Preisgeldern kommen die Verträge mit Lotto, mit Head, mit der Uhrenfirma Baume & Mercier, mit On line Computer und mit Raiffeisen.

Das Geld wird von Leitgeb angelegt. Aber wenn Thomas sich jemals selber darum kümmern müßte, wird es in guten Händen sein: Er hat von Jugend auf über seine Ausgaben Buch geführt und weiß von seinem Vater, wie hart man jeden Schilling verdient. Um Geld auszugeben, fehlt ihm sowohl Zeit wie die Lust: „Natürlich kann ich mir alles kaufen, was ich will. Aber mehr als leben kann man auch nicht." Nur einmal wagte er es, sich teuren Phantasien hinzugeben: „Wenn ich Paris gewinn', dann kauf' ich mir einen Ferrari."

„Aber das tät' er in Wirklichkeit nie", weiß schon sein Vater, „dazu ist er viel zu realistisch." Und Thomas Muster wie eine Tonbandkopie: „Mit 21 braucht man noch keinen Ferrari zu fahren. Ganz zu schweigen von den Erhaltungskosten. Das Auto würde stehen, und ich würde zahlen." Ronald Leitgeb ergänzt mit den Argumenten des Kaufmanns: „Wir werden doch kein Auto kaufen, wenn Thomas die Chance hat, daß ein Sponsor glücklich ist, es ihm zur Verfügung zu stellen."

Leitgeb sorgt für Musters Auto, er sorgt für Musters Verträge, er sorgt für Musters Quartier, aber er sorgt auch für Musters Tennis. Während andere Spieler meist mit einem ausgedienten Tenniscrack als Trainer herumreisen, organisiert Ronald Leitgeb für

Thomas Muster die besten aktiven Spieler als Trainingspartner. Vor ein paar Jahren mußte Muster noch betteln, wenn er mit einem Leconte oder einem Gomez Bälle wechseln wollte. Heute ist er für jeden Weltklassespieler ein gesuchter Sparringpartner. Wer sich auf einen linkshändigen Topspin-Spieler einstellen will, hat nicht viel Auswahl.

Da Muster natürlich alles eher als unbegabt ist, vermag er ständig von seinen Trainingspartnern zu lernen, ihnen besonders gekonnte Bewegungsabläufe abzuschauen.

„Das Entscheidende für mich ist nicht, einen Schlag zu beherrschen. Das geht relativ rasch. Das Problem besteht darin, den neuen Schlag im Match umzusetzen. Das ist ein mentales Problem, denn in der Bedrängnis greift man immer wieder auf den gewohnten Schlag zurück."

So hat Muster jahrelang die Vorhand umlaufen – Horst Skoff umläuft sie immer noch. Erst nachdem die Rückhand im Training schon nahezu perfekt war, zwang sich der Steirer, sie auch im Match einzusetzen. So wie er sich derzeit zwingt, häufiger vorzugehen und nicht nur mit der Rückhand, sondern auch mit der Vorhand zu vollieren.

„Man darf sich da durch Rückschläge bei der einen oder anderen Partie nicht entmutigen lassen. Man muß an sich glauben und jemanden haben, der an einen glaubt."

Dieser jemand ist Ronald Leitgeb. Was österreichische Spitzensportler in Wahrheit weit mehr als Schinder und erstklassige Konditionstrainer brauchten, sind gute Psychologen, die ihnen Auftrieb geben.

„Es gibt", doziert Leitgeb, „zwei Arten von Trainern. Diejenigen, die den Spieler ununterbrochen technisch verbessern wollen, ihm bei jedem Schlag sagen, daß er die Hand um einen Grad stärker neigen oder den Fuß um fünf Zentimeter weiter vorsetzen soll. Das sind diejenigen, die die Spieler auch beständig ‚umlernen'. Wenn einer einen hervorragenden Rückhandslice spielt, mit dem er ständig punktet, dann sagen sie, wie gut müßte er doch erst sein, wenn er einen Topspin-Rückhand beherrscht. Und statt daß sie ihn zu seinem Rückhandslice beglückwünschen und dann ganz langsam beginnen, den Topspin mit einzubauen, nörgeln sie an seiner Topspin-Rückhand herum. Es hat schon Spieler gegeben, die am Ende gar nichts mehr konnten. Diese Trainer machen die Spieler in Wahrheit von sich selber abhängig, indem sie sich zum Maß aller Dinge erklären. Der Spieler hat ständig das Gefühl der Inferiorität. Wenn er dann wirklich versagt, lassen sie ihn prompt fallen."

Thomas Muster weiß auch gleich, wen sein Freund mit dieser Schilderung meint: „Dem Jan Kukal dürfte man in Wirklichkeit keinen sensibleren Spieler anvertrauen. Man braucht sich bloß anzuschauen, wo die Petra Huber heute ist. Die war auch eine, die er zuerst total von sich abhängig gemacht hat, um sie dann total fallenzulassen."

Ich selbst habe Jan Kukal mit Horst Skoff erlebt, und da war er anders: ein guter Kamerad, der dem Partner zumindest vor Turnieren Selbstvertrauen zu vermitteln vermochte.

„Aber der Skoff war immer sein Liebling – die beiden passen z'samm, weil s' beide Urviecher sind."

Da wird einen Augenblick lang echte Aggression bei Muster fühlbar. Ärger über die seinerzeitigen Zurücksetzungen, Ärger über das ununterbrochene, unsinnige Gerede über Skoffs Talent und seine Talentlosigkeit. Aber wohl auch – wie wenig er es auch eingestehen will – eine Nuance von Neid auf Skoffs größere Fähigkeit, gut zu leben.

„Mich würde man nie am Abend in einer Disco sehen. Entweder Spitzensport oder Disco. Tennis erfordert heute totale Athletik. Vor 20 Jahren sind die Spieler vielleicht am Abend zu einer Party gegangen – heute gehen sie in die Kraftkammer."

Das ist zweifellos richtig. Aber Thomas Muster ginge auch dann nicht zur Party, wenn er keinen Spitzensport betriebe. Angeblich, weil er dem nichts abgewinnen kann. Vielleicht ist der Grund indessen viel simpler: Thomas Muster ist unter einer harten Schale weicher, als man denkt. Man könnte sich vorstellen, daß er mit 16 ziemlich schüchtern gewesen ist, daß er ein schlechter Tänzer war und bei Mädchen längst nicht so gut ankam wie heute.

Als er zu Neujahr mit seiner Freundin tanzen sollte, lehnte er ab: er könne diese modernen Tänze nicht. Ein Freund der Familie zeigte ihm langsam die einzelnen Schritte vor.

Und Thomas tanzte drei Stunden lang.

Aber das war ein ganz kleiner, privater Kreis, in dem er sich wirklich zu Hause fühlte. Wenn er aus diesem Kreis heraustritt, dann braucht er einen Schutzwall um sich herum. Das ist seine scheinbare Kaltschnäuzigkeit.

Erst jetzt, da er beginnt, wirklich sicher zu werden, wagt er, sich zu seiner Unsicherheit zu bekennen und charakterisiert sich selbst mit den Worten, mit denen ihn auch seine Eltern charakterisieren: „Rauhe Schale, aber ein weicher Kern." Sobald er freilich den Tennisplatz betritt, ist nur mehr diese rauhe Schale sichtbar. Ich habe selten einen Menschen gesehen, der sich auch optisch so sehr verwandelt. Wenn man ihm privat gegenübersitzt, wirkt Muster eher zart, weil sein schmales Gesicht alles andere dominiert. Sein Lächeln ist ungemein sympathisch und läßt die Schüchternheit, von der er spricht, bis heute ahnen. Er ist das Gegenteil von präpotent. Aber schon bei einer Pressekonferenz zum Thema Tennis ist das anders. Da setzt er sein hartes Gesicht auf und teilt Schläge gegen den Tennisverband aus, die seine Gegner nur selten parieren können. Und sobald er auf dem Tennisplatz steht, ist er geballtes Selbstbewußtsein und geballte Kraft. Er wirkt dann nicht mehr schmal, sondern im Gegenteil trotz seiner bloß 72 Kilo unerhört bullig und weit größer gewachsen als nur 1,81 Meter. Sein Gesicht wird aus dem eines schüchternen Gymnasiasten zu dem eines deutschen Recken: ungeheuer blond und blau, in einer metallischen Tönung. Aus dem sympathischen Lächeln wird, wenn überhaupt, ein böses Lachen, wenn er den Gegner am Boden hat. Die BUNTE Illustrierte meinte in einer Titelgeschichte, Thomas Musters Geheimnis sei die Wut. Wut auf alle, die nicht an ihn glauben wollten. Wut auf seinen Gegner. Wut auf den Ball.

Aber das stimmt nicht. Im Gegenteil: Wenn Muster aus einem privaten Grund eine Wut auf seinen Gegner hätte, dann versuchte er sie abzubauen: „Nur wenn man mental kalt ist, kann man erfolgreich zuschlagen." (Das ist einer der Gründe, warum Muster gegen Skoff vergleichsweise etwas schlechter spielt. Es kommen dann bei ihm zu viele Emotionen durch.)

Warm muß er nur körperlich sein. „Ich muß mich für ein Match in einen kampfbereiten Zustand versetzen, mich heiß machen.“

In der Tat sagt die Physiologie klar, was der Spitzensportler braucht, um Höchstleistungen zu vollbringen: Seine Muskulatur muß maximal durchblutet sein, seine Pulsfrequenz muß sich erhöhen, der Energieumsatz muß rascher vonstatten gehen.

Jedes Lebewesen erreicht diesen Zustand der Kampfbereitschaft normalerweise, wenn es angegriffen wird – sofern seine Angst nicht so groß ist, daß sie zur Überreaktion in Form des Wie-gelähmt-Dastehens und des Nach-Atem-Ringens führt.

Muster muß sich herausgefordert fühlen und gleichzeitig sicher sein, daß er diese Herausfordung bestehen kann. Es gibt eine Reihe von Techniken, um diesen Zustand zu stimulieren. Der wichtigste Weg dazu ist die Atmung. Deshalb Musters Kraftschreie, wenn er zuschlägt. Deshalb seine totale Konzentration während der Pausen: Er will und darf sich nicht aus seinem (Atem-)Rhythmus bringen lassen.

Es ist entscheidend für sein Spiel, daß er die notwendige Betriebstemperatur erreicht. „Bei Sandplatzspielen ist das einfach, da sind die Ballwechsel lang genug, daß mir warm wird – aber in der Stadthalle auf Kunststoff komme ich manchmal nicht einmal ins Schwitzen.“

Das war der Grund, warum sich Muster beim Trauben-Cup und kurz darauf beim CA-Grand-Prix jenes seltsame am Platz Herumhüpfen angewöhnte, über das sich seine Gegner so lustig machten: Es erlaubte ihm, trotz kurzer Ballwechsel, warm zu bleiben. „Und ich werd's wieder machen, wenn es mir notwendig erscheint.“

Es ist möglich, daß das schon beim nächsten Davis-Cup-Spiel gegen Schweden der Fall sein könnte. Denn im Gegensatz zu Skoff und den meisten Journalisten, die „auf Sand bauen“, ist er der Meinung, daß man gegen Schweden eher auf einem langsamen Hartplatz spielen sollte.

„Denn auf Sandplatz setzen sie Carlsson und Wilander ein, und da sind sie praktisch unschlagbar. Ich habe Carlsson nicht geschlagen, und ich glaube kaum, daß Skoff ihn schlägt. Und Wilander ist einer der besten Sandplatzspieler der Welt. Jedenfalls hat man gegen ihn auf Sand nicht mehr Chancen als auf einem Hartplatz. Carlsson dagegen darf auf einem Hartplatz gar nicht spielen, und die Schweden würden vermutlich Edberg neben Wilander einsetzen. Den aber können sowohl Skoff wie ich auf einem langsamen Hartplatz schlagen. Und das wären dann immerhin zwei Punkte."

Ob man im Tennisverband ähnlich dächte, möchte ich wissen.

Muster: „Wir machen uns Gedanken – und der Wrann entscheidet."

Letzte Begegnungen

Wenn ich die in diesem Kapitel gesammelten Nachrufe durchsehe, dann stelle ich fest, daß sie erstens keineswegs repräsentativ für die österreichische Szene sind – so fehlt etwa ein Nachruf auf Bruno Kreisky – und daß ich zweitens in den meisten Fällen eine sehr persönliche Beziehung zu dem Beschriebenen hatte.

Das beginnt mit Helga Treichl, der Ehefrau des ehemaligen CA-Generaldirektors Heinrich Treichl, die sicherlich keine „Persönlichkeit des öffentlichen Lebens“, wohl aber eine Persönlichkeit war, die nur so kurz privat gekannt zu haben mir immer leid tun wird.

Ihr Tod steht für das Aussterben besten österreichischen Großbürgertums.

Auch Clemens August Andreae, durch die Mitherausgeberschaft der „Wochenpresse“ bzw. „Wirtschaftswoche“ ebenfalls ein persönlicher Bekannter, zählte zu einer raren Spezies: der der österreichischen Rechtsintellektuellen.

In seiner politischen Einsamkeit hat er verblüffende Ähnlichkeit mit einem Linksintellektuellen, den ich nur aus kurzen Dienstgesprächen kannte: Alred Dallinger. Mit dem Gewerkschafter und Sozialminister verband mich die Überzeugung, daß der anhaltenden Arbeitslosigkeit in Europa letztlich nur mit einer Umverteilung der Arbeit beigekommen werden kann.

Das nationalökonomische Fundament dieser Überzeugung hat ein Mann gelegt, den die Branche der österreichischen Wirtschaftsjournalisten und angeblichen Wirtschaftsexperten mit Hohn und Spott übergossen hat, obwohl er sie an Fachkenntnis und Weitsicht um Längen überragte: Franz G. Hanke, Autor schlecht geschriebener, aber zukunftsweisender Bücher war eine Zeitlang Wirtschaftsredakteur des „profil“ und wurde dort mein Freund. Privat war Hanke ein ungemein schwieriger Mensch. Er war mehrere Male und niemals glücklich verheiratet. Seiner letzten Ehe entsprang ein Sohn namens Philip, der nicht einmal zwei Wochen alt war, als sein Vater nach langem Krebsleiden vor meinen Augen starb. Ich habe den Nachruf für Philip in einer Sprache verfaßt, die auch ein Kind versteht, glaube aber, daß die darin angesprochenen Probleme durchaus die Welt der Erwachsenen betreffen.

Ein Mann, der durch dienstliche politische Diskussion zu meinem privaten Freund wurde, war auch Issam Sartawi, enger Berater Yassir Arafats und Jahre hindurch einsamer Verfechter einer Aussöhnung mit Israel. Lebte Sartawi noch, so wäre er vermutlich Außenminister des neuen palästinensischen Staates.

Aber er wurde von radikalen Palästinensern mit einer Maschinengewehrsalve hingemäht, wie er mir das immer prophezeit hatte.

Seine Sehnsucht nach dem Tod war fast so groß wie seine Sehnsucht nach Frieden.

HELGA TREICHL

DAS GEWISSE LÄCHELN EINER AUSSTERBENDEN ART

HELGA TREICHL *war Ehrenpräsidentin der Österreichischen Multiple-Sklerose-Gesellschaft, Übersetzerin der Werke von Françoise Sagan und Gattin des langjährigen Generaldirektors der CA, Heinrich Treichl.*

Der folgende Nachruf erschien 1995 im STANDARD.

Helga Treichl ist tot. Für mich, der ich sie kenne, ist das eine Nachricht, die mich seit einer Woche bewegt, obwohl die zusammengezählten Stunden, die ich mit ihr verbringen durfte, vermutlich wenig mehr als einen Tag ergeben. Aber was ist es für Sie, der Sie sie nie gesehen haben? Der Sie sich allenfalls an einen Heinrich Treichl erinnern, der seinerzeit als Vorstand der CA ein mächtiger Mann und offenbar ihr Gatte gewesen ist?

Was rechtfertigt zu einem Zeitpunkt, da Vranitzky und Busek ihr Sparpaket auf den Tisch legen, von einer Frau zu schreiben, deren einzige offizielle Funktion in der Ehrenpräsidentschaft der Österreichischen Multiple-Sklerose-Gesellschaft bestanden hat, und die allenfalls intimen Kennern der französischen Literatur als Übersetzerin der Bücher Françoise Sagans ein Begriff ist?

Ich will versuchen, es zu begründen: Mit Helga Treichl starb nicht nur ein wunderbarer Mensch, sondern stirbt eine „Art" – jenes schmale Wiener Großbürgertum, das sich von den „Top 500" der Gegenwart etwa so unterscheidet wie das Palais Salm von der Villa Androsch.

Um die Unterschiede im News-Stil der Zeit als Gegensatzpaare zu formulieren: Die Top 500 haben ein Zweithaus in Übersee – jenes der Treichls läßt sich von Wien aus erreichen. Die Einrichtung der Top 500 stammt von einem Top-Innenarchitekten, die der Treichls stammt von den Treichls: ererbt, gesammelt, ersteigert. Jene sind stolz auf ein pures Jugendstilzimmer, diese mischen Möbel der verschiedensten Epochen stilsicher zu einem ganz persönlichen Ensemble, in dem sogar ein wenig behaglicher Kitsch seinen Platz hat: Es quält sie nicht diese zutiefst kleinbürgerliche Sorge, das etwas an ihrer Wohnung für kleinbürgerlich gehalten werden könnte.

Jene sind auf allen Golfplätzen der Welt, diese in allen Theatern Wiens zu Hause. Jene vermögen Clippings von „Newsweek" auf englisch zu lesen, diese rezitieren Verlaine auf französisch. Vor allem aber sprechen sie auch jene Fremdsprache, an der die neue Wiener Gesellschaft am hörbarsten scheitert: das Deutsch Rilkes, Schnitzlers oder Hofmannsthals.

Das kommt davon, daß sie fast alle nicht nur eine Mutter-, sondern auch eine Vatersprache haben. Gehören sie doch nicht nur der Wiener, sondern stets auch der größeren, europäischen Gesellschaft an: Fritz Ross, Helga Treichls Vater, stammt aus einer seit dem 19. Jahrhundert in Österreich ansässigen schottischen Familie; ihre Mutter, Hilde Ullstein, war die älteste Enkelin des Gründers des gleichnamigen deutschen Verlagshauses. In Berlin geboren, ist sie am väterlichen Gut in Niederösterreich aufgewachsen, in Preßbaum ins Sacre Cœur, in Berlin ins Internat gegangen.

Bis die Nazis Europa in Stücke rissen; den Verlag beschlagnahmten; die Familie ächteten; sechs Geschwister ihrer Großmutter dazu trieben, den „Freitod" der Vertilgung im Vernichtungslager vorzuziehen.

Doch zum persönlichen Merkmal der Helga Treichl gehörte der Wille zum Widerstand: Durch ihren arischen Vater geschützt, nahm sie immer wieder Kontakt zu Regimegegnern auf und ließ sich auch durch Gestapo-Haft nicht einschüchtern.

Durch Massenhysterie schon gar nicht: Als Bruno Kreisky Mitte der siebziger Jahre einen beispiellosen antisemitischen Feldzug gegen Simon Wiesenthal vom Zaun brach, ihn der Erschleichung seines Ingenieur-Diploms, der Herkunft aus dem „Osten" und schließlich der Kollaboration mit der Gestapo beschuldigte, stellte ich im „profil" die Frage, ob es in diesem Land noch ein paar Leute gäbe, die dieses Verhalten „unmoralisch und ungeheuerlich“ fänden.

Doch alle hielten sie eisern still, die heute so großen Antirassisten. Nur Helga Treichl setzte ihren damals prominenten Namen unter den ersten Aufruf – wohl wissend, daß die Wiederbestellung ihres Mannes an einem Faden hing, den Kreisky in der Hand hielt. (Sie hat sich übrigens Jahre später mit ihm ausgesöhnt: weil sie begriff, daß es der unentrinnbare, mit der Muttermilch aufgesogene österreichische Antisemitismus war, der selbst den humanen, jüdischen Kanzler mit partieller Unzurechnungsfähigkeit schlug.)

Wie manche Damen der Gesellschaft hatte Helga Treichl karitative Ämter inne: Nach dem Krieg arbeitete sie beim IKRK. Sie war im Vorstand der Rudolfiner Stiftung und betreute Multiple-Sklerose-Kranke.

Aber eben nicht, indem sie Wohltätigkeitskränzchen veranstaltete (das tat sie auch), sondern indem sie Woche für Woche Patientinnen aufsuchte, viele von ihnen zu sich nach Hause einlud, von ihren Abendgästen erwartete, die Kranken im Rollstuhl aus dem Haus zu tragen. Diesen Rollstuhl half sie, auch mit siebzig, noch über Schwellen und Stufen zu heben, so wie sie bis zuletzt an jedem Mittwoch turnen ging.

Vielleicht war es doch ein verständiges Schicksal, das sie gerade dabei, mitten in jugendlicher Bewegung, mit einem Gehirnschlag ereilte.

Ihre Jungmädchenhaftigkeit ist meine stärkste Erinnerung an die Fünfundsiebzigjährige. Ihre Figur war die eines jungen Mädchens – zart, schlank und biegsam. Ihre Augen waren die eines jungen Mädchens – übermütig, abenteuerlustig und neugierig. Vor allem aber lächelte sie das Lächeln junger Mädchen: „liebreizend“ (ich vermag kein passenderes als dieses veraltete Wort zu finden) mit einem Anflug von Scheu und einem Ausflug ins Spitzbübische.

Als eine der vielen Prinzessinnen ihrer Bekanntschaft beiläufig von ihrem Gespräch mit „Elizabeth“ (der Königin Großbritanniens) erzählte, fragte sie mit scheinbar todernster Miene: „Und hat sie dir ihre Schneiderin verraten?“

Während die Prinzessin – wahrhaftig todernst – nach einer Antwort suchte, telegraphierte Helga Treichl ihrem Mann zwei, drei Takte ihres gewissen, spitzbübisch zärtlichen Lächelns – und war schöner als jedes junge Mädchen.

Schöne junge Menschen sind Zufälle der Natur – schöne, jung gebliebene Menschen sind Kunstwerke. Man sollte, bei aller Trauer lächelnd, ihr Lächeln im Gedächtnis behalten.

Clemens August Andreae

Die Einsamkeit des Rechtsintellektuellen

Clemens August Andreae *war Professor für Finanzwissenschaften an der Universität Innsbruck und zwischen 1990 und 1991 zusammen mit mir Herausgeber der „Wochenpresse" bzw. „Wirtschaftswoche". Am 26. Mai 1991 fand er beim Absturz einer Lauda-Air-Maschine von Bangkok nach Wien den Tod.*

Der folgende Nachruf erschien in der Wochenpresse.

Ob man einen Nachruf schreibt oder einen Nachruf bekommt, ist eine Frage des Zufalls: Bis zuletzt hatte mein Mitherausgeber Clemens August Andreae mit Christian Ortner und mir diskutiert, ob wir ihn nicht nach Thailand begleiten wollten. Dann hatte ich abgelehnt, weil ich zu einer Tagung nach Paris mußte, und Christian Ortner hatte abgelehnt, weil er die Redaktion nicht verlassen wollte, während ich in Paris war.

So sind wir beide am Leben und schreiben einen Nachruf auf Clemens August Andreae.

An der Reaktion, die die Nachricht vom Tod eines Menschen auslöst, kann man die Prioritäten seines Lebens erkennen. Obwohl ich nie Gelegenheit hatte, sie kennenzulernen, galt mein erster Gedanke Andreaes Frau. Ich kenne wenige sogenannte „bedeutende Männer", die mit solcher Zärtlichkeit von ihrer Familie gesprochen haben. „Ich liebe die Schönheit", pflegte der Professor der Finanzwissenschaften zu sagen, „deshalb habe ich sie geheiratet." Auf seinen 27jährigen Sohn und seine 25jährige Tochter war er so stolz, als wären sie gestern zur Welt gekommen. „Das sind nämlich", erläuterte er mir einmal, „die einzigen Zinsen von Kapital, auf die es im Leben wirklich ankommt."

Im Tode auch: Wenn man den Zurückbleibenden in diesen Tagen irgend etwas Tröstendes sagen kann, dann, daß die Kraft dieser Zuneigung in ihnen fortwirken und ihnen irgendwann (es wird sehr lange dauern) die Fähigkeit geben wird, mit dem Tod des Gatten und Vaters fertig zu werden.

Daß dieser Nachruf am Platz des Leitartikels erscheint, hängt jedoch mit einem Aspekt des Todes von Clemens August Andreae zusammen, von dem ich meine, daß er allgemeines Interesse verdient: Mit ihm hat Österreich einen der ganz wenigen Männer verloren, die man anderswo „Rechtsintellektuelle" nennt.

In den meisten mir bekannten Ländern, in England, Frankreich oder den USA, sind „Rechtsintellektuelle" kaum weniger zahlreich als „Linksintellektuelle"; in Deutschland findet man sie seltener, aber zumindest die Stimme einiger von ihnen hat öffentliches Gewicht; in Österreich kann man sie an den Fingern einer Hand abzählen. Sie sind Außenseiter, Raritäten, manches Mal Relikte. Ihr Einfluß auf die öffentliche Meinung oder gar aufs politische Leben ist, gemessen an dem der „Linksintellektuellen", marginal. Es ist unschicklich, ja geradezu dem eigenen intellektuellen Ansehen abträglich, ihre Thesen auch nur unbefangen zu diskutieren.

Rechts ist man – aber rechts denkt man nicht.

„Der Andreae ist ja sicher recht intelligent, aber schon ein ziemlicher Reaktionär", war eine der häufigsten Beurteilungen, die ich über meinen Mitherausgeber zu hören bekam. Und wenn ich dann widersprach und meinen Widerspruch durch Beispiele zu untermauern suchte, wurde mir das entweder als reaktionäre Komplizenschaft oder als berufliche Rücksichtnahme ausgelegt. Mir ist bei solchen Gelegenheiten immer wieder die Ähnlichkeit mit dem öffentlichen Schicksal eines anderen Mannes aufgefallen, der gleichfalls durch einen Flugzeugunfall ums Leben kam: Alfred Dallinger mußte sich zeitlebens mit der Punze des „Utopisten" herumschlagen; Clemens August Andreae wird nur anläßlich seines Todes als „Parade-Liberaler" geehrt – Jahrzehnte hindurch trug er die Punze des „Reaktionärs".

In beiden Fällen ersparte die Punzierung die Auseinandersetzung mit dem, was die beiden Männer tatsächlich vertraten.

In Wirklichkeit gibt es natürlich weder „Rechtsintellektuelle" noch „Linksintellektuelle", sondern nur Intellektuelle: Menschen also, die den Mut haben, Fragen zu stellen; und die fähig sind, Lösungen für aufgetauchte neue oder altbekannte ungelöste Probleme anzubieten. Insofern kann ein Intellektueller nie konservativ, sondern immer nur revolutionär sein: Er muß die Bereitschaft besitzen, das, was eben noch als etablierte Wahrheit galt, zugunsten einer schutzlosen neuen Theorie, die sich erst noch durchsetzen muß, über Bord zu werfen.

Für Clemens August Andreae galt das in ganz besonderem Maße: Er war fast nie zu konservativ, er war in seinen Gedankengängen fast immer zu revolutionär, um akzeptiert zu werden.

Ob er „rechts" oder „links" war, wage ich nicht zu beurteilen. Sicher träumte er nicht von einer klassenlosen Gesellschaft oder von der Vergesellschaftung der Produktionsmittel, aber er schwärmte für das genossenschaftliche Modell von Matrei, wo die Arbeiter das Eigentum an einem Metallbetrieb erworben haben und ihn seit Jahrzehnten erfolgreich führen. Es war ihm rätselhaft, warum österreichische Unternehmen ihre Manager so selten beteiligen, und er hielt die Kürzung der Arbeitszeit für einen sinnvollen Treibsatz zur Förderung der technologischen Innovation. Obwohl glänzend verheiratet, konnte er sich neue und andere Formen des Zusammenlebens vorstellen und begeisterte sich für die Familienpolitik Frankreichs, das mit kostengünstigen Kindergärten, Teilzeitarbeitsverträgen und langen Ladenöffnungszeiten die Berufstätigkeit der Frau fördert.

Was ihm trotz solcher Ambitionen den Ruf eines „Rechten" eintrug, war seine demonstrative Wertschätzung für die Politik der CDU/CSU und sein ständiges Plädoyer für den Markt. Denn aus unerfindlichen Gründen gilt jemand, der in Österreich beispielsweise dafür eintritt, Wohnungsprobleme mit Hilfe des Marktes zu lösen, als „rechts", während der, der Gemeindebauten oder zumindest Genossenschaftsbauten fordert, als „links" gilt. Und zwar auch dann, wenn beide dasselbe politische Ziel haben: nämlich auch für sozial Schwache erschwingliche Wohnungen bereitzustellen. Nur meinen die „Rechten", es sei effizienter, das Errichten von Wohnbauten der Konkurrenz privater Bauträger zu überlassen und dann demjenigen, der sich eine solche Wohnung zu Marktpreisen nicht leisten kann, einen Zuschuß auszubezahlen (sogenannte „Subjektförderung"); während die „Linken" der Überzeugung huldigen, die Gemeinde sollte Wohnungen bauen und sie den sozial Schwachen zu ermäßigten (marktfremden) Preisen anbieten (sogenannte „Objektförderung").

Nichts an diesem zweiten Vorschlag ist grundsätzlich sozialer als am ersten. Die empirische Erfahrung, der wir jede von uns getroffene Lösung kritisch aussetzen müssen, hat freilich klar gezeigt, daß die „Subjektförderung" der effizientere Weg zum gleichen sozialen Ziel ist. Daher ist, wer angesichts einer solchen Erkenntnis dennoch auf der angeblich „linken" Objektförderung beharrt, nicht „links", sondern reaktionär: jemand, der nicht imstande ist, eine einmal in seinem Gehirn etablierte Anschauung angesichts besserer Erkenntnisse über Bord zu werfen.

Clemens August Andreae hatte beständig unter diesem Mechanismus zu leiden: Niemand nannte ihn so häufig einen „Reaktionär" wie die wirklichen Reaktionäre. Ein Lehrbuchbeispiel aus jüngster Zeit war die Reaktion auf seinen Vorschlag, einen Markt für die Arbeitsbewilligungen von Ausländern zu schaffen.

Die Grundidee: Die Regierung setzt Jahr für Jahr ein bestimmtes Kontingent an Arbeitsbewilligungen für Ausländer fest. Die Größe dieses Kontingents ist ein Kompromiß zwischen dem hohen Arbeitskräftebedarf der Wirtschaft und der, zum Bedauern Andreaes, sehr viel geringeren Akzeptanz seitens der Bevölkerung. Da die Zahl der Arbeitssuchenden die Zahl der ausgegebenen Arbeitsbewilligungen übersteigt, entsteht für diese zwangsläufig ein Markt: Jene Unternehmen, die am dringendsten Arbeitskräfte brauchen, wären bereit, die höchsten Preise für derartige Bewilligungen zu bezahlen, womit die Arbeitskräfte automatisch am effizientesten, nämlich am Ort des größten Bedarfes, eingesetzt würden.

Statt Schmiergelder an Herren des Arbeitsamtes zu zahlen, könnten die Firmen, aber auch die Arbeitssuchenden selbst die jeweiligen „Bewilligungen" korrekt zum Marktpreis an der Börse erwerben.

Natürlich fiele das solchen Zuwanderern leichter, die schon von zu Hause Geld mitbrächten. Aber innerhalb eines begrenzten Kontingents muß es irgendein Kriterium geben, nach dem gesiebt wird: Die Fähigkeit eines Arbeitssuchenden, Geld mitzubringen oder aufzutreiben, ist unter den möglichen Kriterien sicher nicht das schlechteste.

Trotzdem, und deswegen beschreibe ich Andreaes Überlegungen so detailliert, zweifelte er keine Sekunde daran, daß es Fälle gab, in denen humanitäre Kriterien höher als finanzielle bewertet werden müßten. Solche humanitäre Problemfälle sollten jedoch einmal mehr im Wege der „Subjektförderung" gelöst werden: indem etwa karitative Vereinigungen oder auch die Gemeinden selbst Arbeitsbewilligungen kaufen, um sie Einwanderern, die sie für besonders würdig oder besonders bedürftig halten, zu schenken.

Ich glaube bis heute, daß Andreaes Vorschlag der mit Abstand effizienteste gewesen wäre, um das Problem der Zuwanderer einigermaßen dauerhaft und korrekt zu lösen. Doch es ist charakteristisch, daß er damit nicht einmal eine Diskussion auszulösen vermochte – weil die eigentlichen Reaktionäre (in diesem Falle Reaktionäre auf seiten der Gewerkschaft) weder fähig noch willens sind, über Ungewohntes nachzudenken.

Ein Hauptproblem Andreaes – auch darin glich er Alfred Dallinger aufs Haar – bestand freilich darin, daß auch in seinem eigenen politischen Lager, in der ÖVP, nur von einer Minderheit darüber nachgedacht wurde. So wie es zum guten sozialdemokratischen Ton gehörte, sich von Dallingers angeblichen „Utopien" zu distanzieren (auch wenn mittlerweile selbst die „Frankfurter Allgemeine Zeitung" von der Unausweichlichkeit der 35-Stunden-Woche spricht), so gehört es zum guten christlich-sozialen Ton, sich von Andreaes angeblichem Manchester-Liberalismus abzusetzen.

In beiden Fällen war denen, die sich da distanzierten, weitestgehend unbekannt, was der von ihnen Diffamierte tatsächlich gesagt hatte.

Wichtigstes Motiv der Andreae-Ablehnung war neben intellektueller Trägheit im allgemeinen intellektueller Neid: Wo kummat ma denn do hin, wenn a jeder Professor sich so einfach was ausdenken könnt, und unsereins soll des dann womöglich auch noch durchführen!

Kam hinzu, daß Andreae keine Scheu hatte, sich Blößen zu geben: Wie es unter Wissenschaftlern üblich ist, stellte er viele seiner Thesen bereits im Rohzustand zur Diskussion, denn in dieser Diskussion konnten sie ja auf ideale Weise bestätigt, verbessert, aber durchaus auch widerlegt werden: Nur intellektuellen Kleingeistern ist es ein Problem, eine These, die sich als unbrauchbar erweist, wieder zurückzuziehen.

Da er jedoch meist von genau diesen Kleingeistern umgeben war, wurden ihm derartige Rückzüge als Schwäche statt als Stärke angekreidet.

Wie jeder wirkliche Intellektuelle liebte Andreae die Diskussion auch um der Diskussion willen – und das machte ihn besonders suspekt: Man denkt hierzulande ungern mehr als dringend nötig. Andreae hingegen dachte beständig sogar Überflüssiges. Wie Alfred Dallinger schätzte er nichts mehr als die Originalität eines Gedankens – schon gar, wenn es sein eigener war.

Er gestattete sich, eitel zu sein.

Und nichts ist unter so vielen Menschen, die grundlos eitel sind und ständig beteuern müssen, es nicht zu sein, so unverzeihlich wie eingestandene, begründete Eitelkeit.

So war Clemens August Andreae, bei all seinen sozialen Fähigkeiten, der Fähigkeit, Freunde zu gewinnen, Reden zu halten, Mittelpunkt von Salongesprächen zu sein, doch ein ziemlicher Einzelgänger: selbstbewußt unter Nägelbeißern, ein Liberaler unter Konservativen und ein Rechtsintellektueller in einem Land, das ausschließlich „Linksintellektuelle“ als Intellektuelle anerkennt.

Im Gegensatz zu anderen Einzelgängern ähnlichen politischen Zuschnitts hat er allerdings nie unter dieser seiner Isolierung gelitten: Mit unvermindertem Enthusiasmus fuhr er fort, seine von niemandem aufgegriffenen Ideen immer aufs neue vorzutragen und ihre Ablehnung allenfalls mit einem Lachen zu quittieren. Wie das eben nur einer kann, dem seine Theorien bei aller Eitelkeit längst nicht das Wichtigste im Leben sind.

Schmerzhafte Korrektur durch meine Sekretärin: waren.

ALFRED DALLINGER

DIE EINSAMKEIT DES LINKSINTELLEKTUELLEN

ALFRED DALLINGER *war bis zu seinem Tod beim Absturz eines Kleinflugzeuges am 23. Februar 1989 Bundesminister für soziale Verwaltung und Vizepräsident des Österreichischen Gewerkschaftsbundes.*

Der folgende Nachruf erschien im PROFIL.

Vor ein paar Tagen bin ich ihm noch gegenübergesessen. Es ging um eine 3-Millionen-Schilling-Subvention, die sein Ministerium der „Amcha" zur Verfügung stellte, um ihr die Betreuung von Überlebenden des Holocaust zu erleichtern.

„Man sollte ein paar holländische und israelische Journalisten anrufen, damit sie einmal etwas Positives über die Haltung Österreichs zu Opfern der NS-Zeit berichten", sagte ich.

„Ich glaube nicht, daß das so wichtig ist", sagte Alfred Dallinger, „wichtig ist, daß wir etwas getan haben."

Ich glaube, daß Österreich mit Alfred Dallinger einen der anständigsten, intelligentesten und qualifiziertesten Politiker der Nachkriegszeit verloren hat.

Und einen der letzten Sozialdemokraten alter Schule.

Das bedeutet nicht nur bestimmte politische Inhalte, sondern auch einen bestimmten politischen und persönlichen Stil.

Es ist zum Beispiel schwer vorstellbar, daß Alfred Dallinger mit Udo Proksch befreundet wäre; es ist schwer vorstellbar, daß er in einer undurchsichtig finanzierten Villa lebte; es ist schwer vorstellbar, daß er Akten parteilich erledigte oder daß in seinem Ministerium Aufträge unkorrekt vergeben würden.

Man könnte einwenden: all dies sei für einen Politiker – und schon gar einen sozialistischen – selbstverständlich. Aber gerade die letzten Jahre haben uns gelehrt, daß das längst nicht der Fall ist: Die persönliche Integrität ist zu einer raren, einer längst entschwundenen Epoche zugerechneten Tugend geworden, die den Betreffenden fast schon dem Vorwurf der Weltfremdheit aussetzt.

Alfred Dallinger, obwohl er nichts von einem Asketen und nichts von einem Puritaner an sich hatte, fehlte jenes ungebrochene, unreflektierte Verhältnis zu Geld und Profit, das das bürgerliche Lager an Hannes Androsch so sehr bewunderte.

Deshalb meinen seine Gegner fälschlich, er verstünde auch nichts davon.

In Wirklichkeit hat er sich bloß die alte sozialdemokratische Erkenntnis bewahrt, daß Wirtschaft innerhalb eines gesellschaftspolitischen Zusammenhangs steht. Und er hat auch seinen Standpunkt innerhalb dieses Zusammenhanges klar definiert: im Zweifel auf der Seite derer, die die Schwächeren sind.

Er träumte tatsächlich von gerechterer Verteilung und gesellschaftlicher Kontrolle der Macht des Kapitals.

Insofern war das Mißtrauen, das ihm diejenigen entgegenbrachten, die Kapitalismus und Marktwirtschaft mit zügelloser und unkontrollierter Profitmaximierung verwechseln, berechtigt. Er war den Androschs beider Lager zu Recht ein Dorn im Auge. So wie sie ihm.

Androsch konnte tun, was er wollte, er erhielt den Applaus der Wirtschaftskommentatoren: ob er Österreich schon in Zeiten der Hochkonjunktur verschuldete; ob er als Bauherr des AKH für Milliardenverluste verantwortlich war; oder ob er als Finanzminister eine Steuerberatungskanzlei betrieb.

Alfred Dallinger konnte tun, was er wollte, er wurde von der Wirtschaftsberichterstattung zum Buhmann auserkoren: ob er rechtzeitig darauf hinwies, daß die Einnahmen der Sozialversicherung unter ihren Ausgaben lägen; ob er anregte, daß man eine neue Form der Einhebung der Arbeitsmarktbeiträge finden müsse, die sich an der Qualität der Betriebe statt an der Zahl der Beschäftigten orientiere; ob er sich in seinen „Zukunft“-Beiträgen noch so differenziert und nachdenklich zu Wort meldete: Dallinger behielt die Punze des „wahnsinnigen Linken“.

Denn so wenig, wie sie Marx gelesen haben, kennt das Gros der Wirtschaftskommentatoren die bürgerliche Nationalökonomie. „Umverteilung“ ist für sie ebenso links wie „Basiseinkommen“, auch wenn letzteres von einem liberalen Ökonomen wie Milton Friedman propagiert wird und ersteres zu den anerkannten keynesianischen Methoden der Wirtschaftsankurbelung zählt.

Alfred Dallinger dachte – das ist nicht zu bestreiten – abseits der Kategorien des Rudolf Sallinger, und er dachte über die nächsten drei Jahre hinaus – so jemand ist ein „linker Utopist“.

Zumindest in Österreich.

Das auslösende Motiv für eine der übelsten Pressekampagnen der letzten Jahre war jene Forderung nach Arbeitszeitverkürzung, die mich mit Alfred Dallinger verbindet. Es erschien den Kollegen daher selbstverständlich, daß ich den Nachruf für den Verunfallten schreibe, weil ich, so wurde gemutmaßt, ein besonderes Nahverhältnis zu ihm haben müsse.

Aber es ist charakteristisch, daß wir einander fast nicht kannten. Dallinger war nicht der Typ, der sich mit Journalisten zum Heurigen setzte, um ihnen für freundliche Berichterstattung zu danken. Er nahm zur Kenntnis, daß ich seine Ansichten teilte, und freute sich allenfalls, mit mir über Details zu diskutieren, in denen wir unterschiedlicher Auffassung waren. So wurde ich als sein Diskussionspartner zu einer Veranstaltung der Gewerkschaft der Privatangestellten eingeladen, wo wir einander bezüglich der Privatisierung in die Haare gerieten – aber charakteristischerweise hinderte ihn das nicht, mich einzuladen, meinen Standpunkt in der Zeitschrift der Gewerkschaft der Privatangestellten zu formulieren.

Vielleicht haben wir im Lauf von 20 Jahren insgesamt acht Stunden miteinander geredet.

Fast jeden anderen Minister kenne ich besser.

Man hat mir gesagt, Dallinger sei eitel, selbstgefällig und höre sich gerne reden. Kann sein. Im Gespräch mit mir war er einer der wenigen Politiker, die auch einmal fünf Minuten schweigend zuhören konnten, was der andere sagte. Er hatte auch wenig Ambitionen, zu vereinnahmen oder zu bekehren. Höchstens machte er manchmal den Eindruck eines Mannes, der darunter leidet, daß man ihn bewußt mißverstehen will. So konnte er im Interview mit mir noch so eindeutig klarstellen, daß es nicht möglich sei, den

Produktivitätsfortschritt zweimal, nämlich sowohl als Arbeitszeitverkürzung wie als Reallohnerhöhung, weiterzugeben – es wurde ihm doch schon drei Tage später aufs neue unterstellt.

Er mag sich gelegentlich einsam vorgekommen sein, und in solchen Augenblicken mag er sich darüber gefreut haben, daß ein Journalist auf seiner Seite stand.

Gezeigt hat er es nur einmal, indem er mir einen Artikel aus der „Zukunft" zuschickte und mit der Hand an den Rand schrieb: „Sonst wird das eh keiner lesen."

Es wäre eine lohnende Aufgabe für Studenten der Publizistik, die Kurve der Anti-Dallinger-Berichterstattung nachzuzeichnen: Sie hatte ihren Höhepunkt unmittelbar vor den Arbeitszeitverhandlungen zwischen Gewerkschaften und Bundeskammer, um fast schlagartig aufzuhören, nachdem die Sozialpartner sich grundsätzlich geeinigt hatten. In Wirklichkeit waren es handfeste wirtschaftliche Motive, die hinter dieser Berichterstattung gestanden hatten: Die Unternehmerschaft hatte ein begreifliches Interesse daran, die Arbeitszeitverkürzung billig zu halten, und schuf ein entsprechendes öffentliches Klima, indem sie ihre Journalisten losließ.

Als die Schlacht dann kostengünstig geschlagen war, bestand kein Grund mehr, Dallinger zu diffamieren.

Und privat hatte man ihn in den oberen Etagen von Industrie und Gewerbe sowieso immer für einen der fähigsten Minister gehalten. Dieselben Herren, die ihn öffentlich einen „Wahnsinnigen" nannten, beschrieben ihn mir unter vier Augen als einen besonders fairen, besonders ruhigen, besonders sachlichen Verhandler, dem man Bilanzen nicht erst zu erklären brauchte.

Es gab sogar jemanden recht Prominenten, der sich persönlich bei ihm entschuldigte, daß er ihn wider besseres Wissen zum Verrückten gestempelt hätte – „aber was sollen wir machen, Krieg ist Krieg".

Man kann nicht behaupten, daß die Genossen ihn sonderlich in Schutz genommen hätten. In Wirklichkeit hatten auch viele von ihnen sich längst dafür entschieden, den Sozialismus mit den Augen des Hannes Androsch zu betrachten. Und auch zur Linken gibt es das Phänomen, daß dieselben Leute, die bei irgendeiner Parteiveranstaltung oder in der „Arbeiter-Zeitung“ nach „Umverteilung“ rufen, ihren bürgerlichen Partnern privat versichern, so hätten sie es nicht gemeint. Es ist bezeichnend, daß ein Mann, der im Deutschen Gewerkschaftsbund dem rechten Flügel zugeordnet worden wäre und dessen Ansichten dort nicht das geringste Aufsehen erregt hätten, in Österreich selbst in der Gewerkschaft auf Mißtrauen stieß. Für das, wofür in der Partei Hannes Androsch stand, stand dort Karl Sekanina. Und österreichische Journalisten schrieben ernsthaft, daß jener als Gewerkschaftspräsident ein Segen für das Land und Dallinger sein Untergang wäre.

Irgendwann zeitigten diese zahllosen Verletzungen Wirkung. Auch ein altgedienter, erfahrener Politiker, der weiß, daß nicht alles so unfreundlich gemeint ist, wie es gesagt wird, wünscht sich gelegentlich, daß ihm irgend jemand etwas Freundliches sagt.

Die das taten, waren bei Dallinger fast nur die jungen Linken.

Es war nicht so, daß er ideologisch so sehr mit ihnen übereingestimmt hätte: Er bezog eine völlig andere Position im Ost-West-Konflikt; er gehörte nicht zu jenen, die in Nicaragua nur Fortschritt und in Salvador nur Rückschritt ausmachen konnten; er wußte um die Vorzüge der freien Marktwirtschaft und um die Schwächen der verstaatlichten Industrie. Von einem Josef Hindels oder selbst dem jungen Cap trennten ihn Welten.

Aber die jungen Linken in der SPÖ waren einsam und hatten niemanden, an den sie sich halten konnten. Und Alfred Dallinger war einsam und hatte niemanden, an den er sich halten konnte.

So fanden sie zueinander.

Es war ein sehr kleines Flugzeug, in dem er zuletzt gesessen ist. Er hatte die Versuche zu landen zwar noch nicht aufgegeben, aber er spürte, daß die Zeit ihm davongelaufen war. Seine letzte Chance ging mit der Wahl des jüngeren Fritz Verzetnitsch, den er noch dazu schätzte, vorüber.

Alfred Dallinger blieb eine vergebene Chance des ÖGB. Und eine vergebene Chance Österreichs.

Issam Sartawi

Die Sehnsucht nach dem Tod

Issam Sartawi *trat als führendes Mitglied der PLO jahrelang für die Aussöhnung mit Israel ein. Er wurde am 10. April 1983 anläßlich einer Tagung in Portugal von radikalen Palästinensern erschossen.*

Der folgende Nachruf erschien im profil.

Eigentlich hätte ich seine Lebensgeschichte schreiben sollen. Bei seinem letzten Wien-Aufenthalt vor fünf Wochen hatten wir das Projekt beschlossen und besprochen, wo wir es gefahrlos verwirklichen könnten – in meinem abgelegenen Sommerhäuschen im Salzkammergut.

Jetzt schreibe ich über seinen Tod.

Ich hätte es wissen müssen: Es gab keinen zweiten Politiker der Gegenwart, dessen Ermordung durch seine Gegner so unausweichlich gewesen war.

Zumindest er hegte nie einen Zweifel daran. „Einer Ihrer Redakteure", spottete er bei unserem letzten Treffen, „hat geschrieben, das Motiv meiner jüngsten Äußerungen in Algier sei gekränkte Eitelkeit gewesen, weil man mich nicht hat reden lassen. Hat dieser junge Mann schon einmal in seinem Leben etwas geäußert, wofür man ihm ein Dutzend Mörder auf den Hals hetzt – dann, von mir aus, darf er eitel sein."

Wir hatten einander auf seinem Hotelzimmer getroffen. Wie immer wohnte er dort unter falschem Namen. Wie immer hatte er mir nur durch einen Anruf kurz seine Zimmernummer mitgeteilt. Wie immer hatte ich ihn von der Rezeption aus angerufen, und anders als sonst hatte er meine Stimme mit einem freundlichen „come up" quittiert.

Wenn man mit ihm essen ging – „Sie müssen sich überlegen, ob Sie mit mir auf der Straße gehen wollen, man würde auf Sie keine Rücksicht nehmen" –, dann saß er grundsätzlich in einer Ecke neben dem Personalabgang zur Küche, das Gesicht gegen den Eingang hin: „So kann ich immer sehen, wer hereinkommt."

Wenn er das Sakko auszog, steckte er den Revolver aus der Rock- in die Hosentasche.

Trotzdem haben sie ihn abgeknallt, ohne daß er die geringste Chance hatte. Im Grunde wußte er auch das: „Es gibt keinen Schutz gegen ein Attentat, wenn der Täter bereit ist, sein Leben zu riskieren. Und bei uns rennen zu Tausenden Leute herum, die nichts zu verlieren haben."

In einer völlig anderen Bedeutung dieses Satzes war auch er einer davon.

Äußerlich schien er am Leben zu hängen. Selbst eines jener Mittagessen, die er mit dem Rücken zur Wand einnahm, konnte er genießen. Er machte meiner Tochter zauberhafte Komplimente. Er konnte und wollte Mittelpunkt von Gesellschaften sein: ein glänzender Erzähler und Formulierer; gescheit, witzig, umfassend gebildet; eine Mischung aus einem Intellektuellen, einem Salonlöwen und Kirk Douglas.

Bloß daß die Gefahren, denen er sich aussetzte, echt waren.

Indessen bereitete ihm Gefahr nicht nur Angst, sondern auch Lust. Er gehörte zu den Menschen, die den Revolver, den sie tragen, spätestens im zweiten Gespräch herzeigen. Ich halte für möglich, daß er absichtlich das Sakko auszog, um die Waffe von dort in seine Hosentasche zu befördern.

Wenn er mit solcher Selbstverständlichkeit von seinem Tode sprach, dann blieb ihm die Wirkung, die das auf seinen Gesprächspartner ausübte, nicht verborgen.

„Ich hoffe, daß Sie ein wenig traurig wären, wenn man mich erschießt", sagte er einmal mit jener Art von Sarkasmus, hinter der doch der Wunsch nach Zuwendung lauert: Sein Spiel mit dem Tod war auch ein Versuch, Menschen an sich zu binden.

Ein Psychoanalytiker hätte wahrscheinlich so etwas wie latente Todessehnsucht bei ihm diagnostiziert. Seine Ermordung war unausweichlich – aber erst nachdem er sich willentlich in eine Lage versetzt hatte, in der sie unausweichlich wurde.

Das Schicksal zwang ihn nicht zum Freischärler: Seine Eltern waren durchaus wohlhabend gewesen. Seine „Flucht" aus Palästina glich eher einer überstürzten Übersiedlung. Er ist nie in einem Lager gedemütigt worden; sondern er war zuerst Student im Irak und danach angehender Herzchirurg in einer der besten Kliniken der USA, „mit Chancen auf eine glänzende Karriere", wie er nie zu erwähnen vergaß.

„Wenn ich gewollt hätte", sagte er mir einmal, „dann könnte ich wie Sie in einer Villa mit Schwimmbad am Stadtrand leben, eine hübsche Frau und viele Kinder haben – aber diese Art von bürgerlichem Glück habe ich opfern müssen."

Er begriff gar nicht, daß der Satz einen inneren Widerspruch enthielt: Wenn er gewollt hätte, dann hätte er in keiner Weise müssen: Er war ja Herzchirurg, er hatte ja eine Frau, er hätte sich jederzeit überall niederlassen können.

Und hat doch alles aufgegeben.

Die eigentliche Flucht des Issam Sartawi war nicht jene aus Palästina, sondern jene aus dem „bürgerlichen Glück".

Obwohl wir nie darüber gesprochen haben, bin ich dessen sicher: Er war ein zutiefst unglücklicher Mensch.

Aber nur Menschen, die eigenes Unglück kennen – oder zumindest einmal gekannt haben –, vermögen das Unglück anderer zu erkennen.

Das Wort „erkennen" hatte nicht immer nur seine heutige Bedeutung. Es hieß ursprünglich auch: lieben.

Eigentlich hatten wir einander durch einen puren Zufall kennengelernt. Ein Kollege, der mit ihm als dem berühmten Vertrauten Kreiskys ein Interview machen wollte, hatte irgendwelche Schwierigkeiten in der Abwicklung, die dazu führten, daß man mir den Telefonhörer weitergab. Doch dann, statt einer technischen Verhandlung ein Gespräch von solcher Intensität, daß es mir bis heute beinahe wörtlich in Erinnerung ist: „Wie kann ich sicher sein, daß ich richtig zitiert werde?" fragte Sartawi. „Wir würden Ihnen eine Abschrift des Interviews schicken, aber bis zur nächsten Ausgabe geht sich das nicht mehr aus. Sie müßten mir vertrauen."

„Gut, ich will Ihnen vertrauen – obwohl Ihre Zeitung nicht sehr positiv über uns berichtet, glaube ich."

„Das ist unterschiedlich", sagte ich, „je nachdem, wer schreibt. Ziemlich oft schreibe ich selbst und gebe zu, daß ich für Ihre Aktionen nicht viel übrig habe."

„Ich werde Sie überzeugen, daß wir im Recht sind. Sie müssen nur bereit sein, mir unvoreingenommen zuzuhören."

„Ich bin nicht unvoreingenommen. Meine Mutter war in Auschwitz. Nicht als Jüdin, sondern wegen Judenbegünstigung. Weil sie wollte, daß die Juden überleben. So etwas vererbt sich in einer Familie: Ich will, daß Israel überlebt. Ich verstehe nichts von Zionismus. Ich weiß nicht, ob es eine gute Idee war, Israel zu gründen. Ich glaube Ihnen, daß den Palästinensern Unrecht geschehen ist. Aber das alles hat für mich kein Gewicht: Seit es Auschwitz gegeben hat, muß es Israel geben."

„Ich glaube auch, daß es Israel geben muß", sagte er mit derselben Selbstverständlichkeit, mit der er mich später in Gesprächen über seinen Tod zu verblüffen wußte. „Sagen Sie Ihrer Mutter, daß ich, indem ich für die Versöhnung mit Israel eintrete, mein Leben genauso riskiere wie sie. Ich bewundere Ihre Mutter für das, was sie getan hat, ich wäre dankbar, wenn ich sie kennenlernen dürfte."

Die beiden haben einander wirklich kennengelernt. Es war ein peinlicher, unerquicklicher Abend. Sartawi versuchte zu argumentieren. Meine Mutter ging im Grunde auf seine Argumente gar nicht ein, sondern fauchte ihn an. „Er lügt bei jedem Wort", meinte sie nachher. „Alles, was er sagt, sagt er doch nur, um auf dich Eindruck zu machen. Dann tut die PLO das Gegenteil. Und du fällst darauf rein."

„Ich halte ihn persönlich für anständig", antwortete ich.

Es hat bis zu Sartawis „Kurier"-Interview gedauert, bis meine Mutter das zu akzeptieren bereit war. Man könnte auch sagen: bis zu seinem Tod.

Meine eigene Auseinandersetzung mit Sartawi hat viele, viele Stunden in Anspruch genommen und läßt mich mit seinem Tode ratloser denn je zurück. Sartawi war der erste und einzige Araber, den ich je getroffen habe, der die Existenz Israels uneingeschränkt bejaht hat: „Niemand versteht so gut wie ich", sagte er einmal, „daß ein Volk, das soviel gelitten hat, einen Ort der Zuflucht braucht. Es gibt da keinen Unterschied zwischen Ihrer und meiner Haltung: Weil es Auschwitz gegeben hat, muß es Israel geben. Aber ich kann mir nicht vorstellen, daß Sie es als gerecht empfinden, wenn jetzt mein Volk für die Barbarei Hitlers büßen muß."

„Ich weiß, daß es ungerecht ist", antwortete ich. „Aber vieles in der Welt ist ungerecht. Auch die Vertreibung von Millionen Sudetendeutschen. Oder der Anschluß Südtirols an Italien. Und doch hat es irgendwann einen Punkt gegeben, an dem der bewaffnete Kampf der Südtiroler für ihre ‚unveräußerlichen Rechte' nicht bloß sinnlos, sondern unmoralisch geworden wäre. Man muß die Fähigkeit haben, sich mit einer ungerechten Realität irgendwann abzufinden. Dann hört seltsamerweise hinterher auch das Unrecht auf: Heute wollten die Südtiroler gar nicht mehr zu Österreich zurück. Und Millionen Sudetendeutsche empfinden die Bundesrepublik als ihre Heimat."

„Die Bundesrepublik hat die Sudetendeutschen als Freunde aufgenommen. Uns dagegen will keiner. Wo immer wir leben, werden wir nur geduldet. Und wann immer die Staatsräson es will, werden wir massakriert. Wir sind die Juden des Nahen Ostens."

„Ist es nicht doch auch umgekehrt? Daß diese Integration möglich gewesen wäre, wenn nicht Leute wie Sie gekommen wären und gesagt hätten: Wir Palästinenser sind ein eigenes Volk und brauchen unseren eigenen Staat? Wenn Sie davon sprechen, wie oft Ihre Gaststaaten Massaker an Ihren Leuten verübt haben, dann vergessen Sie, wie oft Ihre Leute versucht haben, in solchen Gaststaaten ein Staat im Staat zu werden. Zuletzt haben Palästinenser den Libanesen den halben Libanon weggenommen."

„Das war eine Folge, nicht die Ursache. Und es ist ungleich komplizierter: Wir sind das westlichste, entwickeltste Volk dieser Region, wenn man die Juden ausnimmt. Wir haben an einem Schnittpunkt der Weltgeschichte gelebt und von überall etwas aufgenommen. Wir sind stark europäisch durchsetzt. Viele von uns haben Griechen, Italiener, vielleicht sogar österreichische Kreuzfahrer als Ahnen. Viele Palästinenser sind Christen. Das alles hebt uns von anderen arabischen Bevölkerungen ab und erschwert von vornherein die Integration.

Vor allem aber haben diese Gaststaaten unsere Integration nie gewollt. Sie haben uns bewußt zu ewigen Flüchtlingen gestempelt, um ewig die ‚palästinensische Sache' vertreten zu können. Nichts ist den arabischen Staaten so heilig wie die palästinensische Sache – aber niemanden behandeln sie so schlecht wie den konkreten Palästinenser. In den meisten Gaststaaten dürfen wir keinen Grund und Boden erwerben. In manchen dürfen wir nicht studieren. In anderen sind wir zu bestimmten Berufen nicht zugelassen.

Die Flüchtlingslager waren auch ein Hort billigster Arbeitskräfte.

Ich will Ihnen durchaus zugeben, daß wir uns immer wieder mit der Opposition verbündet haben. Aber schauen Sie sich die Herrschaftssysteme an, um die es da geht. Wir Palästinenser haben europäische Vorstellungen von Bildung, von Freiheit und Gleichheit mitgebracht. Vielfach auch kommunistische Ideen – aber gemessen an manchen der hiesigen Feudalismen könnte man sogar das für einen Fortschritt halten. Ich will Ihnen einmal etwas sagen, das Sie erstaunen wird, wenn ich es sage: Der einzige Staat, mit Ausnahme vielleicht von Saudi-Arabien, der die Palästinenser einigermaßen anständig behandelt, ist Israel."

„Was wäre, wenn Sie einfach dorthin zurückgingen und eben als Israeli palästinensischer Herkunft in einem gemeinsamen Land lebten?" fragte ich in meiner grenzenlosen Naivität.

Da vertrat Issam Sartawi mir gegenüber den Standpunkt Israels: „Wir würden das schon wollen, aber die Juden können es nicht akzeptieren. Denn dann wären wir binnen kürzester Zeit die Bevölkerungsmehrheit, und Israel wäre nicht mehr ein jüdischer, sondern ein palästinensischer Staat. Ich aber glaube, daß die Juden ein Anrecht auf einen jüdischen Staat haben: ein einziges Land auf Erden, in dem sie nicht die Minderheit sind. Und einen solchen Staat brauchen auch die Palästinenser."

„Es gibt eine palästinensische Mehrheit in Jordanien", wandte ich ein.

„Trotzdem ist es nicht unser Staat. Hussein würde sich bedanken", konterte Sartawi.

„Warum müssen Sie auf einmal einen Staat haben? Sie haben doch nie in Ihrer Geschichte einen gehabt. Was Sie als Geschichte des palästinensischen Volkes erzählen, war doch in Wahrheit bloß die Geschichte eines bestimmten Raumes, in dem Menschen der verschiedensten Herkunft mehr oder minder zufällig gelebt haben. Es hat doch nicht das Bewußtsein gegeben, ein Palästinenser zu sein, sondern allenfalls jenes, in einer Region, die Palästina genannt wurde, zu Hause zu sein."

Sartawi dachte lange nach. Er verzichtete darauf, meine geringe Kenntnis des Nahen Ostens und seiner Geschichte gegen mich ins Treffen zu führen, und gab eine Antwort, die nur die Geschichte als richtig oder falsch erweisen kann: „Ich bin nicht sicher, ob es immer ein palästinensisches Volk gegeben hat – obwohl manches dafür spricht. Aber ich bin sicher, daß es heute ein palästinensisches Volk gibt: Wir sind es geworden durch die Verfolgungen, die wir gemeinsam erlitten haben. Wir sind die – das ist unser gemeinsames Merkmal –, die alle anderen nicht wollen. Deshalb brauchen wir einen eigenen Staat. Wir brauchen den Palästinenserstaat, selbst wenn er noch so klein ist, so wie die Juden Israel gebraucht haben. Damit wir wissen, daß wir irgendwo auf dieser Erde Zuflucht finden."

„Aber auch Israel", so wandte ich ein, wäre nicht entstanden, wenn nicht Auschwitz gewesen wäre. Es ist doch ein qualitativer Unterschied zwischen der Verfolgung der Palästinenser und der Verfolgung der Juden."

„Muß es", fragt Sartawi zurück, „immer erst Auschwitz geben? Übrigens, warten Sie ab, die nächsten Jahre bringen noch Massaker genug."

Das war vor dem Massaker von Shabra und Shatila.

Auch Sartawi erlebte Massaker. Im Sechstagekrieg 1967 war es ihm mit einer kleinen palästinensischen Kampfgruppe gelungen, eine israelische Einheit kurzfristig zurückzuschlagen und sogar einige israelische Panzer zu erbeuten. Die jordanische Armee hatte die Beutepanzer übernommen. „Und dann haben sie sie dazu verwendet, auf uns zu schießen. Viele von uns mußten nach Israel fliehen, um ihr Leben vor den Jordaniern zu retten.“

Dem folgt ein Schlüsselsatz zum Verständnis von Sartawis Politik: „Auf jeden Palästinenser, der von den Israelis getötet wurde, kommen sieben, die unsere arabischen Brüder auf dem Gewissen haben.“

In anderen Gesprächen sprach Sartawi statt von sieben Palästinensern von 17, einmal sogar von 20. Bis zuletzt haben mich solche Ungenauigkeiten oder Übertreibungen an ihm irritiert: Sie ließen mich an seiner Seriosität zweifeln. Erst im Laufe der Zeit, nachdem ich öfter mit Menschen dieses Raumes zu tun hatte, begriff ich, daß ihnen Details dieser Art nicht so wichtig sind: Sie gebrauchen eine Übertreibung, um damit eine Wahrheit auszudrücken. Die arabische Welt hat den Palästinensern alles in allem übler mitgespielt als die Israelis.

Sartawi zieht daraus einen atemberaubenden Umkehrschluß: Israelis und Palästinenser könnten zukünftige Verbündete sein. Um mich einmal einer seiner plakativen Verkürzungen zu bedienen:

- Es gibt eine israelische Urangst, die Simon Wiesenthal fast gleichlautend mit Begin oder meiner Mutter formuliert: An Israels verwundbarer Flanke entsteht ein zutiefst feindseliger Palästinenserstaat, dessen Bevölkerung explodiert, so daß er Raum braucht. Er schafft ihn sich durch einen neuen Nahostkrieg, der alle arabischen Staaten auf seiten der Palästinenser mit der Sowjetunion eint. Nicht heute, nicht morgen, aber in zehn Jahren.
- Dem stellt Sartawi die nicht minder hypothetische Hoffnung auf eine künftige israelisch-palästinensische Freundschaft gegenüber: zwei Völker, die einander näher stünden als ihre Umgebung; ein ähnliches kulturelles Niveau; ähnliche Begabungen; eine ähnliche Vermengung eigener und europäischer Elemente; eine ähnliche nach Europa und dem Westen gerichtete Orientierung: „Wir kooperieren nicht deshalb mit der Sowjetunion, weil wir sie schätzen, sondern weil wir keinen besseren Verbündeten haben.“

Das alles war für mich so vollkommen neu, so vollkommen anders, als ich es je auch nur zu denken gewagt hätte, daß ich Sartawi anfangs nur fassungslos zuhörte. Ich hielt ihn abwechselnd für grenzenlos naiv oder für verrückt.

Und doch ertappe ich mich in dieser Woche seines Todes auf der Seite seiner Hoffnung: Ob die Lösung des Nahostproblems nicht doch in einer solchen absurden Freundschaft der ehemaligen Todfeinde gelegen sein könnte? An Stelle der Vision Simon Wiesenthals vom ewigen Unruheherd, der sich aus dem Nebeneinander Israels mit dem neuen Palästinenserstaat ergebe, die Vision einer künftigen palästinensisch-israelischen Allianz als stabilisierender Achse einer neuen Ordnung?

„Warum sollten wir", so fragte mich Sartawi, „nicht fertigbringen, was Deutsche und Franzosen nach dem Zweiten Weltkrieg fertiggebracht haben?"

Warum wirklich nicht?

Eine winzige, eine minimale Chance zu einem solchen Wunder mag es gegeben haben. Sie zu beseitigen, wurde Sartawi getötet.

Ich habe mehrmals versucht, Simon Wiesenthal zu einem Gespräch mit Issam Sartawi zu bewegen. Das rationale Motiv war einfach: Ich wollte hören, wie diese beiden Männer, die diese Materie ungleich besser als ich beherrschen, gegeneinander argumentieren. Das Irrationale kann ich erst jetzt beim Schreiben zu entwirren versuchen: Manches an diesen beiden Männern erschien mir verblüffend ähnlich: ihre spontane Herzlichkeit. Ihre Besessenheit. Das dennoch überraschende Verständnis für den Gegner. Ein ähnlicher Hang, eigene Erlebnisse zu plakativen politischen Geschehnissen zu verarbeiten. Eine gewisse Selbstzentrierung, die man auch Eitelkeit nennen könnte und die doch zugleich ihren entscheidenden Rückhalt darstellt: Beide müssen an ihre historische Mission glauben, um die Isolation in ihrer jeweiligen Umgebung zu ertragen.*

---

* Der Zufall will es, daß sogar beide in diesem Jahr zum Friedensnobelpreis vorgeschlagen sind.

Nur daß Wiesenthal der ungleich Glücklichere von beiden ist: Seine Aufgabe ist ihm viel, aber nicht alles. Es gibt auch seine Familie, in der er ruht.

Es hat eine historische Situation in seiner Auseinandersetzung mit Kreisky gegeben, in der Wiesenthal vor der Wahl stand, entweder weiterzukämpfen und den Zusammenbruch seiner Frau zu riskieren oder aber einen Kompromiß zu finden.

Wiesenthal war fähig zum Kompromiß. Er steht mir, nicht zuletzt dieses Unterschieds wegen, ungleich näher als Sartawi.

Dennoch hätte es mich gefreut, wäre Wiesenthal in der Lage gewesen, Sartawi die Hand zu geben. Es ist auch dazu nicht mehr gekommen. Beim erstenmal hatte Wiesenthal rundweg abgelehnt. Durch Sartawi seien Zivilpersonen zu Schaden gekommen. Ein Mann sei getötet worden, eine junge Frau habe ihr Bein verloren. Das sei nicht Kampf, das sei Verbrechen. Sartawi möge in anderen Fragen anständige Ansichten haben. Aber er, Wiesenthal, könne und wolle ihn nicht kennenlernen.

Ich habe immer wieder mit Sartawi über diesen Vorfall gesprochen, der in den Zeitungen jetzt angesichts seines Todes meist schamhaft verschwiegen wird.

Sartawi war damals der logistische Kopf eines Einsatzkommandos gewesen. In dieser Eigenschaft hatte er den Befehl gegeben, auf dem Flugplatz von München eine El-Al-Maschine zu kapern. Es war zu einem Gefecht mit dem israelischen Sicherheitsoffizier gekommen. Ein Mann kam ums Leben, eine Frau verlor ein Bein.

„Das alles stimmt", hatte Sartawi gesagt, als ich ihn mit Wiesenthals Vorwurf konfrontierte. „Ich habe das, was ich getan habe, damals für richtig gehalten. Das Kapern von Flugzeugen war für uns ein Teil des bewaffneten Kampfes, der immer zwei Seiten hatte: Wir wollten Israel zumindest verletzen, und wir wollten gleichzeitig die Aufmerksamkeit der Weltöffentlichkeit auf unser Anliegen lenken. Flugzeugentführungen waren dazu ein geeignetes Mittel."

„Und das Leben der unbeteiligten Passagiere, die zufällig in einer solchen Maschine saßen, war Ihnen gleichgültig?" fragte ich.

Sartawi gab zum erstenmal, seit ich ihn kannte, eine ausweichende Antwort: „Ich wollte nicht, daß jemand getötet wird. Es ist im Kampf unserer Leute mit dem Offizier leider dazu gekommen. Aber dieser Kampf war ein Kampf unter Bewaffneten."

„Muß nicht jemand, der den Befehl erteilt, ein israelisches Flugzeug zu kapern, damit rechnen, daß dabei Unbeteiligte zu Schaden kommen? Haben Sie den Tod von Zivilpersonen nicht zumindest in Kauf genommen? Nach unserem Strafgesetz wäre das immer noch Mord."

Jetzt versuchte Sartawi, nicht mehr auszuweichen: „Ja, ich habe das damals in Kauf genommen. Ich war der Meinung, daß ich dazu das Recht hatte: Das Risiko, daß ein Unbeteiligter zu Schaden kommen könnte, erschien mir im Vergleich zur Gerechtigkeit unserer Sache, zum Leiden unseres Volkes vertretbar. Ich bin nicht bereit, das heute alles zu widerrufen. Aber ich habe seit damals unter Einsatz meines Lebens dafür gekämpft, daß die PLO sich vom Terror als Mittel des politischen Kampfes lossagt. Ich hätte den Befehl, den ich damals gegeben habe, nicht gegeben, wenn ich damals der gewesen wäre, der ich heute bin. Genügt Ihnen das?"

Das war bei unserem letzten Gespräch vor fünf Wochen. Vom Hotelzimmer aus rief ich Wiesenthal an, um ihm zu sagen, was Sartawi gesagt hatte. Wiesenthal wurde nachdenklich. Aber er konnte sich nicht entschließen. Er verreise jetzt, sagte er, und bitte um Bedenkzeit.

Sartawi hatte sie nicht mehr.

Sartawi selbst hat mich damals gebeten, nicht weiter auf das Gespräch zu drängen. Er wolle nicht darum betteln, obwohl es ihn gefreut hätte, weil er Wiesenthal verehre. Politisch hätte er davon sowieso mehr Schaden als Nutzen gehabt: Sein Verhältnis zu Kreisky, der für „die Sache" doch ungleich wichtiger sei, würde durch den Kontakt zu Wiesenthal wahrscheinlich schwer gestört.

Mein Verhältnis zu Kreisky, das in diesem einen Fragenkomplex – Auschwitz, Wiesenthal, Israel – seit Jahren extrem gestört ist, hat durch meine Bekanntschaft mit Sartawi in der Palästinenserfrage zweifellos eine qualitative Veränderung erfahren: Ich glaube noch immer nicht, daß Kreiskys Politik je zielführend war, aber ich kann verstehen und achten, daß er sie versucht hat.

Es spricht für Kreisky, daß Sartawi dabei sein wichtigster Partner gewesen ist.

Auch für Kreiskys Mut.

Denn ein Attentat auf Kreisky war und ist das eigentliche Ziel der Abu-Nidal-Gruppe. Nittel-Attentat, Synagogenattentat, aufgeflogener Waffenschmuggel zum Zweck eines Kreisky-Attentats und der Mord an Sartawi sind eine logische Abfolge von Ereignissen, die in der syrischen Abu-Nidal-Zeitung „Falastin-al Thaura“ Zeile für Zeile voraus- und nachzulesen waren.

Die meisten der Informationen, die das österreichische Innenministerium in diesen Zusammenhängen hatte, kamen von Sartawi: Sie waren Teil seines eigenen Todeskampfes.

Müßte er diesen seinen Tod heute analysieren, die Analyse sähe nicht anders aus, als er sie mir im Mordfall Nittel vorgetragen hat: Abu Nidal wolle alles verhindern, was zu einer Annäherung zwischen der PLO und Israel führen könnte. Nidal sei dabei nur eine Chiffre. Es geht um palästinensische Splittergruppen, die im Sold des syrischen Geheimdienstes agierten und an deren Existenz auch der Irak und gewisse Leute in Israel Interesse hätten.

Aber der Hauptinteressent sei Syrien: Es wolle die „palästinensische Sache“ zu seinen Zwecken vereinnahmen, um seine Vormachtansprüche im arabischen Raum zu begründen.

Hinter Syrien wiederum stünde die Sowjetunion: Deren wichtigstes politisches Interesse sei es, eine Befriedung des Nahen Ostens in der gegenwärtigen Konstellation unter allen Umständen zu verhindern. Der wichtigste Beitrag zu einer solchen Befriedung wäre die Lösung des Palästinenserproblems. Die Voraussetzung dafür sei die Versöhnung des palästinensischen und des israelischen Volks. „Dafür hat Nittel gearbeitet, dafür arbeitet Kreisky, dafür arbeite ich. Deshalb hat Abu Nidal Nittel umbringen lassen, deshalb droht er Kreisky mit dem Tod, deshalb drohen sie mir.“

Sartawi wollte damals unter allen Umständen, daß „profil“ in seiner Berichterstattung die enge Zusammenarbeit zwischen den Attentätern und dem offiziellen Syrien herausstreiche. Damit sollte ein massiverer Protest der österreichischen Regierung – womöglich sogar im Rahmen der UNO – provoziert werden.

Ich habe mich damals dagegen gewehrt, „profil“ zum Werkzeug bestimmter politischer Anliegen machen zu lassen, und wir haben uns auf die bloße Berichterstattung der Fakten beschränkt. Sie besagt, daß die Abu-Nidal-Gruppe in Syrien wie auch im Irak nach wie vor offen agiert, daß die Zeitung „Falastin-al Thaura“, die die Mord- und Terroranschläge Monat für Monat offen fordert, dort Monat für Monat offen erscheint. Das ist in Diktaturen wie Syrien oder dem Irak überhaupt nur möglich, wenn es die Billigung der Regierung besitzt.

Angesichts seines Todes will ich auch Sartawis damalige Begründung für die österreichischen Schritte gegen Syrien nachreichen: Terror, so meinte er, könne man nicht bekämpfen, indem man dann und wann – wie zufällig in Wien – einen der Terroristen festnimmt. Solange diese Gruppen ein Hinterland und eine Operationsbasis besäßen, würden neue Terroristen nachwachsen: Die Region hätte Tausende Desperados und Fanatiker anzubieten.

Daher könne der Terror nur von oben unterbunden werden. Indem Syrien (der Irak) zu der Einsicht gebracht wird, daß ihm derartige Aktionen mehr schaden als nutzen. Das kann zum Beispiel dadurch geschehen, daß ihm der Ausschluß aus internationalen Gremien droht.

Österreich hätte das internationale Gewicht, eine solche Drohung glaubhaft zu machen. Dann würden die jeweiligen Regierungen selbst die Aktionen zurückpfeifen. Und der syrische (irakische) Geheimdienst wüßte sie so brutal zu verhindern, wie er sie derzeit unterstützt.

Man könnte es auch persönlicher ausdrücken: Vielleicht hätte eine sehr viel schärfere Reaktion Österreichs auf Nittel-Mord und Synagogen-Attentat Sartawis Leben gerettet.

Vielleicht hätte sie uns umgekehrt noch tiefer in die nahöstlichen Dschungelkämpfe verstrickt.

Ich bin glücklich, keine solche Entscheidung treffen zu müssen. Aber wäre ich jetzt der Außenminister, so agierte ich erstmals offensiv: Ich machte die syrische beziehungsweise die irakische Regierung vor der Weltöffentlichkeit für die Sicherheit Bruno Kreiskys und österreichischer Einrichtungen haftbar. Mit Durchschlag an Andropow.

Ich war lange nicht überzeugt, ob Sartawis Sicht der Dinge auch objektiv richtig sei. Bis er mir dann den Libanonkrieg im Detail voraussagte: Die Abu-Nidal-Gruppe würde eine Provokation setzen – den Überfall auf den israelischen Botschafter in London, Argov –, und Israel würde sie zum Anlaß des Einmarsches nehmen. Syrien würde zusehen, wie die Palästinenser aufgerieben werden, gleichzeitig aber seinen eigenen Anspruch auf die von seinen Truppen kontrollierte Hälfte des Libanons festigen.

Als es genau so kam, wie er es Monate vor dem Libanonkrieg gesagt hatte, war Sartawi überzeugt, dies würde zum Durchbruch seiner politischen Strategie im Rahmen der PLO führen: Sie würde sich von Syrien und der Sowjetunion abwenden und zu direkten Verhandlungen mit Israel finden.

Sartawi sah dafür eine einmalige historische Chance: Die Massaker im Libanon hätten das Schicksal der Palästinenser zu einem Anliegen der gesamten zivilisierten Welt gemacht. Reagan habe es erstmals trotz Millionen jüdischer Wähler – ja wahrscheinlich im Einverständnis mit vielen von ihnen – wagen können, Druck auf Israel auszuüben. Dort hätten Hunderttausende gegen Israels Mitschuld an diesen Massakern demonstriert. „Es war der ideale Augenblick, von uns aus ein Zeichen zu setzen, um diese Demonstranten zur Mehrheit in Israel zu machen. Indem wir ohne Vorbedingungen und ohne Wenn und Aber erklären, daß das Existenzrecht Israels für uns außer Frage steht. Ich glaube, wir sollten das aus voller, ehrlicher Überzeugung tun. Aber selbst wenn wir es vom Standpunkt des Verhandelns, des politischen Geschäftes her betrachten: Was haben wir denn zu verlieren? Existiert Israel nicht mehr, weil wir sein Recht, zu existieren, leugnen? Können unsere Truppen es zu irgend etwas zwingen? Was sind wir denn noch: militärisch aufgerieben, psychisch und physisch erschöpft? Schlechter als jetzt kann es doch gar nicht werden. Man muß manchmal die Phantasie haben, eine Position zu opfern, wenn man noch irgend etwas gewinnen will. Man muß manchmal, in einer einmaligen historischen Situation, den Glauben und die Hoffnung besitzen, daß der Stärkere auf eine Gebärde der Demut nicht damit reagiert, den Schwächeren endgültig zu vernichten, sondern damit, ihm die Hand zu reichen.

Ein ungeheurer Druck aller anständigen Menschen in der Welt und in Israel wäre entstanden, ungleich stärker als der des Terrors oder unserer arabischen Verbündeten: ein Druck der Moral, dem Israel sich nicht hätte entziehen können und nicht hätte entziehen wollen."

Er sagt das so enthusiastisch, in sich ständig steigernder Erregung, als ob es nicht längst entschieden wäre. Als ob die Konferenz in Algier dieser Politik nicht längst eine totale Absage erteilt hätte. Als ob er nicht mit Redeverbot belegt und zurückgetreten wäre.

„Ich werde eben weiterkämpfen. Ich gehöre nicht Arafat, ich gehöre nicht Assad, ich gehöre niemandem. Ich bin Issam Sartawi."

Issam Sartawi ist nicht mehr.

Franz G. Hanke

Für Philip

Franz G. Hanke *war Wirtschaftspublizist und eine Zeitlang Mitglied der Wirtschaftsredaktion des „profil". Gut zwanzig Jahre vor den Grünen forderte er eine ökologische Durchdringung der Marktwirtschaft und als wichtigste Maßnahme hohe Energiepreise aufgrund einer Energiesteuer. Er sagte Ronald Reagans wirtschaftliches Debakel oder die wirtschaftlichen Probleme Maggie Thatchers ebenso voraus wie die Dramatik der österreichischen Staatsverschuldung. In den meisten Fällen wurde er von seinen Branchenkollegen – die einen Bruchteil seines wirtschaftstheoretischen Wissens besaßen – ausgelacht und für sein hartnäckiges Eintreten für eine Arbeitszeitverkürzung (natürlich bei einer gleichzeitigen Dämpfung der Lohnentwicklung) zum „Narren" und „Utopisten" erklärt. 1983 erlag er einem Krebsleiden.*

Der folgende Nachruf erschien im profil *und richtete sich an Hankes damals zwei Wochen alten Sohn Philip.*

Lieber Philip!

Ich schreibe diesen Bericht zwar auch für die Leser der Zeitschrift, für die Dein Vater gearbeitet hat, aber in erster Linie schreibe ich ihn für Dich. Da Du nicht einmal zwei Wochen alt warst, als Dein Vater gestorben ist, besitzt Du fast keine Erinnerung an ihn. Wohl hat Dich Deine Mutter noch zweimal an sein Bett gebracht, aber Du hast nur ganz kurz die Augen aufgemacht! Wärest Du schon imstande gewesen, etwas zu erkennen, Du hättest nur sein falsches Bild mitgenommen. So wie ich ihn gekannt habe, war Dein Vater ein großer, kräftiger Mann, der mit 60 noch aussah wie mit 50 und wahrscheinlich jeden in dieser Redaktion mit einem Kinnhaken zu Boden gestreckt hätte.

Wenn er nicht außerstande gewesen wäre, irgend jemandem böse zu sein.

Aber als Du ihn gesehen hast, war er schon ein Jahr lang krank.

Er hatte Krebs. Wenige Monate, nachdem die Ärzte die erste Geschwulst aus seiner Niere entfernt hatten, erfuhr er, daß auch die Lungen befallen waren.

Seit damals wußte er, daß er nur noch ganz kurze Zeit zu leben hatte.

Ich schreibe Dir das, obwohl Krankheit und Tod eigentlich nichts für Kinder sind. Aber Du sollst stolz darauf sein, wie tapfer Dein Vater gewesen ist: Er hat nur ganz wenigen Menschen gesagt, wie schlecht es um ihn steht. Er hat seine Arbeit gemacht wie immer; hat Vorträge gehalten; hat sogar noch bei der Gründung einer neuen Partei mitgeholfen. Das hat ihm allerdings später leid getan. Denn um den vielen Unsinn, der dort geredet wurde, zu ertragen, fehlte Deinem Vater doch schon die Zeit. Du kannst Dir das vorstellen: Er sollte Leuten, die wenig davon verstanden, sehr komplizierte Dinge erklären, und sie stellten eine nicht allzu gescheite Frage nach der anderen. Und er wußte, daß er nur noch wenige Monate zu leben hatte und sollte ihnen eine ruhige und einfache Antwort geben. Das brachte er manchmal nicht mehr fertig und hat zwei Worte oder sogar zwei Sätze auf einmal gesagt, was natürlich nicht ging. Da haben manche Leute sich über ihn lustig gemacht – aber sicher nur, weil sie nicht wußten, wie krank er war.

Als Du ihn gesehen hast, war er schon so schwach und abgemagert, daß ich ihn mit meinen Händen leichter hätte halten können als er Dich mit seinen. Eigentlich wollte er erst gar nicht, daß Du ihn so siehst. Aber dann hat er doch solche Sehnsucht nach Dir gehabt, daß er Deine Mutter gebeten hat, Dich mitzubringen.

Ich habe ihm versprechen müssen, daß ich Dir erzählen werde, wie er wirklich war. Und damit ich es nicht vergesse – in ein paar Jahren erinnere ich mich nicht mehr so genau, jetzt aber ist es, als ob er noch vor mir stünde –, schreibe ich Dir diesen Brief, den Dir Deine Mutter vorlesen wird, sobald Du in die Schule gehst.

Obwohl auch schon vor mir jemand Deinen Vater beschrieben hat: Er hieß Miguel de Cervantes und war ein großer Dichter. Das Buch, in dem er Deinen Vater beschreibt, heißt „Don Quijote" und ist ein wunderbares Buch, das Du unbedingt lesen solltest, wenn Du 16 oder 17 bist, denn dann wirst Du es auch richtig verstehen. Einstweilen erzähle ich Dir nur das Wichtigste: Don Quijote war ein Ritter. Er hat für alles Edle und Gute und gegen alles Böse gekämpft. Aber obwohl er das getan hat, haben die meisten Leute ihn ausgelacht. Leute, die viel dümmer waren als er, viel weniger gebildet, viel weniger anständig, haben mit dem Finger nach ihm gezeigt und haben gesagt: „Der ist ja verrückt." Aber er hat sich nicht beirren lassen. Er hat weitergekämpft, und am Ende hat er gesiegt. Weil er eben viel besser, viel stärker und viel gescheiter war.

Don Quijote hatte übrigens einen Diener. Er hieß Sancho Pansa und war zwar nicht ganz so mutig, aber dafür hat er sich ein bißchen besser bei den Menschen und in der Gegend ausgekannt, durch die die beiden geritten sind. Und wenn Don Quijote sich in allzu wilde Kämpfe eingelassen hat – einmal hat er sogar mit einer Windmühle gekämpft –, dann hat Sancho Pansa versucht, ihn zurückzuhalten oder wenigstens die Wunden zu verbinden, die ihm die Windmühlenflügel geschlagen haben.

Denn wenn Sancho Pansa auch nicht so mutig war wie Don Quijote, so wußte er doch, daß diese Kämpfe unbedingt bestanden werden mußten. Er wußte, daß der Ritter, über den so viele Leute lachten, letztlich recht hatte, und daß es ganz schlecht für die Welt wäre, wenn es keine solchen Ritter gäbe.

Don Quijote, das war Dein Vater, Sancho Pansa, das war ich.

Ritter kämpfen manchmal für eine schöne Frau und immer für ein hohes Ideal. Das Ideal, für das Dein Vater gekämpft hat, war der Sieg der Vernunft. Du wirst noch nicht so genau wissen, was das ist: Stell Dir vor, Deine Mutter kauft Dir und Deinem besten Freund einen Papierdrachen. Aber kaum habt Ihr ihn, beginnt Ihr zu streiten, wer ihn steigen lassen darf; jeder zerrt an einem Ende des Drachens, und am Ende ist er zerrissen. So etwas nennt man „unvernünftig". „Vernünftig" wäre es, wenn Ihr ausgemacht hättet: Erst läßt er den Drachen eine halbe Stunde lang steigen und dann Du.

Dein Vater war der Überzeugung, daß man alle Probleme so lösen könnte. Wenn man ihm gesagt hat, „die Menschen sind nicht vernünftig", dann war das das einzige, was er nicht verstanden hat. „Das liegt nur daran“, hat er mir gesagt, „daß man ihnen die Dinge zuwenig erklärt. Wenn sie’s beim erstenmal nicht verstehen, muß man’s ihnen eben noch einmal erklären. Und noch einmal. Immer wieder, bis sie’s verstanden haben.“

So wollte er zum Beispiel zum Ministerpräsidenten von Rußland fahren – das ist einer der beiden mächtigsten Männer der Welt – und wollte ihm erklären, daß er sich nicht ständig vor den Amerikanern und den Deutschen zu fürchten braucht. Deshalb könnte er auch ruhig weniger Panzer und Kanonen bauen.

Wenn man ein kleiner Bub wie Du ist, kann man das sofort verstehen: Natürlich ist es dumm, Panzer und Kanonen statt Häuser und Schwimmbäder zu bauen. Natürlich sollte man das dem russischen Präsidenten erklären. Aber die Erwachsenen verstehen so einfache Sachen nicht – ich fürchte, daß es auch der russische Präsident nicht verstanden hätte. Und weil die Erwachsenen es nicht verstehen – oder nicht verstehen wollen –, nennen sie Menschen wie Deinen Vater „kindlich“ oder mit einem Wort, das Du wahrscheinlich noch nicht kennst, „naiv“.

Du aber solltest stolz darauf sein, daß Dein Vater trotz all seiner Gescheitheit „naiv“ gewesen ist: Die wirklich großen Probleme dieser Erde – Hunger und Krieg – wird man nur auf „naive“ Weise lösen können.

Nichts hat Dein Vater so sehr gehaßt wie den Krieg. Du hast dieses Wort zwar wahrscheinlich schon oft gehört, aber Gott sei Dank weißt Du noch nicht, was es bedeutet. Ich weiß es auch nicht wirklich und kann es Dir nur so beschreiben, wie mein Vater es mir beschrieben hat: Erwachsene Menschen sitzen in Panzern oder Flugzeugen oder Erdlöchern und schießen aufeinander, bis möglichst viele tot sind.

Der letzte große Krieg ist noch gar nicht so lange her und hat 50 Millionen Menschen das Leben gekostet. Der Mann, der ihn begonnen hat, war ein Österreicher und hieß Adolf Hitler. Das war der Mensch, den Dein Vater am meisten gehaßt hat, denn es gibt nichts Böseres, als einen Krieg zu beginnen. Dein Vater wünscht sich, daß auch Du, wenn Du groß bist, das erkennst und daß ich Dir dabei helfe.

Wenn einem die Eltern helfen zu erkennen, was gut und böse ist, dann ist das ganz einfach. Meine Eltern haben zum Beispiel schon von ihren Eltern gelernt, daß Hitler ein böser, gefährlicher Mann ist. Also ist es keine Kunst, wenn auch ich es schon als Kind gewußt habe.

Bei Deinem Vater war das ganz anders. Sein Vater – Dein Großvater – war nämlich einer der ersten Anhänger dieses Adolf Hitler: Statt in ihm einen dummen und bösen Verbrecher zu sehen, hat er ihn für den größten Führer aller Zeiten gehalten. Sogar als man ihn deshalb immer wieder eingesperrt hat – denn damals waren noch andere Leute an der Macht –, ist er dabei geblieben.

Dein Großvater war zwar kein wirklich böser Mensch – er hat nie jemandem etwas zuleid getan –, aber er war besessen von einer ganz, ganz bösen Idee. Diese Idee hieß „Nationalsozialismus", und das Schlimmste an ihr war, daß sie die Menschen ihrer Vernunft beraubte: Sie hörten auf, selber zu denken und dachten nur mehr, was Hitler dachte. Was der wollte, das wollten sie auch.

Und Hitler wollte Furchtbares: Er wollte Krieg; und er wollte die Ermordung aller Juden, die auf dieser Erde lebten.

Das hat er nicht vielleicht geheimgehalten, sondern er hat es ganz offen geschrieben, in einem Buch, das „Mein Kampf" heißt. Dein Vater, der immer schon alles gelesen hat, was ihm in die Hände gefallen ist, hat auch „Mein Kampf" gelesen. Und obwohl er damals erst ein Gymnasiast, also eigentlich noch sehr jung und unerfahren war, hat er sofort begriffen, wie schrecklich das war, was in diesem Buch gestanden ist. Und er hat begonnen, mit seinem Vater zu streiten, ihm zu sagen, daß der Nationalsozialismus nichts taugt und daß er ihn wegschmeißen soll.

Aber vielleicht war Dein Vater einfach noch zu jung, es ihm zu erklären, und Dein Großvater schon zu alt, es zu begreifen. Vielleicht haben sie auch nie richtig miteinander reden können. Und das Gefängnis, in das man ihn immer wieder geworfen hat, hat Deinen Großvater in seinen unsinnigen Vorstellungen nur noch bestärkt. Er war der Meinung, daß er dem „Führer" einen ganz großen Dienst erweist, indem er sich immer wieder für ihn einsperren läßt, und daß der Führer es ihm danken wird.

Das hat er dann auch getan: Als Hitler an die Macht gekommen ist, ist Dein Großvater „Reichstagsabgeordneter“ geworden. Als solcher hat er, wenn auch nicht an einer besonders wichtigen Stelle, geholfen, die bösen Ideen des Nationalsozialismus zu verwirklichen.

Deshalb hat man Deinen Großvater, als Hitler dann besiegt wurde, sofort wieder eingesperrt. Aber auch dieses Einsperren nach dem Krieg – obwohl es viele Jahre gedauert hat – hat genauso wenig genutzt wie das Einsperren vor dem Krieg. Im Gegenteil, es hat Deinen Großvater nur noch besessener gemacht. Er hat, bis er gestorben ist, für Hitler weitergekämpft, obwohl ihm dann Gott sei Dank fast niemand mehr zugehört hat.

Du kannst Dir vorstellen, wie traurig das alles gerade für Deinen Vater war. Selbst mit mir wollte er fast nicht darüber sprechen. Er hat gedacht, ich würde ihn vielleicht für seinen Vater verachten. Das war natürlich ganz unsinnig. Ich hätte Deinen Vater nicht einmal dann verachtet, wenn auch er als Kind an die bösen Ideen seines Vaters geglaubt hätte. So aber habe ich Deinen Vater nur noch mehr bewundert. Und wenn Du größer sein wirst, wirst Du auch verstehen, warum: Das gibt es nämlich nur ganz selten, daß einer, obwohl sein Vater es ihm genau verkehrt erklärt, ganz von selber und ohne Hilfe draufkommt, was gut und was bös ist.

Ich zum Beispiel bin keineswegs sicher, ob ich das auch gekonnt hätte, wenn mein Vater zufällig für Adolf Hitler und nicht gegen ihn gewesen wäre.

Da Dein Vater, wie jedes Kind, seinen Vater aber natürlich auch liebhatte, hat er immer wieder darüber nachgedacht, wie es denn kommen konnte, daß er auf diesen dummen und bösen Nationalsozialismus so sehr hereinfallen konnte, obwohl er weder dumm noch eigentlich böse war. Warum so viele Leute damals an diesen Adolf Hitler geglaubt haben. Denn nur wenn man das wußte, dann konnte man vielleicht verhindern, daß es noch einmal geschah.

So wie auch viele andere Leute erkannte Dein Vater bald, daß Hitlers böse Ideen nie so viele Anhänger gefunden hätten, wenn es damals nicht die sogenannte „Wirtschaftskrise“ gegeben hätte.

Es würde zu lange dauern, Dir genau zu erklären, was das ist. Aber das Wichtigste wirst Du auch jetzt schon verstehen: In der Zeit, in der Dein Vater ein kleiner Bub war, ging es den Leuten – auch seinem Vater – furchtbar schlecht. Viele von ihnen hatten keine Arbeit und also auch kein Geld, um sich etwas zu kaufen. Das ging so weit, daß sie Hunger litten und nicht einmal ihren Ofen einheizen konnten.

Da kam Hitler und versprach den Leuten Arbeit und Brot. Du kannst Dir vorstellen, daß sie daraufhin in Scharen zu ihm überliefen, auch wenn viele von ihnen, wären sie weniger hungrig gewesen, für den Nationalsozialismus gar nicht so viel übrig gehabt hätten.

Eine Zeitlang hat Hitler ihnen auch tatsächlich Arbeit und Brot gegeben. Aber nur, um seine bösen Ideen zu verwirklichen: Die meiste Arbeit rührte davon her, daß die Menschen Panzer und Kanonen bauten, mit denen er sie in einen furchtbaren Krieg hetzte.

Ein Bruder Deines Vaters, der erst 17 Jahre alt war, also fast noch ein Kind wie Du, hat sich freiwillig zu den Soldaten gemeldet und ist in den letzten Kriegstagen totgeschossen worden.

Obwohl das schon viele, viele Jahre her war, hat Dein Vater zu weinen angefangen und fast nicht aufhören können, als er mir das erzählt hat.

Er selbst mußte auch in den Krieg. Aber obwohl Dein Vater ein Held war – ich habe Dir von den vielen Kämpfen erzählt, die ein Ritter zu bestehen hat –, hat er in diesem Krieg nicht ein einziges Mal geschossen. Er hat nur versucht, selbst nicht getroffen zu werden, und das ist ihm auch gelungen, obwohl er in einer Gegend war, wo besonders viele Menschen umgekommen sind, nämlich in Rußland. Eines Tages hat er auf einem Bahnhof in einer russischen Stadt – den Namen habe ich leider vergessen, obwohl es erst drei Wochen her ist, daß er es mir erzählt hat: Du siehst, wie gut es ist, daß ich es jetzt schon niederschreibe –, eines Tages hat er also auf diesem Bahnhof Dienst gehabt, und da ist ein Zug mit Gefangenen gestanden. Die Gefangenen mußten zu Hunderten in einem Waggon stehen, sie hatten nichts zu essen und nichts zu trinken. Die meisten von ihnen waren sehr krank, und manche von ihnen waren schon tot. Auch Frauen waren unter ihnen und Kinder, so klein wie Du. Alle haben furchtbar geschrien. Sie wollten vor allem Wasser haben. Dein Vater, weil er ein Ritter war, wollte hingehen und ihnen Wasser geben. Da haben sie ihn aufgehalten und ihm gesagt, daß das verboten ist. In der Nacht hat er es trotzdem getan. Aber die meisten Gefangenen sind trotzdem gestorben, so schwach und krank waren sie schon.

Auch bei dieser Erzählung hat Dein Vater geweint. Das solltest Du von ihm lernen. Menschen, die weinen, wenn sie vom Krieg sprechen, sind die tapfersten, die es gibt. Menschen, die lachen und stolz sind, wenn sie vom Krieg erzählen, sind Feiglinge. Entweder sie sind zu feig, um einzugestehen, wieviel Angst sie in Wirklichkeit hatten. Oder sie waren wirklich gerne im Krieg – dann waren sie zu feig zum Leben.

Du solltest nie ein Feigling werden.

Dein Vater war nicht nur tapfer, er war auch sehr bescheiden. Deshalb hat er sich nie etwas darauf eingebildet, daß er sofort erkannt hat, wie böse der Krieg ist, sondern er hat sich immer wieder den Kopf zerbrochen, warum so viele Menschen das nicht erkannt haben.

Und wieder ist er auf die „Wirtschaftskrise" gestoßen. Wenn Menschen keine Arbeit und kein Brot haben, dann kann man ihnen sehr leicht einreden, daß sie in den Krieg ziehen sollen. Zuerst wollen die meisten von ihnen gar keinen Krieg, sie wollen nur Arbeit. Du erinnerst Dich: Sie sind schon froh, wenn sie Panzer und Kanonen erzeugen können, denn dafür bekommen sie Geld, und mit diesem Geld können sie Brot kaufen. Viele werden auch Berufssoldaten, weil sie dadurch auch nicht mehr arbeitslos sind. Wenn man ihnen dann auch noch einredet, daß es in Rußland riesige Getreidefelder gibt, viel mehr, als die Russen brauchen, so daß man ihnen diese Felder bloß wegnehmen muß, um genügend Brot zu haben, dann ist man schon mitten im Krieg. Denn natürlich lassen sich die Russen ihre Felder nicht so einfach wegnehmen. Und wenn man es trotzdem tut, indem man mit Gewehren auf sie schießt, dann schießen sie zurück.

Dabei wird das Getreide auf den Feldern zertrampelt, und es ist für niemanden mehr genug Brot da.

Auch Dein Vater hat nach dem Krieg kein Brot gehabt. Sein Vater war wieder eingesperrt. Seine Mutter war alt und krank und konnte nicht arbeiten. So war er es, der für seinen jüngeren Bruder und für seine kleine Schwester sorgen mußte.

Ursprünglich hatte er Chemie studiert und war auch schon recht weit damit, aber jetzt interessierte ihn das nicht mehr so richtig. Er wollte nur noch wissen, warum die Menschen Krieg geführt hatten und wie das mit der Wirtschaft und der Arbeitslosigkeit zusammenhängt. Da er kaum mehr Zeit hatte, an die Universität zu gehen – er mußte ja etwas verdienen –, erinnerte er sich wieder ans Lesen. Ich habe nie irgendeinen Menschen, Doktor oder Professor, kennengelernt, der soviel über Wirtschaft gelernt und gelesen hat. Trotzdem hat Dein Vater diese „Doktoren" oder „Professoren" immer ein bißchen um ihr Glück beneidet. Und wenn man jemanden beneidet, dann wird man ungerecht, sogar wenn man sonst so gerecht wie Dein Vater ist: So hat er zum Beispiel allen Leuten, die „Wirtschaft" an der Universität studiert hatten, vorgeworfen, daß man dort nur den größten Unsinn lernt. Sogar solche Professoren, die ähnlich dachten wie er – und das waren doch einige –, hat er damit vor den Kopf gestoßen.

Vielleicht wäre es leichter für Deinen Vater gewesen, hätte er, nachdem er sein Studium abbrechen mußte, in seinem Beruf als Chemiekaufmann Erfolg gehabt. Anfangs hatte er ihn auch. Er konnte viele Chemikalien verkaufen, und seine Firma wurde so groß, daß er Büros in Deutschland, Italien und Frankreich eröffnet hat. Für diese immer größere Firma kaufte er immer mehr Material und immer teurere Maschinen ein, weil er dachte, er würde noch viel mehr verkaufen können. Aber das war nicht richtig. Er konnte nur ein bißchen mehr verkaufen. Das „Wachstum", so nennen das die Leute, die solche Fragen studieren, verlangsamte sich. Weil Dein Vater aber im Vertrauen auf dieses Wachstum schon soviel Material und Maschinen eingekauft hatte, hatte er auf diese Weise immer größere Schulden. Und weil er, statt möglichst schnell mit dem ganzen Geschäft aufzuhören und vielleicht ganz klein wieder anzufangen, immer weitermachte, wurden die Schulden so groß, daß er sie beim besten Willen nicht mehr bezahlen konnte.

Er mußte den sogenannten „Konkurs“ anmelden. Das bedeutet, daß ein Mensch zu Gericht gehen muß und sagen, daß er überhaupt nichts mehr hat und nichts mehr bezahlen kann. Was immer er dann verdient, wird ihm weggenommen, um seine Schulden zu bezahlen, so daß es Deinem Vater von da an ziemlich schlecht gegangen ist.

In dieser Situation habe ich Deinen Vater kennengelernt. Ich muß Dir gestehen, daß ich anfangs gar nicht besonders nett zu ihm war. Er wollte mir etwas zeigen, das er geschrieben hat, und ich habe ihm immer wieder gesagt, daß ich keine Zeit habe, es zu lesen. Dabei hätte ich nur zehn Minuten dazu gebraucht. Einmal habe ich sogar meiner Sekretärin gesagt, sie soll sagen, daß ich nicht da bin, obwohl ich in Wirklichkeit in meinem Zimmer gesessen bin. Aber Dein Vater ist immer wieder gekommen. Weil ich seine Artikel nicht lesen wollte, hat er einfach auf mich eingeredet und versucht, mir zu erklären, was er meint. Dabei hat er so schnell gesprochen, daß ich kein Wort verstanden habe und nur noch ärgerlicher war, wenn er gekommen ist.

Den ersten Artikel Deines Vaters habe ich eigentlich nur gedruckt, weil ich endlich Ruhe von ihm haben wollte.

Heute geniere ich mich dafür. Du kannst Dir vorstellen, wie schwer das für Deinen Vater gewesen sein muß. Ich bin viel jünger als er und habe lange nicht soviel wie er gelernt. Trotzdem hat er bei mir betteln müssen, damit wir drucken, was er schreibt, und ihm ziemlich wenig Geld dafür bezahlen.

Als ich dann noch dazu herausgefunden habe, daß er mit seiner Firma in Konkurs gegangen war, wollte ich noch weniger von seinen Artikeln wissen: Was soll schon einer von Wirtschaft verstehen, der nicht einmal seine eigene Firma führen kann, habe ich mir gedacht.

Obwohl das natürlich ein Unsinn ist. Jemand kann für sich selbst ein ganz schlechter Kaufmann sein und trotzdem sehr genau wissen, was man tun müßte, um Arbeitslosigkeit zu vermeiden. Ich kenne sogar einen ganz berühmten Journalisten, der hat mit seiner eigenen Firma genauso Schiffbruch erlitten wie Dein Vater und schreibt doch ständig, wie andere Leute ihre Firmen führen sollen. Er schreibt das sogar sehr gut und ist deshalb auch sehr angesehen. Obwohl auch bei ihm die meisten seiner Kollegen von seinen geschäftlichen Mißerfolgen wissen, kommt niemand auf die Idee, sie ihm vorzuwerfen, so wie man sie Deinem Vater vorgeworfen hat.

Allerdings hat dieser Journalist auch nicht so außergewöhnliche Ideen vorgetragen wie Dein Vater.

Die wichtigste dieser Ideen hat „Arbeitszeitverkürzung" geheißen und hängt, wie Du schon aus dem Wort ersehen kannst, mit der „Arbeitslosigkeit" zusammen.

Eine solche Arbeitslosigkeit kann die verschiedensten Gründe haben. In Guatemala zum Beispiel, das ist ein kleines Land in Amerika, gibt es ganz einfach zuwenig Fabriken oder Werkstätten oder Restaurants oder Geschäfte, wo Menschen arbeiten könnten.

Deshalb haben viele Menschen gar kein und die meisten Menschen sehr wenig Geld. Da sie wenig Geld haben, können sie auch wenig einkaufen. Also gibt es auch wenig Grund, um mehr Fabriken, mehr Restaurants oder mehr Geschäfte zu bauen.

Guatemala ist ein sogenanntes „rückständiges Land": Viele Menschen dort können zum Beispiel nicht lesen und nicht schreiben, und Du kannst Dir vorstellen, wie schwer man da eine Fabrik bauen oder betreiben kann. Wenn die Leute nicht auf ihren Feldern arbeiten können – und leider gehören die Felder in solchen Ländern meist einigen wenigen Reichen –, dann haben sie kaum Arbeit und zuwenig Brot.

In solchen Ländern gibt es daher auch besonders oft böse Führer (wenn auch nicht ganz so böse wie Hitler), die böse Ideen predigen und nicht selten auch Kriege beginnen.

Wie aber kann es geschehen, daß es Arbeitslose auch in so reichen und modernen Ländern wie Österreich oder Deutschland gibt? In Ländern, in denen die Menschen nicht nur lesen und schreiben können, sondern die phantastischsten Maschinen und Fabriken bauen?

Über diese Frage hat Dein Vater eine Menge Artikel im „profil“ und schließlich auch ein Buch geschrieben. Dieses Buch heißt „Endsieg des Kapitalismus“, und wenn Du groß bist, wirst Du es lesen. In meinen Augen ist es eines der wichtigsten Bücher, die seit dem Krieg in Österreich geschrieben wurden. In Deutschland haben viele der größten Zeitungen darüber berichtet, und selbst die, die anderer Meinung als Dein Vater waren, haben gefunden, daß es ein besonders gescheites Buch ist. In Österreich war das leider anders. Vor allem die Journalisten, die, das solltest Du lernen, immer am wenigsten verstehen, worüber sie schreiben, haben darüber genauso dumm gespottet, wie sie über Deinen Vater gespottet haben. Die einen haben gesagt, daß das, was da drinsteht, ganz und gar falsch und unsinnig ist. Die anderen wieder haben das genaue Gegenteil gesagt: Es sei eine „Binsenweisheit“ – so nennt man etwas, was sogar ein kleiner Bub wie Du verstehen kann, weil es ganz selbstverständlich ist.

Du kannst es wirklich ganz leicht verstehen, auch wenn es viele Erwachsene, die sich noch dazu für besonders gescheit halten, nicht verstehen wollen: Stell Dir die Zeit nach dem Krieg vor. Da war alles kaputt. Die Eisenbahnen, die Brücken, die Straßen, die Häuser, sogar die Schränke in den Häusern oder das Geschirr in den Schränken. Das erste, was man deshalb gebraucht hat, waren viele, viele Fabriken und Maschinen, um alle diese kaputten Sachen wiederherzustellen. Es hat so viel Arbeit gegeben, daß die Menschen zehn Stunden und mehr am Tag gearbeitet haben und daß sie immer noch nicht rasch genug weitergekommen sind. Drum hat man sogar Leute aus armen Ländern hergeholt, damit sie uns bei diesem Wiederaufbau helfen.

Aber dann waren die Städte wiederaufgebaut. Sogar noch größer als früher mit zusätzlichen Siedlungen, wie die, in der Du wohnst. Mit neuen Kindergärten, Schulen, Krankenhäusern und sogar prächtigen sogenannten „Repräsentationsbauten“, von denen gar nicht sicher ist, ob man sie braucht, wie zum Beispiel die UNO-City. Auch die Straßen waren wiederhergestellt. Auch davon sind viele neue dazugekommen – so viele, daß die Menschen sich schon zusammentaten, um dagegen zu protestieren, weil sie gar nicht so viele Straßen wollen, sondern lieber Parks und gute

Luft. Denn auch die Autos, von denen es nach dem Krieg fast keine gab, waren so viele geworden, daß man zum Beispiel bei Euch in der Straße nirgends mehr einen Parkplatz findet.

Das alles konnten die Menschen herstellen, obwohl sie längst nicht mehr zehn Stunden oder mehr am Tag gearbeitet haben, sondern nur mehr acht, und das nur mehr fünf Tage lang. Ja, in vielen Büros machten sie sogar große Kaffeepausen oder taten nur so, als ob sie arbeiteten, weil nicht einmal diese acht Stunden noch wirklich notwendig waren.

Der Grund dafür waren die neuen Maschinen.

Nimm Deine Jacke: Sie besteht aus Garn. Solches Garn stellt man in Spinnereien her. Vor ein paar hundert Jahren war das eine Arbeit von einem Monat für eine Frau, die an einem hölzernen Spinnrad mit der Hand Fäden zusammengedreht hat. Müßte man alle Kleider so herstellen, die die Leute, denen Du in Wien begegnest, besitzen, dann müßten wahrscheinlich alle Österreicher ununterbrochen am Spinnrad sitzen.

Jeder hätte Arbeit, wenn auch eine ziemlich anstrengende, von der man blutige Finger bekommen hat.

Heute hingegen wird dieses Garn in riesigen modernen Textilfabriken erzeugt. Es kommt mit Blitzgeschwindigkeit aus wunderbaren Maschinen heraus, und kein Mensch braucht sich die Finger blutig zu schneiden. Es muß nur jemand auf den Knopf drücken, damit die Maschine läuft. Und natürlich muß man die Maschine auch bauen, putzen und ölen.

Dazu braucht man auch Arbeitskräfte.

Aber so viele, wie seinerzeit an den Spinnrädern gesessen sind oder später in den altmodischen Spinnereien, in denen man eigentlich nur metallene Spinnräder hatte, die mit Motoren angetrieben wurden, braucht man natürlich nicht.

Das ist nicht nur mit dem Garn für Deine Jacke so, sondern mit fast allen Dingen, den Autos, den Radios, den Tonbandgeräten und weiß der Teufel was noch.

Die Maschinen nehmen den Menschen immer mehr Arbeit weg und machen sie selber.

Nur ist das nicht traurig wie vor dem Krieg oder in Guatemala, wo es einfach zuwenig Fabriken gab, wo zuwenig hergestellt wurde oder die Menschen zu wenig Geld hatten, um das, was hergestellt wurde, zu kaufen, sondern es ist ein großes Glück: Man muß immer weniger arbeiten, um alles zu haben, was man braucht. Und alle könnten eigentlich höchst zufrieden sein.

Es wären aber nicht Menschen, wenn sie nicht irgendeinen völlig überflüssigen Fehler machten: Sie wollen alle unbedingt weiterhin acht Stunden am Tag und 40 Stunden in der Woche arbeiten. Wenn es aber immer weniger Arbeit gibt und die meisten arbeiten trotzdem so lang, dann gibt es für einige gar keine Arbeit mehr. Du kennst das vielleicht sogar aus dem Kindergarten. Da gibt es auch manchmal solche Streber, die erklären: „Ich räume das Spielzimmer ganz alleine auf, aber dafür will ich auch den Kuchen ganz alleine essen, den uns die Tante dafür versprochen hat."

Wenn der, der das sagt, zufällig der Stärkste ist, dann stehen die anderen ratlos herum und haben weder Arbeit noch Kuchen.

Was wäre in einem solchen Fall „vernünftig"? Du weißt es natürlich: Ihr würdet alle gemeinsam das Zimmer aufräumen. Dazu würdet Ihr natürlich viel, viel kürzer brauchen. Und dann würdet Ihr alle gemeinsam den Kuchen essen.

Dein Vater hat gehofft, daß die Erwachsenen auch so vernünftig sind: daß einfach alle ein bißchen kürzer arbeiten, damit alle Arbeit haben und gemeinsam die Dinge genießen, die sie sich kaufen können.

Man sollte glauben, daß jeder das verstehen muß, denn eigentlich ist es ganz einfach. Aber seltsamerweise sind es oft die einfachsten Dinge, die den Menschen am schwersten in den Kopf gehen.

Du kannst Dir nicht vorstellen, was für einen Sturm diese Idee Deines Vaters ausgelöst hat. Manche Leute haben gesagt, er sei wahnsinnig, schwachsinnig, wollte das ganze Land zugrunde richten, hätte völlig den Kopf verloren.

Viele Leute haben ihn nur angerufen, um ihn zu beschimpfen.

Ihm aber hat das alles nichts gemacht. Er hat gesehen, daß sie keine vernünftigen Einwände haben gegen das, was er gesagt hat. Und so ist er ganz freundlich geblieben (zumindest solange er noch nicht krank war und genug Zeit hatte) und hat versucht, es ihnen immer und immer wieder zu erklären. Ganz langsam. Mit der Zeit haben es auch immer mehr Leute verstanden, denn so schwierig ist es ja wirklich nicht.

Wenn Deine Mutter Dir diesen Brief vorliest, wird es die Arbeitszeitverkürzung längst geben. Die Leute werden nur mehr 35 Stunden arbeiten und schon von der 30-Stunden-Woche reden. Dieselben Journalisten, die seinerzeit darüber gespottet haben, werden schreiben, daß sie natürlich immer für eine vernünftige Arbeitszeitverkürzung gewesen wären. Und Deinen Vater werden sie wahrscheinlich ganz vergessen haben.

Aber das macht nichts. Werde trotzdem so wie er: Trau Dich zu sagen, zu denken und zu schreiben, was Du für richtig hältst, auch wenn die ganze Welt erst über Dich lacht, um Dich dann zu vergessen.

Nur so wirst Du wirklich ein Ritter.

Dein
Peter Michael Lingens

AXEL CORTI: EIN GROSSER ÖSTERREICHISCHER FEUILLETONIST

Axel Corti
Der Schalldämpfer
192 Seiten
ISBN 3-218-00599-X

Axel Corti
Der Schalldämpfer II
Texte zur Zeit
192 Seiten
ISBN 3-218-00608-2

„Magie eines Buches: Schlägt man es auf, meint man Axel Cortis Stimme zu hören, Gesinnungsfest von hypnotischem Wohlklang."

news

„Axel Cortis Texte sind von großer sprachlicher und gedanklicher Präzision – und können deshalb auch vor dem Leser bestehen."

Die Presse

„Seine eleganten Wortverspieltheiten und Verblümtheiten gingen einher mit einer politisch wachsamen und engagierten, kritischen Intelligenz, der keine Schweinerei entging und die keine Niedertracht und keine Barbarei durchgehen ließ – darin bestand seine besondere Wirksamkeit."

Süddeutsche Zeitung

Erhältlich in jeder Buchhandlung!